U0521714

国家社科基金
后期资助项目

甘州回鹘史

A History of the Ganzhou Uighur Kingdom

朱悦梅　杨富学　著

中国社会科学出版社

图书在版编目（CIP）数据

甘州回鹘史 / 朱悦梅，杨富学著. —北京：中国社会科学出版社，2013.7（2018.8 重印）

ISBN 978-7-5161-2610-3

Ⅰ. ①甘⋯　Ⅱ. ①朱⋯ ②杨⋯　Ⅲ. ①回鹘—民族历史—研究　Ⅳ. ①K289

中国版本图书馆 CIP 数据核字（2013）第 097203 号

出 版 人	赵剑英
责任编辑	喻　苗
责任校对	王雪梅
责任印制	王　超

出　　版	中国社会科学出版社
社　　址	北京鼓楼西大街甲 158 号
邮　　编	100720
网　　址	http://www.csspw.cn
发 行 部	010-84083685
门 市 部	010-84029450
经　　销	新华书店及其他书店

印刷装订	北京君升印刷有限公司
版　　次	2013 年 7 月第 1 版
印　　次	2018 年 8 月第 2 次印刷

开　　本	710×1000　1/16
印　　张	15.5
字　　数	278 千字
定　　价	46.00 元

凡购买中国社会科学出版社图书，如有质量问题请与本社营销中心联系调换
电话：010-84083683
版权所有　侵权必究

图1 用唐磨遗物堆砌的敖包

图2 喀喇巴拉哈逊故城遗址

图3　喀喇巴拉哈逊城外的夯土建筑基址

图4　漠北回鹘墓地

图5　莫高窟108窟回鹘天公主供养像

图版6　莫高窟第98窟回鹘天公主供养像

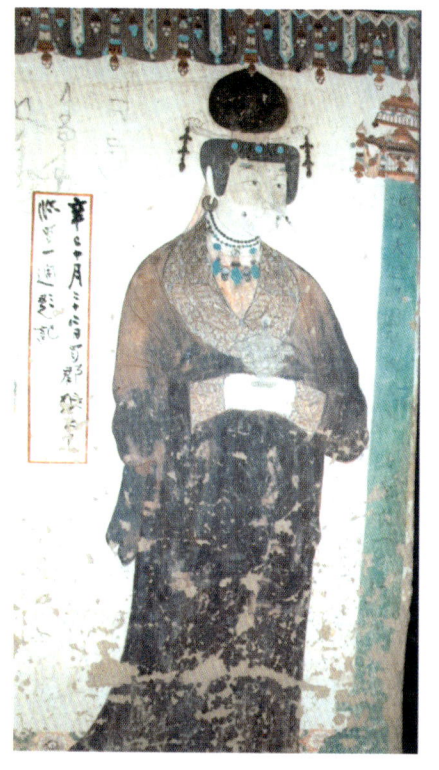

图7　榆林窟第16窟甘州回鹘天公主供养像

图8　莫高窟第61窟东壁南侧回鹘天公主像

图9 莫高窟第100窟回鹘天公主出行图

图10 榆林窟第16窟曹议金供养像五代

国家社科基金后期资助项目
出 版 说 明

　　后期资助项目是国家社科基金设立的一类重要项目，旨在鼓励广大社科研究者潜心治学，支持基础研究多出优秀成果。它是经过严格评审，从接近完成的科研成果中遴选立项的。为扩大后期资助项目的影响，更好地推动学术发展，促进成果转化，全国哲学社会科学规划办公室按照"统一设计、统一标识、统一版式、形成系列"的总体要求，组织出版国家社科基金后期资助项目成果。

全国哲学社会科学规划办公室

目 录

绪 论 …………………………………………………………（1）

第一章　漠北回鹘汗国的兴衰 ……………………………（15）
　　第一节　回鹘的来源及其发展壮大 ……………………（15）
　　第二节　漠北回鹘汗国的建立与社会演进 ……………（20）
　　第三节　漠北回鹘汗国的政治 …………………………（32）
　　第四节　宗教信仰 ………………………………………（39）
　　第五节　漠北回鹘汗国的衰落 …………………………（49）
　　第六节　漠北回鹘汗国的崩溃与部众西迁 ……………（54）

第二章　甘州回鹘的来源及其政权的建立 ………………（60）
　　第一节　回鹘先民在河西的活动 ………………………（60）
　　第二节　甘州回鹘国的建立 ……………………………（72）

第三章　甘州回鹘国的政治与经济 ………………………（81）
　　第一节　政治制度 ………………………………………（81）
　　第二节　社会经济 ………………………………………（91）
　　第三节　甘州回鹘与丝绸之路 …………………………（96）

第四章　甘州回鹘的宗教信仰 ……………………………（104）
　　第一节　萨满教敬天遗俗 ………………………………（104）
　　第二节　摩尼教 …………………………………………（108）
　　第三节　景教 ……………………………………………（112）
　　第四节　佛教 ……………………………………………（114）

第五章　甘州回鹘的文化成就……………………………（123）
第一节　语言文字 ……………………………………（123）
第二节　服饰 …………………………………………（134）
第三节　习俗与历法 …………………………………（137）

第六章　甘州回鹘与张氏归义军的关系…………………（140）
第一节　归义军政权与回鹘的早期接触 ……………（140）
第二节　张淮深对甘州回鹘的平定 …………………（146）
第三节　《张淮深变文》所载回鹘非来自甘州辨 …（151）
第四节　甘州回鹘与张承奉政权之和战 ……………（159）

第七章　甘州回鹘与曹氏归义军政权的关系……………（166）
第一节　曹议金与甘州回鹘的和亲 …………………（166）
第二节　曹议金对甘州回鹘的征伐 …………………（170）
第三节　甘州回鹘与曹元德政权之关系 ……………（180）
第四节　甘州回鹘与曹元忠政权之关系 ……………（184）

第八章　甘州回鹘与中原王朝的关系……………………（189）
第一节　甘州回鹘与五代的关系 ……………………（190）
第二节　甘州回鹘与北宋的贡使往来 ………………（198）
第三节　甘州回鹘与辽朝的关系 ……………………（202）

第九章　甘州回鹘与西夏吐蕃的关系……………………（205）
第一节　甘州回鹘与西夏的关系 ……………………（205）
第二节　甘州回鹘与吐蕃的关系 ……………………（212）

参考文献……………………………………………………（216）
后　记………………………………………………………（241）

绪 论

甘州回鹘史既是古代维吾尔族历史的一个重要组成部分，同时也是敦煌学研究的重要内容，故而长期来一直深受国内外学术界的关注，研究成果丰硕。早在1911~1913年间，法国学者伯希和、沙畹即著文对甘州回鹘的摩尼教作过考证。[1] 在国外，对这一问题进行研究的学者为数不少，如日本学者桑田六郎撰《回纥衰亡考》，首先论述回鹘衰亡及其西迁问题，继而分别论述《辽史》、《金史》及《宋史》中有关回鹘的记载，以考察回鹘衰亡后在辽宋金境内的活动，最后论述元代的萨里畏吾儿与明朝安定卫的关系问题。[2] 森安孝夫撰《关于回鹘的西迁》就9世纪中叶漠北回鹘帝国的崩溃及西迁进行了考证；[3] 前田正名撰《关于甘州回鹘集团的成立》，论述了回鹘汗国崩溃的缘由以及安西回鹘与甘州回鹘的关系问题，认为安西回鹘庞特勤可汗曾率部移住甘州，时间在大中十年（856年）至乾符元年（874年）之间；[4] 冈崎精郎《关于河西回鹘史之一研究》论述了河西回鹘与辽的关系；[5] 土肥义和《敦煌发现唐回鹘交易关系汉文文书残片考》研究了敦煌发现的写本S.8444《唐昭宗某年内文思院为甘州回鹘贡品回赐会计历》残卷，指出其中的"天睦可汗"就是甘州回鹘的第

---

[1] E. Chavannes et P. Pelliot, Un traité manichéen retrouvé en Chine, *Journal Asiatique*, Ⅱ, 1911, pp. 499-617（［法］沙畹、伯希和著，冯承钧译：《摩尼教流行中国考》，《西域南海史地考证译丛八编》，商务印书馆1958年版，第43~104页）。

[2] 桑田六郎，"回纥衰亡考"，《东洋学报》第17卷第1号，1928年，第111~136页（钟道铭译作《唐宋诸代回纥衰亡考》，《国闻周报》第7卷第1期，1930年，第1~3页）。

[3] 森安孝夫，"ウィグルの西迁について"，《东洋学报》第59卷第1~2号，1977年，第105~130页（陈俊谋译：《关于回鹘的西迁》，《民族译丛》1980年第1期，第8~14页）。

[4] 前田正名，"甘州回鹘集团の成立に关する论考"，《史学杂志》第71卷第10号，1962年，第1~26页。

[5] 冈崎精郎，"河西ウイグル史の关する一研究——国际关系，特に对辽关系を中心として"，《石滨先生古稀纪念东洋学论丛》，大阪石滨先生古稀纪念会1958年版，第68~79页。

一任可汗；① 森安孝夫《回鹘与敦煌》重点探讨了甘州回鹘与瓜沙归义军政权的关系问题；② 水谷吉朗发表《论五代时期甘州回鹘的可汗系谱》与《甘州回鹘可汗的系谱》二文，对甘州回鹘的兴起及可汗的来源及继承关系进行了考证。③ 此外，山田信夫《北亚细亚游牧民族史研究》也对甘州回鹘的历史多有涉及。④ 对五代时期甘州回鹘史的研究，法国哈密顿（J. Hamilton）《五代回鹘史料》有重要贡献，其中不仅对新、旧《五代史》中的回鹘传进行详细考释，而且还对敦煌发现的几件瓜沙归义军政权致甘州回鹘的书信进行了研究，对甘州回鹘史的研究具有重要意义。⑤ 德国学者宾克斯则以《宋史·回鹘传》的记载为依据，结合敦煌出土写本及阿拉伯史料的有关记载，对宋代甘州回鹘史进行了系统研究。⑥ 美国学者陆宽田（Luc. Kwanten）在考证中亚游牧民族史时对甘州回鹘的历史及其与西夏的关系等问题进行了论述。⑦

我国最早对甘州回鹘进行研究的是著名学者王国维，他在《黑鞑事略笺证》（《观堂集林》）一文中论述了甘州回鹘与西夏的关系及其后向沙州西南的迁徙。尔后的研究成果逐渐增多，如王日蔚《契丹与回鹘关系考》（《禹贡》第4卷第8期，1953年）；王重民《金山国坠事零拾》（《国立北平图书馆馆刊》第9卷第6号，1935年）；孙楷第《敦煌写本〈张义潮变文〉跋》（《图书季刊》第3卷第3期，1936年）、《敦煌写本〈张淮深变文〉跋》（《中研院历史语言研究所集刊》第7册第3分册，1937年）及冯家昇、程溯洛、穆广文编《维吾尔族史料简编》（上下册，民族出版社1981年版）。此外，台湾地区也有一些学者从事对这一问题的

---

① 土肥义和，"敦煌发见唐·回鹘间交易关系汉文文书断简考"，《中国古代の法と社会·栗原益男先生古稀纪念论集》，东京汲古书院1988年版，第399~436页（刘方译作《敦煌发现唐、回鹘交易关系汉文文书残片考》，《西北民族研究》1989年第2期，第193~209页）。

② 森安孝夫，"ウイグルと敦煌"，《讲座敦煌2 敦煌の历史》，大东出版社1980年版，第297~338页（高然摘译《回鹘与敦煌》，《西北史地》1984年第1期，第107~121页，但译文疏失较多，引用时需核对原文）。

③ 水谷吉朗，"五代时代に于ける甘州回鹘の可汗系谱について"，《史观》第98册，1978年，第112~114页；水谷吉朗，"甘州回鹘可汗の系谱"，《史观》第99册，1978年，第76~86页。

④ 山田信夫：《北アジア游牧民族史研究》，东京大学出版会1989年版。

⑤ J. Hamilton, Les Ouighours à l'époque des cinq Dynasties. D'apres les Documenta Chinos, Paris 1955（哈密顿著，耿昇、穆根来译：《五代回鹘史料》，新疆人民出版社1986年版）。

⑥ E. Pinks, Die Uiguren von Kan-chou in der frühen Sung-zeit. 960-1028, Wiesbaden 1968.

⑦ Luc. Kwanten, Imperial Nomads. A History of Central Asia, 500-1500 AD., Leicester 1979.

研究，如刘义棠《中国边疆民族史》第6编专列《甘州回鹘》一节①，李符桐《回鹘史》第4章《西迁后的回鹘》也对甘州回鹘有所涉及。②

自20世纪80代以来，关于甘州回鹘的研究，随着出土文献的不断整理和刊布，取得很大进展。这里仅择研究成果比较集中的几个方面略作叙述。

一　族源

关于甘州回鹘的族源，学界以前有过一种观点，认为公元840～842年漠北回鹘西迁入河西才是甘州回鹘之始，如《甘肃通志稿》即称："武宗会昌二年（842年），回鹘相馺职者拥外甥庞特勒（勤）西奔，居甘州西，是为甘州回鹘之始。"这种观点早已为学界所否认。段连勤在《河西回鹘政权的建立与瓦解》（《西北大学学报》1978年第4期）中认为早在公元1世纪初叶匈奴帝国崩溃时，漠北的丁零人（回鹘族的先民）就大批亡匿于河西走廊的金城、武威、酒泉北、西河东西一带。唐则天皇后时，东突厥贵族在漠北复国，进攻回鹘根据地乌德鞬山，九姓回鹘中的一部分在其酋长的率领下，被迫从漠北迁往甘凉地区居住，说明9世纪中叶以前，河西地区就已是回鹘人的留居地了。高自厚则撰文对这一观点作了更为细致的阐述，他认为自1世纪到9世纪近900年间，陆续迁入河西的丁零、铁勒、高车、回纥、回鹘人数众多，正是他们相互融合才构成了甘州回鹘。③继之，陈炳应也撰文对这一问题作了论述，得到了一致的结论。④此外，还有一种看法，认为甘州回鹘渊源于7世纪，如陈守忠在《公元八世纪至十一世纪前期河西历史述论》（《西北师范学院学报》1983年第4期）和《甘肃古代史》第8章第5节《甘州回鹘》（以下简称《甘肃古代史》）中认为甘州回鹘的族源应该从初唐（7世纪）移居河西的回鹘、契苾、思结、浑等部族算起。李萍在《关于甘州回鹘的若干问题》（《西北史地》1983年第3期）中也认为："最早只能自公元7世纪至8世纪初，才能说河西有回鹘人的活动，而其中以突厥复兴时迁往河西的回鹘部落为较真实可信的史实。"程溯洛《〈宋史·回鹘传〉补正》（《中国社会科学》1989年第5期）也持这种观点。钱伯泉在《甘州回鹘的渊源及其建国初期的史实》（《甘肃民族研究》1987年第1～2期）中认

---

① 刘义棠：《中国边疆民族史》，台北中华书局股份有限公司1971年版，第574～580页。
② 李符桐：《回鹘史》，台北文风出版社1953年版，第93～102页。
③ 高自厚：《甘州回鹘渊源考》，《西北民族学院学报》1982年第1期，第10～17页。
④ 陈炳应：《也谈甘州回鹘》，《敦煌学辑刊》1990年第2期，第36～42页。

为甘州回鹘民众大多是唐高宗和武则天时期两度从漠北南迁甘、凉地区的回纥族人，并非840年回鹘汗国崩溃后而投吐蕃的那一支回鹘部落。

二　甘州回鹘立国的时间

汤开建、马明达《对五代宋初河西若干民族问题的探讨》（《敦煌学辑刊》创刊号，1983年）认为"回鹘进入甘州建立政权的时间早于中和四年（884年）"。程溯洛《〈宋史·回鹘传〉补正》（《中国社会科学》1989年第5期）进一步将甘州回鹘的建立年代具体为872年，认为此年即是"甘州回鹘政权开始成立之年"。段连勤《河西回鹘政权的建立与瓦解》（《西北大学学报》1978年第4期）认为"回鹘人在张议潮死后据甘州，立有可汗"；《裕固族简史》也认为在张议潮死后不久，回鹘人就攻占甘州，遂移牙帐于甘州。① 二者大致相同，可归为同一种观点。从其引用的资料看，都把872年张议潮卒年作为甘州回鹘兴起之年。苏北海、周美娟《甘州回鹘世系考辩》（《敦煌学辑刊》1987年第2期）则指出，自867年张议潮去唐中央任新职后，再未返回，后于872年死于长安。他们认为甘州回鹘的建立应当在894年。第三种意见是杨建新在《中国西北少数民族史》中提出来的，他认为甘州回鹘的建立大约在890年。② 第四种意见认为甘州回鹘的建立当在10世纪的初期，如刘志霄《维吾尔族历史》③、薛文波《裕固族历史初探》（《西北民族学院学报》1981年第2~3期）等。最后一种意见是孙修身在《试论瓜沙曹氏和甘州回鹘之关系》（《1990年敦煌学国际研讨会文集·史地语文编》，辽宁美术出版社1995年版）一文中提出来的，文中认为可以肯定在895~900年之间，甘州回鹘政权已经建立，至于具体时间要更早。

三　甘州回鹘可汗的世系

国内学者最早表列甘州回鹘可汗世系的是《简编》一书，列甘州回鹘可汗世系为十世，一世庞特勤、二世仁美、三世仁裕、四世景琼、五世密礼遏、六世禄胜、七世夜落纥、八世夜落隔、九世夜落纥归化、十世夜落隔通顺。其后，学术界针对这一问题展开了热烈的讨论。

有关"夜落纥"与"夜落隔"的问题，高自厚在《甘州回鹘世系考》（《西北史地》1983年第1期）、刘建丽在《"夜落纥"与"夜落

---

① 《裕固族简史》编写组：《裕固族简史》，甘肃人民出版社1989年版，第25页。
② 杨建新：《中国西北少数民族史》，宁夏人民出版社1988年版，第367~368页。
③ 刘志霄：《维吾尔族历史》（上编），民族出版社1985年版，第72页。

隔"——读史札记》（《敦煌学辑刊》总第3期，1983年）中认为二者实为一人，都是姓氏而非真名，史料中是以姓代名，况且"纥"与"隔"只是音译的不同。

对于禄胜，学界有一种意见认为他并非甘州回鹘的第六世可汗，而实际上是西州回鹘的可汗。顾吉辰《禄胜非甘州回鹘可汗考》（《[甘肃]社会科学》1984年第1期）、李萍《关于甘州回鹘的若干问题》（《西北史地》1983年第3期）、杨建新《中国西北少数民族史》（第376页）、钱伯泉《龟兹回鹘国与裕固族族源问题研究》（《甘肃民族研究》1985年第2期）则认为此禄胜实系龟兹回鹘的可汗。

关于甘州回鹘的末代可汗，林幹《河西回鹘略论》（《[甘肃]社会科学》1981年第3期）、《回鹘西迁考略》（《突厥与回纥历史论文选集》下册，中华书局1987年版）及高自厚《甘州回鹘世系考》（《西北史地》1983年第1期）等均采纳《简编》的意见，将之推断为夜落隔通顺。李萍在《关于甘州回鹘的若干问题》（《西北史地》1983年第3期）中认为，在夜落隔通顺之后，还有一位宝国夜落隔，又作宝国伊嚕格勒。其后，汤开建在《甘州回鹘史二札》（《宁夏社会科学》1984年第2期）、苏北海、周美娟在《甘州回鹘世系考辩》（《敦煌学辑刊》1987年第2期）中则进一步指出，在宝国夜落隔之后还有一位伊鲁格勒雅苏，他才是甘州回鹘的最末一代可汗。

庞特勤是学术界争论较多的问题。《简编》将其列为甘州回鹘的第一代可汗，段连勤《河西回鹘政权的建立与瓦解》（《西北大学学报》1978年第4期）、林幹《河西回鹘略论》（《[甘肃]社会科学》1981年第3期）、高自厚《甘州回鹘世系考》（《西北史地》1983年第1期）等承袭了这种说法。张炼《维吾尔族族源问题札记》（《史学文丛》第1辑，1983年）、苏北海《从车师族到高昌回鹘》（《西北史地》1983年第1期）、钱伯泉《喀喇汗王朝是庞特勤建立的吗？》（《西北民族文丛》1983年第3辑）等文和《甘肃古代史》则认为此庞特勤实为西州回鹘的可汗。程溯洛《〈宋史·回鹘传〉补正》（《中国社会科学》1989年第5期）认为"庞特勤率众西迁后他本人并未住过甘州，也不是甘州回鹘的始祖"。但在此文面世的前一年他所发表的《甘州回鹘始末与撒里畏兀儿的迁徙及其下落》（《西北史地》1988年第1期）一文中曾将庞特勤列为一世，这大概是所持观点有所改变吧。刘美崧《论归义军节度与甘州回鹘关系中的几个问题》（《中央民族学院学报》1986年第3期）认为庞特勤实为安西回鹘可汗。刘义棠认为，甘州的庞特勤与西州的庞特勤是两人。前者是7~8世纪初行至甘凉的回纥人的后裔,与840年西迁的安西回鹘的庞特勤并非一人。① 还有一种意见甚至认为庞特勤应是喀喇汗王朝的创立者。② 钱伯泉在《试解"仆固俊"之谜》(《甘肃民族研究》1986年第2期)一文中指出甘州回鹘的第一任可汗是仆固俊而不是庞特勤。汤开建还进一步考证说:"庞特勤并未居住甘州,而是在安西建立政权称可汗。"③ 此后,高自厚提出了庞特勤为回鹘共主的问题,认为庞特勤是衰奔时期整个回鹘人的可汗,而非某一部分回鹘人的可汗。④ 其后,他在《甘州回鹘汗国的创建者》(《敦煌研究》1991年第2期)一文中明确地提出,甘州回鹘汗国的真正创建者是英义可汗仁美。陈守忠《论河西回鹘》(《1990年敦煌学国际研讨会文集·史地语文编》,辽宁美术出版社1995年版)也认为仁美"应是甘州回鹘的头一位可汗"。

在仁美之后、景琼之前到底还有几代可汗,学界大致有四种意见。

第一种意见认为二者之间只有一位可汗,此说以《简编》为代表。此外,林幹《回鹘西迁考略》(《突厥与回纥历史论文选集》下册,中华书局1987年版)、程朔洛《甘州回鹘始末与撒里畏兀儿的迁徙及其下落》(《西北史地》1988年第3期)等亦持此说。苏北海、周美娟在《甘州回鹘世系考辩》(《敦煌学辑刊》1987年第2期)中进一步强调"实际狄银阿咄欲和仁裕是一人"。

第二种意见认为仁美至景琼之间有四位可汗,即狄银、阿咄欲、仁裕(顺化可汗)、仁美(奉化可汗),此说以法国学者哈密顿⑤和日本学者水谷吉朗⑥为代表。

第三种意见是汤开建在《关于"狄银"之辨析》(《[甘肃]社会科学》1983年第1期)一文中提出来的,认为"仁美之后狄银,狄银之后阿咄欲,阿咄欲是否就是仁裕,那还不能下最后的结论"。

---

① 刘义棠:《维吾尔研究》,台北正中书局1975年版,第164~165页。
② 魏良弢:《喀喇汗王朝史稿》,新疆人民出版社1986年版,第27~50页;魏良弢:《八四〇年回鹘西迁辨析》,《中国民族史研究》,中国社会科学出版社1987年版,第422~432页。
③ 汤开建:《"庞特勤居甘州"辨》,《西北民族学院学报》1983年第1期,第117~122页。
④ 高自厚:《论庞特勤为回鹘共主——兼论回鹘史上的衰奔时期》,《西北民族学院学报》1984年第3期,第53~61页。
⑤ J. Hamilton, *Les Ouighours à l'époque des cinq Dynasties. D'apres les Documenta Chinos*, Paris 1955, pp. 143-144(哈密顿著,耿昇、穆根来译:《五代回鹘史料》,新疆人民出版社1986年版,第153~154页)。
⑥ 水谷吉朗,"甘州回鹘可汗の系谱",《史观》第99册,1978年,第84页。

第四种意见是由孙修身在《五代时期甘州回鹘可汗世系考》(《敦煌研究》1990年第3期)一文中提出来的。他根据敦煌石窟中的供养人像和题名结衔,排比出瓜沙曹氏和甘州回鹘可汗之间的姻娅与辈分关系,认为仁美之后是狄银,狄银之后是阿咄欲,阿咄欲之后是仁裕,他的封号是顺化可汗和奉化可汗。

四 甘州回鹘与周边关系

甘州回鹘所处的河西走廊是一片特殊的地域,由于其特殊的地理概貌,使它即是连接东西方的桥梁,又是南北方两高原的交汇地带,沙州归义军、吐蕃六谷部、西夏与辽等政权分列其四周,故甘州回鹘作为一个寻觅栖身之地的外来者,从其初来乍到到政权成立,一直面临着如何生存和发展的问题。[①]而其与周边政权及民族的关系问题尤为突出,学界在这方面的成果也颇为丰硕。

陆庆夫《论甘州回鹘与中原王朝的贡使关系》(《民族研究》1999年第3期)、孙修身《五代时期甘州回鹘和中原王朝的交通(一~三)》(《敦煌研究》1989年第3、4期及1990年第1期)、李德龙《敦煌遗书S8444号研究——兼论唐末回鹘与唐的朝贡贸易》(《中央民族大学学报》1994年第3期)论述了甘州回鹘与中原王朝的关系。高自厚《甘州回鹘与西州回鹘辩》(《西北民族学院学报》1982年第3期)、汤开建《甘州回鹘余部的迁徙及与西州回鹘之关系》(《新疆社会科学》1984年第3期)分别探讨了甘州回鹘与西夏和高昌回鹘王国之间的关系。陆庆夫《归义军与辽及甘州回鹘关系考》(《兰州大学学报》1998年第3期)、彭向前《试论辽圣宗遣军远征甘州回鹘的战略意图》(《内蒙古社会科学》2003年第2期)谈及甘州回鹘与辽的关系。汤开建、马明达《对五代宋初河西若干民族问题的探讨》(《敦煌学辑刊》创刊号,1983年)则论述了甘州回鹘与瓜沙曹氏及肃州龙家的关系。高自厚《敦煌文献中的河西回鹘——兼论甘州回鹘与沙州的关系》(《西北民族学院学报》1983年第4期)、杨圣敏《沙州政权与回鹘扩张》(《中央民族学院学报》1985年第2期)等文通过对敦煌出土P.3633等文献的研究,论述了唐末五代时期西州、甘州回鹘联合行动与沙州汉人政权及吐蕃争夺河西的经过。邓文宽《张淮深平定甘州回鹘史事钩沉》(《北京大学学报》1986年第5期)、

[①] 朱悦梅:《甘州回鹘与周边政权的关系及其特点——甘州回鹘历史区域地理分析》,《敦煌研究》2007年第1期,第79~86页(郑炳林、樊锦诗、杨富学主编:《丝绸之路民族古文字与文化学术讨论会文集》,三秦出版社2007年版,第301~320页)。

钱伯泉《张淮深对甘州回鹘国的颠覆行动》（《甘肃民族研究》1989年第1期）、苏北海、丁谷山《瓜沙曹氏政权与甘州回鹘于阗回鹘的关系》（《敦煌研究》1990年第3期）、荣新江《曹议金征甘州回鹘史事表微》（《敦煌研究》1991年第2期）、《归义军及其与周边民族的关系初探》（《敦煌学辑刊》1986年第2期）、孙修身《试论瓜沙曹氏和甘州回鹘之关系》（《1990年敦煌学国际学术讨论会论文集》，辽宁美术出版社1994年版）和陆庆夫《金山国与甘州回鹘关系考论》（《敦煌学辑刊》1999年第1期）则利用敦煌遗书，对甘州回鹘与归义军、金山国，尤其是张淮深和曹议金时期二者的关系作了探讨。孙修身将瓜沙曹氏归义军政权和甘州回鹘交往的历史大致分为五个时期，并对各个时期相互关系的历史特点作了论述。近期，刘全波撰文就甘州回鹘、凉州吐蕃诸部与党项的战争及其影响问题进行了研究。[①] 祝启源探讨了北宋时期甘州回鹘与吐蕃的关系。[②]

曹氏归义军政权曾二度与甘州回鹘和亲，其一是曹议金于天复四年（904年）前娶甘州回鹘天睦可汗之女天公主为妻，其二为曹议金将女儿嫁给了甘州可汗仁美。徐晓丽《曹议金与甘州回鹘天公主结亲时间考——以P.2915卷为中心》（《敦煌研究》2001年第4期）、王艳明《瓜州曹氏与甘州回鹘的两次和亲始末——兼论甘州回鹘可汗世系》（《敦煌研究》2003年第1期）对这一现象形成的原因、过程与影响进行了探讨。出嫁曹议金的回鹘天公主虔信佛教，敦煌文献与石窟艺术对此多有反映，徐晓丽以之为据，撰成《回鹘天公主与敦煌佛教》（《敦煌佛教艺术文化国际学术研讨会论文集》，兰州大学出版社2002年版）一文，进行稽考。

甘州回鹘亡于西夏，这是不争的事实，学界论者颇多，至于西夏与甘州回鹘的历史文化关系，近年学界关注较多，杜建录《西夏与周边民族关系史》（甘肃文化出版社1995年版）、杨富学《回鹘文献与回鹘文化》（民族出版社2003年版）都辟出专节进行探讨。高自厚《甘州回鹘与西夏》（《甘肃民族研究》1989年第1期）、李并成、朱悦梅撰《西夏与甘州回鹘》（《西夏研究》第3辑，中国社会科学出版社2006年版）全面阐述了甘州回鹘与西夏的和战关系，杨富学《论回鹘文化对西夏的影响》（《宋史研究论丛》第5辑，河北大学出版社2003年版）则从文化方面入

---

① 刘全波：《甘州回鹘、凉州吐蕃诸部与党项的战争及其影响》，《西夏研究》2010年第1期，第29～34页。

② 祝启源：《北宋时期吐蕃与甘州回鹘关系简述》，《中国民族史研究》第3辑，中央民族学院出版社1993年版，第102～110页。

手,探讨在战场上征服了甘州回鹘的西夏,在文化上又被回鹘所征服这一值得关注的历史文化现象。

五　甘州回鹘的疆域

段连勤《河西回鹘政权的建立与瓦解》(《西北大学学报》1978年第4期)、杨圣敏《沙州政权与回鹘扩张》(《中央民族学院学报》1985年第2期)、范玉梅《试论甘州回鹘的历史贡献》(《西北民族文丛》1984年第1期)等文认为整个河西走廊都是甘州回鹘的疆域。李萍则认为,尽管当时甘州回鹘的势力十分强大,但终究未能建立起对整个河西的统治,凉州和瓜沙地区存在着独立的政权实体,不属甘州回鹘所辖,更勿论鞭长莫及的贺兰山回鹘了。[①]

六　文化与宗教

回鹘由漠北迁入甘州,由于受到丝绸之路文化及周边地区民族的影响,文化上取得了飞跃性的发展。王日蔚在《唐后回鹘考》(《国立北平研究院史学集刊》第1卷第1期,1936年)中已对河西回鹘的文化与宗教作过论述,在《简编》及林幹《河西回鹘略论》(《[甘肃]社会科学》1983年第1期)和《回鹘西迁考略》(《突厥与回纥历史论文选集》下册,中华书局1987年版)中对此也有述及,尤其是范玉梅《试论甘州回鹘的历史贡献》(《西北民族文丛》1984年第1期)曾对其进行过比较全面的阐述。在宗教上,甘州回鹘仍以摩尼教为国教,早期回鹘可汗经常派遣回鹘摩尼教僧出使中原,对丝路地区商业的发展起到了积极作用,[②]但由于受到当地宗教信仰的影响,回鹘人逐步皈依佛教,敦煌文献与石窟艺术对此均有反映,杨富学、杜斗城合撰《河西回鹘之佛教》(《世界宗教研究》1997年第3期),对甘州回鹘的佛教状况进行论述。随着佛教势力的增长,摩尼教僧的地位逐步被佛僧所取代,甘州回鹘不仅派遣佛僧出使中原,而且以之为国使出使瓜沙地区。[③]杨富学近期利用敦煌石窟壁画与写

[①] 李萍:《关于甘州回鹘的几个问题》,《西北史地》1983年第3期,第54～57页。

[②] 钟进文:《甘州回鹘和摩尼教的关系——兼述东西贸易中的宗教因素》,《西北史地》1992年第1期,第13～15页。

[③] 赵学东、杨富学:《佛教与甘州回鹘之外交》,《敦煌研究》2007年第3期,第38～43页。

本，著专文对甘州回鹘之文化与宗教信仰问题进行了考述。[①]

七 甘州回鹘与丝路贸易

甘州回鹘地处河西走廊中段，这里自古以来就是中西交通的要道——丝绸之路的咽喉要地，这里的居民长期以来一直承担着沟通东西方政治、经济、文化联系的重任。回鹘人迁入这里后，频繁的丝路贸易，成为回鹘经济发展的命脉，故而他们义不容辞地承载起保护丝绸之路畅通的重任。学术界目前对这一问题的研究较多，如高自厚《甘州回鹘与中西贸易》（《甘肃民族研究》1982年第1～2期）、樊保良《回鹘与丝绸之路》（《兰州大学学报》1985年第4期）、钱伯泉《甘州回鹘国的"国际"关系及其在丝绸之路上的历史地位》（《甘肃民族研究》1990年第2期）、程溯洛《〈宋史·回鹘传〉补正》（《中国社会科学》1989年第5期）、孙修身《试论甘州回鹘在中西交通中的作用》（《北方文化研究——中国古代北方民族文化史论文集》第2集，黑龙江教育出版社1989年版）等文都从不同角度探讨了甘州回鹘在中西方丝路贸易中的地位，认为甘州回鹘为保证丝绸之路的畅通作出了重要的贡献。另外，孙修身《五代时期甘州回鹘与中原王朝交通（一～三）》（《敦煌研究》1989年第3、4期及1990年第1期）系统地探讨了五代时期甘州回鹘与中王朝的政治、经济、文化交流关系。近期，朱悦梅、杨富学致力于对这一问题的研究，撰文指出由于甘州回鹘的维护，使丝绸之路在西夏的威胁下没有完全中断，有时还得以畅通无阻；丝绸之路的畅通，促进了甘州回鹘经济的发展，使中原王朝，特别是北宋政权得以源源不断地得到产自河西走廊一带的战马，增强了边防实力；回鹘摩尼教徒、佛教徒在中原及沙州诸地的活动，促进了河西走廊与中原地区的宗教文化交流。[②]

八 甘州回鹘政权灭亡的时间及其社会原因

林幹《河西回鹘略论》（《[甘肃]社会科学》1981年第3期）、程溯洛《甘州回鹘始末与撒里畏兀儿的迁徙及其下落》（《西北史地》

[①] 杨富学：《甘州回鹘文化考屑》，姜锡东、丁建军主编：《中华文明的历史与未来国际学术研讨会论文集》，河北大学出版社2010年版，第32～46页；杨富学：《甘州回鹘宗教信仰考》，《敦煌研究》2011年第3期，第106～113页。

[②] 朱悦梅：《甘州回鹘与周边关系研究》，硕士学位论文，西北师范大学，2005年；朱悦梅、杨富学：《甘州回鹘与丝绸之路》，《"草原丝绸之路"学术研讨会论文集》，甘肃人民出版社2010年版，第161～174页。

1988年第1期）、陈守忠《论河西回鹘》（《1990年敦煌学国际研讨会文集·史地语文编》，辽宁美术出版社1995年版）等认为是宋仁宗天圣六年（1028年）。汤开建《甘州回鹘史二札》（《宁夏社会科学》1984年第2期）则认为应在宋仁宗明道元年（1032年），此年西夏复占甘州，甘州回鹘政权遂亡。关于甘州回鹘亡于西夏的社会原因，高自厚在《甘州回鹘失守甘州的社会原因——兼论甘州回鹘的社会制度》（《［甘肃］社会科学》1983年第1期）一文中作了研究，认为甘州回鹘社会中的积弊导致了其在与西夏斗争中的失败。杨建新则认为，甘州回鹘是在西夏与辽的夹击下失败的，二者夹击甘州回鹘的原因就在于该政权与宋保持密切的交往。①

九　甘州回鹘灭亡后余部的去向

传统观点一般认为甘州回鹘向外流徙的主要部分投向居住于湟水流域的唃厮罗政权，又向西北方向迁徙，后被称为黄头回纥。如《裕固族简史》②、祝启源《唃厮罗政权形成初探》（《西藏研究》1982年第2期）、林幹《河西回鹘略论》（《［甘肃］社会科学》1981年第3期）、《回鹘西迁考略》（《突厥与回纥历史论文选集》下册，中华书局1987年版）等均持这种看法。杨建新《中国西北少数民族史》认为，甘州回鹘政权灭亡后，"除一部分留居甘州之外，大部分甘州回鹘西南遁入祁连山南麓、柴达木盆地西北部。"③而汤开建在《甘州回鹘余部的迁徙及与西州回鹘之关系》（《新疆社会科学》1984年第3期）一文中则认为西夏占据甘州后，回鹘余部分两支外迁，一支向西，先至瓜、沙，尔后进入西州；一支向北，沿着黑水进入古居延海地区。高自厚《黄头回纥与河西回鹘的关系》（《西北民族文丛》1984年第2期）认为甘州回鹘余部既有投奔唃厮罗的，又有退至西州的，还有降于西夏的，但其主体则是流徙于沙州西南，游牧于甘、青、新交界处疏勒河下游的那部分。程溯洛则认为外迁的甘州回鹘可分为三支，一支投唃厮罗；一支投北宋，居于秦陇间；一支徙于沙州之角，而后西迁至罗布泊一带；④《甘肃古代史》认为"有数万人投青唐唃厮罗。大部分族人包括可汗夜落隔氏的后裔在内，退至沙州以南，傍祁连山游牧。"

---

① 杨建新：《中国西北少数民族史》，宁夏人民出版社1988年版，第367～386页。
② 《裕固族简史》编写组：《裕固族简史》，甘肃人民出版社1983年版。
③ 杨建新：《中国西北少数民族史》，宁夏人民出版社1988年版，第505页。
④ 程溯洛：《甘州回鹘始末与撒里畏兀儿的迁徙及其下落》，《西北史地》1988年第1期，第13页。

十 敦煌文献与甘州回鹘史研究

众所周知，除了汉文史籍的记载之外，与甘州回鹘有关的汉文资料主要是一些敦煌遗书。特别是对甘州回鹘与沙州归义军政权、吐蕃的关系，正史记载较少，这方面的研究多依赖于敦煌写卷。近年，学者们通过对这些文献的考释，其中的许多问题基本得到澄清。如高自厚《敦煌文献中的河西回鹘》（《西北民族学院学报》1983年第4期）、《从两件敦煌文书看河西回鹘》（《西北史地》1985年第2期）、孙修身《敦煌遗书P. 2992号卷〈沙州上甘州回鹘可汗状〉有关问题考》（《西北史地》1985年第4期）、《敦煌遗书P. 3016号卷背第二件文书有关问题考》（《敦煌学辑刊》1988年第1~2期）、《跋敦煌遗书P. 2992号卷背几件文书》（《新疆文物》1988年第4期）、《P. 2155〈曹元忠致甘州回鹘可汗状〉时代考》（《敦煌研究》1991年第2期）、《P. 3718〈李府君邈真赞〉有关问题考》（《敦煌研究》1991年第1期）、李正宇《晚唐五代甘州回鹘重要汉文文献之佚存》（《文献》1990年第4期）、杨圣敏《敦煌卷子P. 3633号版研究》（《中国民族历史与文化》，中央民族学院出版社1988年版）、苏哲《P. 2992号文书三通五代状文的研究》（《敦煌吐鲁番文献研究论集》第5辑，北京大学出版社1990年版）等。尤其是近年，杨宝玉与吴丽娱合作，对敦煌文献中不少有关甘州回鹘的汉文文献进行了重新梳理，撰成《P. 3016v〈厶乙致令公状〉考释》（《敦煌研究》2006年第3期）、《P. 2992v书状与清泰元年及长兴元年归义军政权的朝贡活动》（《敦煌学辑刊》2007年第1期）、《跨越河西与五代中原世界的梯航——敦煌文书P. 3931校注并研究》（《中国社会科学院历史研究所学刊》第6集，商务印书馆2010年版）、《同光年间甘州回鹘的可汗更替与入贡中原》（《庆祝饶宗颐先生95华诞敦煌学国际学术研讨会论文集》，中央文史馆、敦煌研究院、香港大学饶宗颐学术馆2010年）等多篇论文，论述周密，颇有新意。这些研究成果为我们对甘州回鹘的进一步深入研究打下了基础。

此外，在敦煌于阗文文献中，与甘州回鹘有关者亦不少。近年来，黄盛璋先生对其进行了不少的研究，撰写了《和田塞语七件文书考释》（《新疆社会科学》1983年第3期）、《关于甘州回鹘的四篇于阗语文书疏证》（《新疆文物》1989年第1期）、《敦煌于阗文书与汉文书关于甘州回鹘史实异同及回鹘进占甘州的年代问题》（《西北史地》1989年第1期）、《敦煌于阗几篇使臣奏稿及其相关问题综论》（《敦煌研究》

1989年第2期）、《敦煌于阗文P. 2741、Ch. 00296、P. 2790号文书疏证》（《西北民族研究》1989年第2期）等文。因所引文书是据英国学者贝利很不完善的英译本转译成汉文的，且译释尚有不尽确切之处，对于其时代的考订前后也有抵牾之处，需多加留意。

十一 几点体会

从上述可以看出，近十余年来国内学者对甘州回鹘的研究成绩很大，写出了不少学术论文与专著，使许多过去一直模糊不清的历史问题得到了澄清。但仍有些问题值得提出，并有待于进一步解决。

其一，甘州回鹘的研究具有明显的不平衡性，研究者多热衷于研究其世系、族源、与周边民族的关系等，而对其经济、文化、宗教及政体等方面则很少有人问津。当然，加强对前者（世系等）的研究是完全应该的，但对后者的研究也是十分必要的。因为要全面、深刻地揭示出甘州回鹘的历史发展，就不能仅停留在世系等课题的探讨上，还必须对该政权的经济、文化、宗教与政体等方面作深入的研究。只有这样，才能揭示出甘州回鹘国的历史全貌。本研究拟对甘州回鹘的历史与文化进行系统的研究，尤其重视以往研究较为薄弱的文化与宗教内容。

其二，国内学者对敦煌遗书中有关文献的发掘、整理、研究工作还做得不够。对河西回鹘的历史记载，除了正史及其他各种史籍之外，敦煌遗书中保存有大量的有关资料。因此，本书重点在于全面普查敦煌遗书，搜集尽可能多的有关文献，以弥补历史记载的缺失。

其三，研究中条块分割严重。几十年来，国内的回鹘史研究与语言文字的研究常常是脱节的，研究历史者，大多不懂回鹘语言文字；而研究其语言文字者，则往往较少从事于历史的研究。这种现象的存在，势必会对我国回鹘学研究的水平造成严重影响。本书既重视汉文资料的裒辑与研究，同时也重视对民族古文献，如回鹘文、吐蕃文文献的整理与研究，对甘州回鹘的社会、历史、地理、经济、文化、宗教、民族等学科进行多角度、多层次的综合研究。

以往对甘州回鹘史的研究，往往是在研究中原王朝历史或研究与中原王朝关系密切的沙州归义军史时附带涉及的，而在甘州回鹘的专题研究中，又往往是伴随着其他方向的研究而主题不甚突出。将甘州回鹘作为主体研究对象来探讨其与周边诸政权的关系，无疑是深入了解并阐发回鹘与周边诸族的文化关系、经济关系以及回鹘民族社会演进的基础。

关于甘州回鹘在历史上的一些活动情况，特别是其与周边政权的关系方面，在古代汉文史籍如《旧五代史》、《新五代史》、《册府元龟》、《宋史》、《辽史》、《宋会要辑稿》等中曾有不少的记载。此外，敦煌出土的古代汉文、于阗文文献也为这一问题的研究提供了相当丰富的资料，可与汉文史书的记载相印证，而且在不少方面填补了史书记载的空白。但总体上来说，这些资料又是分散的和零乱的。本书拟在现有史料和前贤研究成果的基础上，将甘州回鹘——坐落在河西走廊中部的一个地方少数民族政权——作为主体对象，对甘州回鹘立国河西走廊后的历史活动情况加以分析。从人地互动的关系，特别是从地缘关系的角度，探讨历史层面上甘州回鹘为维护自身生存空间所进行的活动，就甘州回鹘与周边政权的关系做出系统的梳理，以期对甘州回鹘的历史活动进行客观的历史再现。

第一章　漠北回鹘汗国的兴衰

第一节　回鹘的来源及其发展壮大

一　回鹘的名称与族源

回鹘，是今天维吾尔族与裕固族的共同祖先。回鹘，是Uighur的古代译名，本义为"凝固、凝结"。这个词在各个历史时期的写法很不相同，故译名颇多。南北朝时作乌护、乌纥或袁纥，隋作韦纥。隋大业年间（605～618年），以韦纥为首的铁勒诸部组成联盟，称"回纥"。① 这是回纥/回鹘之名最早见诸史册。唐朝仍作回纥，唐德宗贞元四年（788年），回纥首领合·骨咄禄·毗伽可汗（即回鹘汗国第四代可汗顿莫贺）向唐朝上表，请改"回纥"为"回鹘"，取"回旋轻捷如鹘"之意。② 宋代仍以回鹘名之。蒙元时代，常被译作畏兀儿，有时又译作瑰古、乌鸽、畏午儿、委兀儿、畏吾儿、畏吾尔、畏吾而、畏吾、畏兀、卫兀、外五、伟吾尔、伟吾而、伟兀、伟兀尔等。清代称为回子、缠回。民国二十四年（1935年），始定名为维吾尔族。③ 为便于叙述，本书除特殊情况外，一般概称之为回鹘。

关于回鹘的族源，学界长期存在着多种说法，目前比较一致的意见是回鹘的远祖应为秦汉时代活跃于漠北乃至西域的丁零，后来又演变为铁勒、高车等，至隋代始有乌护、袁纥之谓，唐代始称回纥/回鹘。

---

① 《旧唐书》卷一九五《回纥传》，中华书局1975年版，第5195页。
② 按《旧唐书》卷一九五《回纥传》载："元和四年（809年）蔼德·曷里禄·没弭施·合·密·毗伽可汗遣使请改为回鹘。"兹据《通鉴考异》订正为贞元四年，请改名称者为合·骨咄禄·毗伽可汗。
③ 王日蔚：《维吾尔（缠回）民族名称演变考》，《禹贡》第7卷第4期，1937年，第443～461页；刘义棠：《UIĞUR名称及其汉译演变考》，《维吾尔研究》，台北正中书局1975年版，第1～60页；苏北海：《维吾尔族汉译名称源流考》，《新疆大学学报》1985年第3期，第40～47页。

丁零属于北方突厥系的部落民族，约公元前3世纪时即已活跃于历史舞台，以游牧业为主兼营狩猎。丁零的古音为dian lian，原意指"河"，后来用以指"河边的人"，在其后的发展中分为东、西丁零人。东丁零人游牧在贝加尔湖一带；西丁零人在鄂尔齐斯河和巴尔喀什湖之间。到南北朝时，丁零人被称为高车或者敕勒。据《魏书》卷一〇三《高车传》载："高车，盖古赤狄之余种也，初号为狄历，北方以为敕勒，诸夏以为高车、丁零。"文中的"诸夏"，指的是中原地区的汉人、南朝人和汉化的鲜卑人等，而北方指蒙古语族的鲜卑、柔然等民族。

秦汉时期，匈奴强盛，丁零在其北边。早在公元前3世纪，丁零人就活跃于北海（今贝加尔湖）一带，并与中原华夏王朝有过交往。丁零与蒙古高原的匈奴关系十分密切，曾一度处于匈奴的控制之下，很多丁零人沦为匈奴的奴隶。到1世纪中叶，匈奴势力渐趋式微，丁零势力逐步壮大。后来匈奴因势衰而南迁进入大漠，部分丁零人开始南下。南北朝时，史书称丁零为敕勒。北魏时，敕勒游牧于东到贝加尔湖地区，西到土拉河以西的广袤地区，甚至在阿尔泰山及塔尔巴哈台（即塔城）一带也有丁零人的活动，以后继续向南发展，越鹿浑海（今布伦托海）而散布于今天的新疆地区。

到5世纪20年代，北魏政府将10万敕勒部众迁到漠南（东至濡源，今河北斗宁县，西及五原阴山近3000里）地区，并在该地发展生产和经济。然而，当时的敕勒人仍继承漠北时代的传统，过着逐水草而居、衣皮食肉饮乳的生活。牲畜繁盛，主要畜产品有马、牛、羊、骆驼等，同时还从事狩猎活动，且弓器先进，兽皮是其向中原王朝入贡的上等产品。造车技术在当时比较发达，其所造车辆车轮高大，辐数至多，因而敕勒人又被称为高车。他们迁居漠南后，受中原农业经济的影响而渐知农耕，成为农业生产的经营者。各家各户之牲畜都有不同的识记，并开始向周边地区发动战争，掠夺一些日用品，随之出现了阶级分化，贵族势力产生。到7世纪时，敕勒出现了新的名字叫"铁勒"，其实质并非是一个单一的民族，而是一个联盟，史载："无都统大帅，当种各有君长，为性粗猛，党类同心，至于寇仇，翕然相从。"① 这部分人后来又受到柔然的攻击而迁徙到色楞格河流域，被称作"袁纥"，而迁到天山者则被称作"乌护"。

6世纪时，突厥人兴起并打败柔然，占领了鄂尔浑河流域，统治了铁勒诸部，由于其统治政策残酷，铁勒之中的袁纥、仆骨、拔野古、同罗等

---

① 《魏书》卷一〇三《高车传》，中华书局1974年版，第2307页。

部落自发地联合起来反抗突厥的压迫，这个联合体称为回鹘，所推选出来的最高首领叫俟斤。据《旧唐书》卷一九五《回纥传》、《新唐书》卷二一七上《回鹘传上》及《唐会要》卷九八《回纥》等历史文献记载，回鹘族分为内九姓和外九姓。

《旧唐书》卷一九五载回鹘内九姓如下：

> 一曰药罗葛，即可汗之姓；二曰胡咄葛；三曰咄罗勿；四曰貊歌息讫；五曰阿勿嘀；六曰葛萨；七曰斛嗢素；八曰药勿葛；九曰奚耶勿。

外九姓在《唐会要》卷九八《回纥》中是这样记载的：

> 其九姓：一曰回纥，二曰仆固，三曰浑，四曰拔曳固，五曰同罗，六曰思结，七曰契苾。以上七姓部，自国初以来，著在史传。八曰阿布思，九曰骨仑屋骨。恐此二姓天宝后始与七姓齐列。①

冯家昇等编《维吾尔史料简编》谓前者为"内九族"，后者为"外九部"。② 这一命名尚欠确切。前者乃组成回鹘部落的九个基本部落，故应称之为"内九姓"，而后者则为与回鹘结为部落联盟的诸部，故应名之曰"外九姓"。其中，浑、思结、契苾乃赤水军时期以来一直唇齿相依的部落；仆固、同罗、拔野固等则为南迁回鹘的另一支——横水军五部的成员，亦与回鹘同历患难；骨仑屋骨部则似原属横水军五部之一的白霫部，不过以其首领命名而已。后来，回鹘又吞并了拔悉蜜、葛逻禄，为其"客部"，于是，"外九姓"回鹘实际上已是"外十一姓"或"外十一部"了。

在谈到回鹘"内九姓"时，不能不提到阿跌氏（即跌跌氏）。阿跌来源于汉代的呼揭。《通鉴注》："呼揭，盖在乌孙之东，匈奴西北也。"呼揭，又作呼得，自汉至三国时期一直游牧于阿尔泰山和萨彦岭一带。北朝时期，呼揭曾与鲜卑右部为争夺草场而发生争执，大部分呼揭人受鲜卑右部逼迫而开始逐步向西迁徙，进至阿姆河流域重新建国，其西迁时间大致是362～372年之间。那些未西迁而留居下来的呼揭人，后称呵嘀部落，

---

① （宋）王溥：《唐会要》卷九八《回纥》，上海古籍出版社2006年版，第2068页。
② 冯家昇、程溯洛、穆广文编：《维吾尔族史料简编》（上册），民族出版社1981年版，第10页。

它们仍在阿尔泰山北段游牧。当突厥在阿尔泰山南端勃兴的时候，它们与突厥阿史那部相邻，但彼此却互相敌对。呴嘀人在隋唐时期往东发展，成为阿跌部落，后加入回鹘联盟，成为"内九姓"里的"阿勿嘀"。后来的文献中又出现"十姓回纥"之谓，可能是把阿勿嘀与阿跌作为并列存在的两个氏族来看待了。于史无征，这里仅为推测而已。

开元中，阿跌氏降唐，被安置于中受降城（内蒙古包头市敖陶窑子）一带，后来包括回鹘在内的横野军五部亦徙居于此，然后又一同返回漠北。《太平寰宇记》记载："阿跌，铁勒之别部也。在多滥葛西北，胜兵千七百。隋代号诃咥部是也。迁徙无常所。"① 而多滥葛处于同罗水（今土拉河），说明阿跌部的居地在蒙古高原中部稍偏西北。其中的诃咥部，其实就是跌跌氏。

内九姓是回鹘最基本的氏族集团，以药罗葛为首，日后回鹘可汗多出自该氏族。然而至8世纪末9世纪初，药罗葛氏衰落，出身于跌跌氏的大相被回鹘贵族和民众拥立为可汗，唐朝册封之为"怀信可汗"。嗣后，回鹘汗国的汗位实际上已由药罗葛氏转入到跌跌氏手中。

综上所述，回鹘部落是由内九姓，即药罗葛、胡咄葛、咄罗勿、貊歌息讫、阿勿嘀（阿跌）、葛萨、斛嗢素、药勿葛、奚耶勿九个氏族联合形成的。而回鹘部落又与仆固、浑、拔野固、同罗、思结、契苾、阿布思、骨仑屋骨联合，构成部落联盟，统名为回鹘，以回鹘部落为首。后来回鹘又吞并拔悉密、葛逻禄二"客部"，外九姓进而发展为十一姓（或十一部）。在突厥卢尼文《磨延啜碑》中也记载有回鹘九姓部落联盟。到744年漠北回鹘汗国建立以后，这些不同的部落仍统名曰回鹘。

二 回鹘的发展与壮大

隋唐之际，回鹘分布在突厥北之娑陵水（色楞格河）流域，"众十万，胜兵半之"，② 过着游移不定的生活。部众推时健俟斤为君长。在他死后，其子菩萨以智勇双全，作战时身先士卒、所向披靡而受部众拥戴，继位君长。菩萨绳其祖武，战功显赫，其母乌罗浑"性严明，能决平部事"，③ 使部内秩序井然。回鹘从此强盛起来，开始以独立的、具有较强大军事力量的一个民族而出现于历史舞台。

---

① （宋）乐史撰，王文楚等点校：《太平寰宇记》卷一九八《阿跌》，中华书局2007年版，第3797页。
② 《新唐书》卷二一七上《回鹘传上》，中华书局1975年版，第6111页。
③ 《新唐书》卷二一七上《回鹘传上》，第6112页。

贞观元年（627年），回鹘、薛延陀、拔野古等部叛离东突厥。颉利可汗派侄儿欲谷设率领10万骑兵讨伐之，回鹘酋长菩萨率5000骑兵在河西马鬣山打败突厥10万大兵，夺回了大批战俘，回鹘军声威大振，迅速发展到10万人。翌年，铁勒各部共推薛延陀部首领夷男为可汗，菩萨便在独乐水（今蒙古国土拉河）树立了牙帐，自称颉利发，回鹘自是崛起。贞观三年（629年），菩萨遣使向唐朝贡。次年，东突厥灭亡。回鹘与薛延陀两部称雄漠北。当时薛延陀多弥可汗在位，内部矛盾重重，部落离心，但其所屯强兵20万，威胁着唐朝的安全。菩萨死后，吐迷度继任酋长，贞观二十年（646年）夏六月，吐迷度联合卜骨、同罗等部进攻薛延陀，唐朝发兵相助，回鹘攻杀了薛延陀的多弥可汗。薛延陀汗国灭亡后，回鹘兼并了薛延陀在漠北的大片土地，称雄漠北。从此，东部铁勒诸部便都被称为回鹘了。

回鹘灭薛延陀，唐朝派遣使臣对其进行招谕。同年秋八月间，回鹘、拔野古、同罗、卜骨、多滥葛、思结、阿跌、契苾、跌结、浑、斛薛等铁勒十一姓各遣使向唐朝贡。九月，唐太宗亲至灵州（宁夏灵武市西南）招抚铁勒诸部，各部俟斤派到灵州的使者多达数千人。冬十二月，回鹘首领吐迷度等到唐朝朝觐，表示愿意臣服于唐朝，开回鹘与唐朝友好关系之先河。唐太宗受到回鹘的拥护，封吐迷度为怀化大将军，并将薛延陀的故地赐给回鹘，在那里设立瀚海都护府（内蒙古境内朱马尔河畔），吐迷度任都督，下设州、刺史、长史、司马等官职，此时吐迷度已私称可汗，并仿照突厥官职设置了官号，正式建立回鹘汗国。吐迷度修了一条直通唐朝的参天至尊道，[①]表达回鹘对唐的尊敬，沿途设置驿站，唐太宗也被回鹘及其他游牧部落称为"天可汗"。

唐朝皇帝之有天可汗（Tängri Qaγan）称谓，始自唐太宗贞观四年（630年），由四夷君长或西北诸蕃，在东突厥破亡之后所共同尊奉。其后，到贞观二十年（646年），再因薛延陀之败亡，回鹘可汗欲称雄漠北，倚重于唐，遂重申尊奉唐太宗为"天可汗"，请置唐官，并请开参天可汗大道，决意内属。此后，唐朝皇帝遂有"天可汗"之称，一直到郭子仪（697~781年）与唐德宗（779~805年在位）相继去世以后，才消失于无形。[②]

---

① 《资治通鉴》卷一九八，贞观二十一年春正月丙申条。
② 刘义棠：《天可汗探原》，《庆祝札奇斯钦教授八十寿辰学术论文集》，台北联合报文化基金会国学文献馆1995年版，第185页（收入氏著《中国西域研究》，台北正中书局1997年版，第108页）。

贞观二十二年（648年），回鹘内乱，吐迷度被其侄乌纥伙同其连襟俱陆莫贺达官俱罗勃谋杀，事后乌纥投向东突厥连鼻可汗，但此事被唐朝燕然都督府发现，并报告了唐朝，乌纥被擒杀，俱罗勃被送往内地软禁。唐朝无力平定这次回鹘内乱，唐太宗派崔敦礼前往回鹘抚慰，封赠吐迷度为左卫大将军，并将其子婆闰封为左骁卫大将军，接任父职。永徽二年（651年），西突厥阿史那贺鲁叛唐时，婆闰率领5万骑兵，协助唐军打败了贺鲁，收复北庭（治所在今新疆吉木萨尔北破城子）。永徽六年（655年），婆闰从征高丽有功，显庆二年（657年），婆闰随燕然都护任雅相等讨平贺鲁，以功升任右卫大将军。龙朔元年（661年），婆闰去世，而其子比粟毒继位。此后，回鹘逐步走向强盛，并在部分守旧贵族的支持下，多次侵犯唐朝北部边境，致使唐朝在龙朔三年（663年），迁燕然都护府至回鹘地，并改名为翰海都护府，统辖漠北诸州府，从而进一步加强了对回鹘诸部的统治。到永隆元年（680年），比粟毒死，其子独解支继位。永淳二年（683年），阿史那骨咄禄建立后突厥汗国，铁勒各部重新处于后突厥汗国的统治之下。突厥势力得到恢复并强大后，一度夺取铁勒故地，回鹘不断与东突厥交战，势力逐渐壮大，此后经历了伏帝匐、伏帝难等几位酋长，逐渐成为北方民族中强大的一支，为漠北回鹘汗国的建立奠定了基础。

第二节　漠北回鹘汗国的建立与社会演进

一　回鹘汗国的建立

开元二十九年（741年），唐玄宗联合回鹘等部南北夹击后突厥。第二年，回鹘酋长骨力裴罗联合葛逻禄、拔悉密二部，合力斩突厥可汗，立拔悉密首领为颉迭伊施可汗，骨力裴罗与葛逻禄首领自称左右叶护。接着，突厥又立新可汗，号乌苏米施可汗。回鹘、拔悉密、葛逻禄三部派兵追击，于天宝三载（744年）击杀之。同年秋八月，回鹘首领骨力裴罗杀拔悉密颉迭伊施可汗，自称骨咄禄毗伽阙可汗（Qutluɣ bilgä kül qaɣan）。骨力裴罗（Gur bala）本名逸标苾，原意，为"贤惠、圣智"的意思，作为可汗有神圣之意。他建牙帐于乌德鞬山（今鄂尔浑河上游杭爱山之北山）。唐朝封他为奉义王，稍后又封他为奉义可汗，至此，雄强一时的漠北回鹘汗国正式建立。据载，骨力裴罗建国伊始，其疆域即相当广袤，

"东极室韦（今额尔古纳河一带），西（至）金山（今阿尔泰山），南控大漠，尽得古匈奴地"。① 说明东起大兴安岭，西至今新疆北部，南抵长城，北至贝加尔湖，整个大漠南北，尽为回鹘所占。当然，上述疆域实指汗国建立之初的控地而言，与汗国建立之前回鹘人原先活动的地域有所不同，汗国中期以后，由于在西域与吐蕃、葛逻禄争战，疆域也随着势力的强弱有所变化。

二 回鹘的社会演进

回鹘西迁之前，本为一"居无恒所，随水草流移"②的游牧民族。就其社会性质而言，在漠北回鹘汗国时期已实现了由原始社会向封建社会的过渡。

回鹘社会最基本的单位是家庭。由若干家庭组成氏族，由9个氏族组成"九姓回纥"部落。这9个氏族为药罗葛、胡咄葛、咄罗勿、貊歌息讫、阿勿嘀、葛萨、斛嗢素、药勿葛、奚耶勿，史称"内九部"（内九姓）。这一氏族集团在汗国时代是最高的贵族阶级，可汗常是从药罗葛氏族中产生，只是在795年以后，由于药罗葛氏可汗无子，汗位才传给跌跌氏骨咄禄。骨咄禄虽出跌跌氏，但他因为有药罗葛氏养子身份而一直冒姓药罗葛氏，从而获取支持。内九姓又与仆固、浑、拔野古、同罗、思结、契苾、拔悉密、葛逻禄八个部落联合，构成部落联盟，史称"外九部"（外九姓）。

由氏族而部落，再到联盟，体现了原始社会时期"胞族"组织形式在回鹘社会中的存在与遗留。《旧唐书·回纥传》载：回纥"在后魏时，号铁勒部落……无君长"。《新唐书·回鹘传》说：回鹘原为高车的一个部落，"初无酋长"，后来臣属于突厥。而流传于回鹘后裔中的传说表明，当时"这些畏兀儿（回鹘）部落还没有指定的君长"，后来才"从诸部中最聪明的额必失里克部落选出一个名为忙古台的人，授以亦勒—亦勒迪必儿之号。他们还从兀思浑都儿（嗢昆）部落选出另一个具有良好品性的人，把他称作古勒—亦儿勒"。③ 于是回鹘部落有了两个并列的首领。估计他们和其他古代部落一样，一人管民政，一人管军事。

及至隋代，大业元年（605年）突厥处罗可汗攻击铁勒诸部，铁勒叛离突厥以后，回鹘与仆固、同罗、拔野古、覆罗五部首领始自称"俟

---

① 《新唐书》卷二一七上《回鹘传上》，第6115页。
② 《旧唐书》卷一九五《回纥传》，第5195页。
③ ［波斯］拉施特著，余大钧、周建奇译：《史集》第1卷第1分册，商务印书馆1983年版，第240页。

斤"。据《新唐书·回鹘传》记载:"有时健俟斤者,众始推为君长。"这是回鹘的第一位君长。至吐迷度统治时期,回鹘对土地的掠夺成为其社会经济发展的要求。贞观初,吐迷度"大破薛延陀多弥可汗,遂并其部族,奄有其地"。到646年,回鹘势力"南过贺兰山,临黄河",俨然已发展成为一个疆域广大的政权。这一时期,回鹘传统的部落首领选举制也被父死子继的世袭制度所代替。君长的出现,世袭制度的形成,标志着回鹘社会由原始公社制正在向阶级社会迈进。

至于漠北回鹘汗国时期的社会性质,学界存在着不同意见。一种意见认为是奴隶制,① 另一种意见认为是封建制。② 这里采纳后一种说法。

早在北魏时期,回鹘氏族部落内部已产生了贫富分化现象,富有的游牧民"其畜产自有记识,虽阑纵在野,终无妄取"。③ 这是回鹘生产发展和作为生产资料的牲畜变为私有财产的必然发展结果。至突厥统治时期,回鹘社会开始出现蓄奴之风。勒立于732年的突厥卢尼文《阙特勤碑》在追述突厥汗国王子阙特勤(686~731年)的事迹时写道:

> 一年春天,我们出兵征伐乌古斯(回鹘),阙特勤受命留守。敌人乌古斯偷袭汗庭,阙特勤身骑白马,毙敌九人,并守住了汗庭。使吾母可敦及诸母、诸姊、诸媳等活者免于沦为奴婢,使亡故者不致暴尸于野。④

突厥的这次征伐发生在7世纪末8世纪初,说明那时回鹘人中已存在蓄奴之风。759年勒立的突厥文回鹘碑《磨延啜碑》更是两次提到回鹘汗之奴,一见于东面第1行,作qulum küngüm,一见于南面第9行,作küngüm qulum,其义均为"我的奴隶",即可汗的奴隶。⑤ 此载可与《阙特勤

---

① 何应中:《试论公元七—十世纪回纥的社会发展》,林幹编:《突厥与回纥历史论文选集》(下册),中华书局1987年版,第633~636页;林幹、高自厚:《回纥史》,内蒙古大学出版社1994年版,第61~62页。
② 《维吾尔族简史》编写组:《维吾尔族简史》,新疆人民出版社1991年版,第28页;张广志:《回纥与奴隶制——"从少数民族史看初始阶段社会的非奴隶制性质"专题研究之四》,《青海师范大学学报》1983年第3期,第110~113页;杨圣敏:《回纥史》,广西师范大学出版社2008年版,1994年,第81~88页。
③ 《魏书》卷一〇三《高车传》,第2307~2308页。
④ Talat Tekin, *A Grammar of Orkhon Turkic*. Bloomington 1968, S. 271.
⑤ G. J. Ramstedt, Zwei uigurische Runenischiriften in der Nord-Mongolei, *Journal de la Societe Finno-Ougrienne*, XXX, 1913, No. 3, S. 13, 17;森安孝夫、铃木宏节、齐藤茂雄、田村健、白玉冬,"シネウス碑文译注",《内陆アジア言语の研究》第24卷,大阪中央ユーラシア学研究会2009年版,第12、16页。

碑》相印证，说明在漠北回鹘汗国时期蓄奴之制是存在的。但是，这些记载尚不足以表明那个时代回鹘已迈入了奴隶制社会。

回鹘是游牧民族，逐水草而居。一般而言，牧业经济不需要大量的劳动力。在奴隶制度下，奴隶无任何财产，更无身份地位，甚至连基本的生命保障都难以得到，故缺乏劳动积极性，通常需在强制下从事劳动。一有机会，他们便会逃亡。在辽阔的草原上，既难对其进行严密的监督，又无法阻止其逃亡。所以，当时回鹘所蓄之奴，主要是用于家务的。从前引《阙特勤碑》的相关内容看，当时回鹘所蓄之奴主要是女奴，可见并非用于生产劳动。回鹘没有从氏族社会经由奴隶社会而直接步入封建社会，除了自身原因外，来自突厥及中原王朝的影响也是不可忽视的因素。中原王朝自战国时代起即已进入封建社会，在唐代臻至极盛。而北方的突厥也是一个封建的游牧社会，且长期统治回鹘人。在此情况下，回鹘不可能再回到奴隶制阶段。严格来讲，回鹘的封建制有其独特个性，可称之为封建的、宗法的游牧社会。①

在汗国内部，可汗、可敦是最大的牧主，不管内九姓还是外九姓的首领，以及地方上的各级官吏，都成为级别不等的牧主。他们占有大量的牧地，从牧民的无偿劳动中攫取大量的畜群。而牧民对牧地只有使用权，也仅有数量较少的牲畜。牧民和黑民（平民）是畜牧业的主要生产者，若遇战事，他们需自备战马、武器、食粮，随牧主征战，战利品则大多归牧主所有。

三　漠北回鹘汗国的经济发展

回鹘汗国时期，随着回鹘社会自身的发展，加上受到封建制度高度发展的唐王朝的巨大影响，回鹘经济得到了迅速发展，主要表现在作为主要经济部门的畜牧业、商业与城镇的发展，社会生活也开始出现半定居化趋势。

回鹘放牧的家畜主要有马、羊、驼、牛等。是制作羊在回鹘畜牧业中地位重要，肉类、奶制品是回鹘人的日常食物，羊毛则是制作粗呢、氍毹、毡毯、帐篷、织袋等各种毛织品的原料，尤以大足羊为特产，据载，"其地沙卤，有大羊而足长五寸"。②

回鹘畜牧业中以产马最为著名。马为主要代步工具，平日骑以放牧羊

---

① 冯家昇、程溯洛、穆广文：《维吾尔族历史分期问题》，《中国民族问题研究集刊》第5辑，中央民族学院研究部1956年版，第36页。
② （宋）王溥：《唐会要》卷九八《回鹘》，上海古籍出版社2006年版，第2067页。

群，战时则背驮骑士驰骋疆场。马既是回鹘人的生产资料，也是回鹘人的生产果实。《唐会要》记回鹘、拔野古、同罗、仆固、思结、契苾、浑、葛逻禄、拔悉密九部各有许多马群聚集于某山某水，马身上都打有各部落的印记，叫做"纳马印"。① 杜甫曾为回鹘牟羽可汗（759～780年在位）出兵平定安史之乱时马比兵多的现象大感惊奇，在《北征诗》中写道：

    阴风西北来，惨淡随回鹘。其王愿助顺，其俗善驰突。送兵五千人，驱马一万匹。②

  说明当时回鹘兵每人占用的军马可达两匹。《旧唐书·回纥传》所谓"丁壮得四千人，老小妇人相兼万余人，战马四万匹"，以此计算，那么，回鹘马就更是多于兵了。

  回鹘生产大量马匹，除自己骑乘、食用外，还用于与周边民族的交换。自8世纪中叶回鹘两次出兵助唐平定安史之乱以后，唐朝出于对回鹘人的感激，每年都用大量的丝绢和茶与回鹘博易，购买回鹘的马匹。③ 回鹘每年都向唐朝输入马匹，其数目，据《新唐书·食货志》记载有十万匹。《旧唐书·回纥传》记载有大历八年（773年）的绢马互市情况："仍岁来市，以马一匹易绢四十匹，动至数万马。"按每匹马的价格为四十匹绢计算，一年之中，唐朝输入回鹘的绢就有四百万匹。这个数目是相当大的。

  马与绢、茶市易加强了唐与回鹘间经济上的互补关系，有利于加强二者间的政治同盟。唐朝以农业立国，回鹘则事游牧，二者间的内部经济结构、生产特点迥然有别，各有自身的优势和劣势。优势是唐朝男耕女织，盛产粮帛茶，其中帛不仅是商品，还可代为货币进行交换，是财富的象征，劣势是由于人口增长，内地可耕地大都垦为农田，耕牛多而战马少。唐朝初兴，即非常重视马政，麟德年间（664～665年），诸监牧马总有"七十万六千余匹"，陇右成为唐朝最大的牧马基地。由于战事频仍，马的消耗量很大，而马至4岁方可骑乘，至10岁即不堪用，故唐产马匹供不应求。及至安史之乱前，唐尚有"马三十二万五千七百九十二匹，

---

① （宋）王溥：《唐会要》卷七二《诸蕃马印》，上海古籍出版社2006年版，第1546～1549页。
② （唐）杜甫：《杜甫全集》卷二《北征》，上海古籍出版社1996年版，第22页。
③ 参见刘义棠：《回鹘马研究》，《维吾尔研究》，台北正中书局1975年版，第321～371页。

内二十万八十匹驹",①大约仅能武装十万骑兵。安史之乱后,陇右、河西、安西、北庭等广大产马、牧马的西部地区尽陷于吐蕃,唐之马政陷于瘫痪,而战马需求量却激增,遂不得不仰赖于外部输入。回鹘的优势则在于幅员辽阔,牧业发达,马匹孳生超出了自身的需要,但缺乏粮食、绢帛与生活必需的茶。因此,双方一直马、绢、茶市易不绝,回鹘成为唐朝战马的主要供应者,唐朝则为回鹘所需粮帛的主要提供者,从而形成了一种相互依赖的互补关系。②

随着与唐朝经济联系的加强,回鹘的社会经济也越来越多地受到了中原地区的影响,生产、生活方式也随之逐步发生转化,由不定居而转向半定居。在发展游牧业的同时,农业、商业和手工业也都得到了一定的发展。

在汗国都城哈喇巴喇哈逊(今蒙古国哈拉和林哈喇巴喇哈逊故城遗址)以及鄂尔浑河畔的考古发掘证明,当时这里已形成了一定规模的农业区,灌溉渠和灌溉田园的渠道网在这里都有发现,而且在很多住所中还发现有台架和磨盘。③哈喇巴喇哈逊故城附近的蒙古牧民将散落当地的来自唐朝的旧磨盘遗物收集在一起,堆积成敖包,用于祭祀。

图1-1 用唐磨遗物堆砌的敖包

① (宋)王溥:《唐会要》卷七二《马》,第1543页。
② 马国荣:《回纥汗国与唐朝的马绢贸易》,《新疆历史研究》1985年第1期,第24~33页。
③ Д. И. Тихонов, Хозяйство и Общественный Строй Уйгурского Государства X-XIV вв, М.-Л., 1966, стр. 29-30.

1957年于蒙古杭爱山西北发现的突厥卢尼文《铁尔浑碑》（又称《默延啜第二碑》）中也有回鹘农业的记载：

> 在八［条河流］之间，那里有我的草场和耕地。色楞格、鄂尔浑、土拉等八［条河流］使我愉快。在那里，在Qarya和Buryu两条河之间，我居住着和游牧着。①

甚至在840年回鹘汗国崩溃后，南逃的乌介可汗还曾致书唐朝，乞请种粮等物。唐朝回复说，一定满足他的请求："所求种粮及安存摩尼……并当应接处置，必遣得宜。"② 既然需要种粮，自必为农耕所需，足证当时回鹘农业确有一定发展。

而农业的发展，又势必会导致一部分回鹘牧民的定居，于是，农业居民点也就应运而生了。考古人员在鄂尔浑河流域，尤其是回鹘汗国都城斡尔朵八里——今哈喇巴喇哈逊（Qara Balgasun）故城遗址——发现有工匠住宅，宅中残存有松香、铜片、铜镜等，说明定居又促成了回鹘手工业、商业的发展。③ 9世纪时，阿拉伯旅行家塔米姆·伊本·巴赫尔（Tamim Ibn Bahr）曾行至回鹘地区，并撰有游记，称回鹘的首府是个大城镇，农业兴盛，周围布满乡村。这个城镇有十二扇巨型铁门，人口众多，聚落稠密，有集市经营各种商业。④

商业是回鹘汗国兴起后在粟特人帮助下发展起来的。回鹘初兴，不擅理财，故历代回鹘可汗很重视在这方面有特长的粟特商人。粟特原居河中，自古以善于经商、理财而闻名于世。利至所在，无远弗届。远在突厥汗国时代就已有大批粟特人定居漠北，7世纪至8世纪间，粟特故国被大食帝国占领，粟特人无家可归，更是云集漠北，以贾求售。丝绸贸易则是他们传统经营的项目。虽然时至唐朝养蚕制丝技术早已传播于四域，但从唐土输送到漠北的丝绸，经他们转手贩至中亚，瞬间利增十倍，成为回鹘汗国的滚滚财源。⑤ 回鹘汗国之所以接受来自粟特地区的摩尼教，此为一重要因素。

---

① 耿世民：《古代突厥文碑铭研究》，中央民族大学出版社2005年版，第208页。
② （唐）李德裕著，傅璇琮、周建国校笺：《李德裕文集校笺》卷五《赐回鹘书意》，河北教育出版社2000年版，第65页。
③ С. В. Киселев, Древние города Монголии, Советская археология, 1957, No. 2, с т р. P45-46.
④ V. Minorsky, *Türk, Iran, and the Caucasus in the Middle Ages* Vol.1, London 1978, p. 295.
⑤ Colin Mackerras, *The Uighur Empire according to the T'ang Dynastic Histories: A Study in Sino-Uighur Relations 744-840*, Canberra： Australian National University Press, 1972, p. 48.

唐太宗时期，回鹘修建"参天可汗道"，由漠北直通唐都长安，置六十八驿，"各有马及酒肉以供过使"。① 这一道路后被粟特人所积极利用，回鹘汗国的第二代可汗葛勒可汗磨延啜在其纪功碑（即古突厥卢尼文《磨延啜碑》）中夸耀说："我让粟特人和中国人在色楞格河处建立了富贵城。"② 粟特人和汉人一道活动，显然更可能是从南边经中受降城入回鹘道即著名的参天可汗道到漠北去的。③ 随着回鹘商业的发展，通往中亚和欧洲的草原道也得到了发展，沿途设有驿站，备有驿马，而且还开凿了水井。故而大食使者自河中出发，"前往九姓可汗（Tughuzghuzian khaqan）之国旅行时骑的是该可汗派给他的驿马。每昼夜前进三站，他在草原上旅行了二十天，那里有许多泉水和牧草，但没有村庄或城镇，只有住在帐篷里的驿站服役者"。④ 与"参天可汗道"沿途设施之情状接近。

事实上，回鹘境内的交通干线不止一条，除参天可汗道之外，还有通往河西的居延道，通往黠戛斯的剑河（叶尼塞河）路，以及通往西域的北庭路等，大约沿途也存在着同样的设施。这些设施除供军用外，也有商业上的重大价值。由于粟特人在经商上独擅胜场，在汗国备受青睐，地位日益提高，至其末世，粟特首领安允竟升至国相之位，独秉朝纲。势足以废立国君，其飞扬跋扈之状可见一斑，而史载回鹘人初本风俗淳朴，不善理财，后来在粟特人影响下才世风渐移。但总的来说，商业还是回鹘人正在习惯适应的一种新兴经济部类，而且通商的主要对象还是唐朝，因此，这一时期唐朝货币大量流入漠北已为近年来的考古发现所证实。⑤

四　漠北回鹘汗国时期城镇的形成

定居、半定居人口的增加，工商业的发展，加上来自唐朝的影响，促进了漠北回鹘汗国城镇的兴起。汉文史书与鄂尔浑回鹘碑铭多处记载到回鹘的城镇。

---

① 《资治通鉴》卷一九八贞观二十一年（647年）春正月丙申条。
② 耿世民：《古代突厥文碑铭研究》，中央民族大学出版社2005年版，第203页。
③ 王小甫："'黑貂之路'质疑——古代东北亚与世界文化联系之我见"，《盛唐时代与东北亚政局》，上海辞书出版社2003年版，第407～423页。
④ V. Minorsky, Tamim ibn Bahr's Journal to the Uyghurs, *Bulletin of School Oriental and African Studies* Vol. 12 1948, p. 283.
⑤ 薛宗正：《北回纥汗国的政权组织、社会经济和宗教信仰》，《西域研究》1994年第4期，第33～34页。

8世纪中叶，回鹘第二代可汗磨延啜（747~759年在位）先于色楞格河畔建筑了一座富贵城，事见古突厥卢尼文《葛勒可汗碑》之记载："我让粟特人和中国人在色楞格河处建立了富贵城。"① 磨延啜子牟羽可汗（759~780年在位）继之在鄂尔浑河流域建造了卜古可汗城、斡尔朵八里以及许多宫殿。还有《辽史》卷三七《地理志》所载位于今鄂尔浑河的河董城（可敦城）和《宋史》卷四九〇《高昌传》中位处合罗川（额济纳河）一带的回鹘公主城。另外，见于记载的还有鹈鹕泉北的公主城和眉间城。② 均为回鹘城镇发展的历史见证。

斡耳朵八里（Ordou Balïq），即今位于蒙古国后杭爱省浩腾特苏木鄂尔浑河西岸的哈喇巴喇哈逊遗址，为回鹘汗国的牙帐所在地。此城兴建于751年，后来长期充任回鹘汗国的首都，成为漠北的政治与文化中心，直到840年漠北回鹘汗国被黠戛斯人摧毁为止。从现存的遗址看，全城呈不规则方形，北城墙长424米，西城墙长335米，南城墙长413米，东城墙长337米。南、西、北三面城墙外都有护城壕。在保存较好的北侧护城壕的内侧，还能看到另有一列较矮的短墙，似乎是某种军事设施。城东西各有一门，西门还有很大的瓮城，瓮城外似乎有低矮的城墙。城内有明显的坊墙遗迹，看得出城内街区规划齐整有序。苏联学者在城内做过发掘，据说找到有唐代风格的莲花纹瓦当。城内东南角有一片明显高出城内地基四五米的高台，其规模应相当于一座大型建筑。从地上的砖瓦残片来看，这里的确曾经有建筑。从这个高台俯瞰全城，地理形势非常优越，与中古洛阳的金墉城颇可相类。推而论之，当为可汗宫帐所在。在东城墙以外，还有明显的街区遗迹，坊墙格局与城内相近，这也许是普通民众的生活区。在南城墙以外，有相当规模的田垄或矮墙的遗迹，很可能是灌溉农业的痕迹。在城的南、北距城墙约50米处可见一字排开的15个夯土建筑基址，南八北七，用途不明。③

---

① 耿世民：《古代突厥文碑铭研究》，中央民族大学出版社2005年版，第203页。
② 《新唐书》卷四三《地理志七下》，第1148页。
③ 学界一种说法认为这些应为摩尼教的建筑遗存，如森安孝夫、吉田丰，"モンゴル国内突厥ウイグル时代遗迹·碑文调查简报"，《内陆アジア言语の研究》第13卷，大阪中央ユーラシア学研究会1998年版，第155~156页；中国内蒙古自治区文物考古研究所、蒙古国游牧文化研究国际学院、蒙古国国家博物馆编：《蒙古国古代游牧文化遗存考古调查报告（2005~2006年）》，文物出版社2008年版，第208页。但笔者通过实地考察认为，这种可能性是微乎其微的。首先，摩尼教作为回鹘汗国的国教，应受到国家的保护，置于偌大的汗城之外，匪夷所思；其次，作为寺院，应有一定规制，建筑物遗址应集中于某一地，不可能呈一字形排开，散落长度几乎与城墙相同。

图1-2 哈喇巴喇哈逊故城遗址

图1-3 哈喇巴喇哈逊城外的夯土建筑基址

除了碑铭与历史文献的记载外，近年考古学者在漠北回鹘汗国故地还发现了磨延啜时期的城堡和城墙，回鹘人用长方形砖坯，从萨彦岭南麓向叶尼塞和赫姆奇科河流域，一个城堡接着一个城堡，连成一条长达230公里的黏土墙，城墙相当于回鹘汗国的北部边界线。[1] 表明这些工事的主要功能，是为了防御北方黠戛斯的进攻。近期，俄罗斯考古工作者对图瓦境内切列霍尔地区的波尔巴珍（Пор-Бажын）城堡进行了发掘，获突厥卢尼文碑石一方，但内容尚不明确。"波尔巴珍"，图瓦语意为"黏土房子"。古堡坐落在切列霍尔湖水中的小岛上，在首府克孜勒市的东南方，相距250公里。波尔巴珍城堡遗址于1891年被俄罗斯著名东方学家德米特里·克列姆涅茨发现，1995年被列入俄罗斯国家历史和文化遗产保护名单。依其考古结果，俄罗斯学者确定该城为磨延啜时期兴建的"古回鹘城堡"。

图1-4 图瓦波尔巴珍故城遗址

---

[1] Ю. С. Худяков, Памятники уйгурской культуры в Монголии, *Центральная Азия и соседние территории в средние века,* Новосибирск 1990, стр. 84-89；林俊雄、白石典之、松田孝一，"バイバリク遺跡"，载森安孝夫、オチル编：《モンゴル国现存遺跡·碑文调查研究报告》，大阪中央ユーラシア学研究会1999年版，第196～198页。

图1-5 瓦波尔巴珍回鹘故城发现的突厥卢尼文碑石

除上述之外，考古学者在漠北回鹘汗国故地还发现了不少回鹘汗国时期的其他城市，如在叶尼塞河上游一带，现已发现15座回鹘人建造的古城遗址和一个规模较大的居民点遗址。这些城市全都是四方形的，其周围有城墙，城墙外围设有很深的积水壕沟。城市面积各有不同，一般为0.5公顷到5公顷。其中最大的两座城市是位于巴尔里克河沿岸的兹里杰特科里特城（面积12.5公顷）和位于恰旦河沿岸的巴恩—阿拉克城（面积18.2公顷）。这15座城市遗址均坐落在河流沿岸和有沼泽的地方，换言之，全部处于自然条件比较优越的地段。所有这些古城遗址都曾是农业和商业的中心。城市亦曾留有驻军，有规模较大的建筑物。在城内及其周围还有冶炼、制陶、纺织、制磨等各种手工业作坊和农业的遗址遗物。城的四周都有墓地。[1] 另外，在唐朝退出西域后，回鹘还接管了北庭城和裴罗将军城（吉尔吉斯斯坦托克马克附近）及沿途的其他一些城镇。可见，现在已知的回鹘人建造和居住的城址就有24处之多。[2]

以上这些说明，回鹘的生活与生产方式较之前已发生了大的变化，为

---

[1] С.В. Киселев, Древние города Монголии, Советская археология No.2, 1957, стр. 45-46；Л. Р. Кизласов, Средневековые города Тувы, Советская археология No. 3, 1959；［苏］吉谢列夫：《南西伯利亚和外贝加尔湖地区古代城市生活的新资料》，《考古》1960年第2期，第45～46页。

[2] 杨圣敏：《回纥史》，广西师范大学出版社2008年版，第115页。

回鹘9世纪中叶西迁西域、河西后由游牧向农耕的转变奠定了基础。

第三节　漠北回鹘汗国的政治

一　职官制度

　　回鹘汗国之职官制度，主要沿用突厥旧制，同时使用唐官号。可汗（qaγan）是汗国的元首和最高统治者。可汗一称来自柔然，后来吐谷浑、突厥借用之。但突厥存在着大、小可汗之别，而回鹘则无，自始至终，可汗名号一尊，不容二号并立，有别于突厥。可汗之妻称可敦，袭自突厥。"典兵者曰设，子弟曰特勒（勤），大臣曰叶护，曰屈律啜，曰阿波，曰俟利发，曰吐屯，曰俟斤，曰阎洪达，曰颉利发，曰达干，凡二十八等，皆世其官而无员限。卫士曰附离"。[①] 上述这些官号大都直接来自突厥。与此同时，回鹘职官制度显然又受到唐朝的影响，据史籍记载：回鹘"有外宰相六，内宰相三，又有都督、将军、司马之号"。[②] 考古资料也证实了这一点，如早年考古学者曾在吐鲁番发现一件长270厘米，有125行文字的回鹘文《摩尼教寺院经济文书》，上盖汉文朱方印十一处。朱印印文为四行汉字，内容为："大福大回鹘国中书门下，颉于迦思诸宰相之宝印。"[③] 颉于迦思，是回鹘官号而非人名，意"国之光荣、大臣"。天宝四载（745年），回鹘攻杀后突厥末代可汗——白眉可汗，后突厥汗国至此彻底灭亡。骨力裴罗遂前往唐朝报功，唐又加封他为左骁卫员外大将军。[④]

二　助唐平定安史之乱

　　天宝六载（747年），骨力裴罗死，可汗位由其子磨延啜（Bayan Čor）继承，号葛勒可汗。磨延啜勇敢强悍，善于用兵，与唐结为政治联盟。天宝十四载（755年）冬十月，粟特与突厥混血儿，身兼唐之平卢、范阳、河东三道节度使的安禄山起兵造反。而当时唐之精兵劲旅皆在

[①]　《新唐书》卷二一五上《突厥传上》，第6028页。
[②]　《新唐书》卷二一七上《回鹘传上》，第6113页。
[③]　黄文弼：《吐鲁番考古记》，科学出版社1954年版，第63页；耿世民：《回鹘文摩尼教寺院文书初探》，《考古学报》1978年第4期，第498页。
[④]　《新唐书》卷二一七上《回鹘传上》，第6114页。

四方边镇，内部空虚，叛军一路势如破竹，攻陷洛阳、长安二京，玄宗仓皇逃奔四川，太子李亨别奔灵武，依托于当时实力尚保存完好的朔方军。天宝十五载（756年）七月十二日，李亨为臣下拥立，是为肃宗，改元至德，下诏四方发师勤王，不惜放弃边陲领土，全力平叛，"八月，帝在灵武，回纥首领、吐蕃酋长相继而至，并请和亲，兼之讨贼"。① 然而，当时吐蕃已乘边兵内调，边备空虚之机侵占了唐之陇右等地。回鹘则始终为唐守卫封疆，秋毫无犯，因而唐朝决心拒吐蕃而借兵回鹘。"九月，封故邠王弟男承寀为敦煌王，使回纥，仍令仆固怀恩送至回纥部落，请和亲"。② 所遣敦煌王承寀乃唐之宗室，仆固怀恩为唐之副将，本出九姓铁勒部，为仆固部金微州第九任都督。③ 其风俗、语言悉同于回鹘，故任为和亲专使。

葛勒可汗已遣使到达灵武，请求助唐平叛。得唐肃宗应允，回鹘可汗遂遣其臣葛罗支率兵增援，同年十一月与唐将郭子仪会合，大败叛军，"斩首三万，捕虏一万，河曲皆平"。④

次年九月，葛勒可汗派太子叶护率兵4000余人协助唐朝平叛，叶护与唐肃宗之子广平王李俶结为兄弟。在回鹘的帮助下，唐朝先后收复了长安、洛阳。因回鹘助唐平乱有功，唐肃宗下诏称颂回鹘"功济艰难，义存邦国，万里绝域，一德同心，求之古今，所未闻也"⑤。并册封回鹘叶护为忠义王，约定每年送绢两万匹。还在边界设立官市，收购回鹘马匹。翌年，葛勒卒，其子移地健（Idikän）继位，即牟羽可汗，又称登里可汗。

宝应元年（762年）四月，唐肃宗病故，代宗李豫继位。史朝义乘唐室有丧，派人诱回鹘南下攻唐。九月，唐代宗遣使与回鹘修好，得知回鹘已为史朝义所诱，发兵南下，急命殿中监药子昂往忻州（今山西忻县）南犒劳回鹘军，又命仆固怀恩（牟羽可汗的岳父）去劝说牟羽可汗改变主意。牟羽可汗同意再次助唐讨伐史朝义，遣使上书，"请助天子讨贼"。⑥ 十月，唐代宗以其子雍王李适为天下兵马元帅，仆固怀恩为诸军节度行营副元帅，与诸道节度使军队及回鹘兵会师于陕州（河南三门峡市西），合剿史朝义。二十三日，唐军从陕州出发，仆固怀恩与回鹘左杀为前锋，陕西节度使郭英、神策观军容使鱼朝恩为后继，由渑池（河南渑

---

① 《册府元龟》卷九七三《外臣部·助国讨叛》，中华书局1960年版，第11434页。
② 《册府元龟》卷九七九《外臣部·和亲二》，第11504页。
③ 杨富学：《唐代回鹘仆固部世系考——以蒙古国新出仆固氏墓志铭为中心》，《西域研究》2012年第1期。
④ 《资治通鉴》卷二一九至德元载冬十二月戊午条。
⑤ 《旧唐书》卷一九五《回纥传》，第5199页。
⑥ 《新唐书》卷二一七上《回鹘传上》，第6118页。

池县）东进；潞泽节度使李抱玉自河阳（河南孟州市）南下；河南等道副元帅李光弼由陈留（河南开封市）西出，会攻洛阳。雍王李适留镇陕州。史朝义闻唐军将至，召集诸将商议对策。其部将阿史那承庆认为，唐廷如果只派诸道节度使率所部而来，宜全力迎战，若与回鹘同来，其锋则不可挡，宜退守河阳以避其锋。史朝义不从。二十七日，唐军进至洛阳北郊，分兵攻怀州（今河南沁阳市）。二十八日，攻克怀州。三十日，唐军列阵于横水（河南孟津县西北）。史朝义命其部将率兵数万，于城外立栅自固，企图阻挡唐军。仆固怀恩则布阵于洛阳西原，另派骁骑及回鹘兵沿山迂回至城外史军栅营的东北，前后夹击，大破叛军。史朝义亲率主力10万出城援救，列阵于昭觉寺。唐军发起猛烈攻击，杀伤甚众，但史阵坚固不动。鱼朝恩派射生将500人力战，对史军虽多有杀伤，但对其营阵的冲击仍不奏效。在此关键时刻，镇西节度使马璘，单骑驰入敌阵，英勇奋击，左右披靡，史军阵内顿时大乱。唐大军乘势而进，叛军大败。史朝义转战于石榴园、老君庙，又败，被歼6万人，被俘2万人。史朝义率轻骑数百落荒东走。唐军收复东京洛阳及河阳城。接着，仆固怀恩之子仆固玚率领回鹘骑兵追击史朝义，喋血两千里。唐广德元年（763年）一月，史朝义兵败，走投无路而自杀。至此，长达七年多的安史之乱终于最后平息。①

回鹘三次（而非学界常说的两次）参加平叛，为扭转唐朝危局立有大功，唐朝为酬谢回鹘，册封牟羽可汗为"登里颉咄登密施舍俱录英义建功毗伽可汗"。回鹘与突厥一样，素有敬天尚东之习俗，《周书·突厥传》载其可汗"牙帐东开，盖敬日之所出也"。职是之故，回鹘可汗名称前一般都有"登里"（Tängri）、"爱腾里逻"（Ai Tängridä）等修饰语，意思是"天"、"天神"或"自天所立"之意。此外，唐朝还从经济上给回鹘以厚遇，规定每年购买回鹘马10万匹，易绢40万匹。这些资助无疑会对回鹘经济的稳定和发展起到促进作用。回鹘助唐平叛，一方面维护了中原人民生产生活的安定，另一方面，安史之乱之后回鹘自身的势力更加强大，回鹘贵族在此之后对唐朝居功自傲，胡作非为，以致回鹘和唐朝双方间有摩擦。在后来唐将仆固怀恩的反叛中，回鹘和吐蕃还参与了叛乱，但为郭子仪所败。仆固怀恩死后，郭子仪又亲往回鹘营帐与之结盟和好，史称"泾洛之盟"。之后，唐朝与回鹘联合追击吐蕃。唐朝大理卿刘元鼎曾

---

① Ablet Kamalov, Turks and Uighurs During the Rebellion of An Lu-shan Shi Ch'ao-yi (755-762), *Central Asiatic Journal*, Vol. 45, No. 2, 2001, pp. 245-253.

对吐蕃元帅尚绮心儿说："回纥于国家有救难之勋，而又不曾侵夺分寸土地，岂得不厚乎！"①

三 顿莫贺之变

安史之乱后，唐军内撤，边防空虚，吐蕃乘机占领了河西、陇右。吐蕃占据这些地区后，对回鹘本部形成了直接威胁。形势的发展要求回鹘加强与唐军的合作以共同对抗吐蕃势力。但是，牟羽可汗看不到其中的利害，只是一味地向唐朝勒索财帛，同时，驻于长安的回鹘使节也仗势横行不法，以致发展到"擅出鸿胪寺，掠人子女；所司禁之，殴击所司"的地步。②代宗迫于吐蕃大军压境之困，尽量维持与回鹘的和好，在绢马交易中竭力满足回鹘的要求，对回鹘使节的行为也予以容忍。代宗一味忍让的态度却使牟羽可汗更加肆无忌惮。大历十年（775年）十二月，回鹘以"千骑寇夏州"。③大历十三年（778年）正月回鹘再寇太原，唐军击退回鹘后，"上亦不问回纥入寇之故，待之如初"。④久而久之，回鹘的贪求无度与倒行逆施开始引起了唐朝朝野的愤怒，反击回鹘的呼声逐步高涨起来。

大历十四年五月，代宗驾崩，"素恨回纥"的德宗继立。他继位后马上开始推行"德怀吐蕃"政策以对抗回鹘。继位当年就与吐蕃互相释放俘虏，遣使通好。九姓胡遂煽动牟羽可汗乘机举国南下攻唐。《新唐书·回鹘传》记载：

> 德宗立，使中人告丧，且修旧好。时九姓胡劝可汗入寇，可汗欲悉师向塞，见使者不为礼。宰相顿莫贺达干曰："唐，大国，无负于我。前日入太原，取羊马数万，比及国，亡耗略尽。今举国远斗，有如不捷，将安归？"可汗不听。顿莫贺怒，因击杀之，并屠其支党及九姓胡几二千人⑤，即自立为合骨咄禄毗伽可汗，使（茜）长建（聿？）达干从使者入朝。

牟羽可汗攻唐之举，受到亲唐的回鹘宰相顿莫贺达干的反对，力阻

---

① 《旧唐书》卷一九六下《吐蕃传下》，第5265页。
② 《资治通鉴》卷二二四大历七年正月甲辰条。
③ 《资治通鉴》卷二二五大历十年十二月条。
④ 《资治通鉴》卷二二五大历十三年春正月戊辰条。
⑤ 此句《唐会要》卷九八作"并杀其亲信及九姓胡所诱来者凡三千人"；《旧唐书·回纥传》作"并屠其支党及九姓胡凡二千人"；《资治通鉴》卷二二六建中元年条亦称："并九姓胡二千人。"说明《新唐书》中的"几"字当为"凡"字之误。

之,但可汗不听,一意孤行,而一般士兵却不愿南下征战。于是,顿莫贺"乘人心之不欲南寇也",① 于建中元年(780年)六月发动政变,捕杀了牟羽可汗及其亲信2000余人,九姓胡人的政治地位自此一落千丈。顿莫贺以武力夺取了政权,自立为合骨咄禄毗伽可汗,立即遣使入唐,表示:"愿为藩臣,垂发不剪,以待诏命。"② 唐朝派京兆尹源休持节册封顿莫贺为武义成功可汗,顿莫贺遣使进贡方物,以示谢恩。就在此时,唐朝振武军留后张光晟杀死了回鹘汗国的突董等九百余人,其中也包括回鹘可汗倚重的粟特人。此事关涉回鹘与唐朝之关系,如何对待和处理这一突发事件,对顿莫贺来说无疑是一次严峻的考验,因为他既要维护回鹘之民族尊严与实际利益,同时又不能以破坏回鹘与唐朝间之关系为代价,顿莫贺遂使人向唐朝使者传话:

> 国人皆欲杀汝以偿怨,我意则不然。汝国已杀突董等,我又杀汝,如以血洗血,污益甚耳!今吾以水洗血,不亦善乎?唐负我马直绢百八十万匹,当速归之。③

顿莫贺之要求有理有节,唐朝遂付给回鹘帛10万匹、金银10万两,偿其马值,平息了一场几乎酿成大战的危机。顿莫贺"以水洗血"之思想与举措,妥善处理了突发事件,同时也有利于加深回鹘与唐朝间的友好关系。

贞元三年(787年),顿莫贺向唐朝请婚称臣。贞元四年(788年)七月,顿莫贺又上书请求改名,将回纥改为回鹘,言"捷鸷犹鹘"然。④ 唐朝则加封顿莫贺为长寿天亲可汗。

对"回纥"改为"回鹘"的时间,诸史所载颇有出入。《旧唐书·回纥传》作元和四年(809年),义取"回旋轻捷如鹘"。《唐会要》卷九八《回纥》载:"贞元五年(789年)七月,公主至衙帐,回纥使李义进请因咸安公主下降,改'纥'字为'鹘'字,盖欲夸国俗俊健如鹘也。德宗允其奏,自是改为'回鹘'。"《佛祖统纪》与《册府元龟》卷九六七皆采《唐会要》之说。《通鉴·考异》引《邺侯家传》称贞元四年(788年)七月可汗上表请改"纥"字为"鹘"字,与李繁《北荒君长录》及《新唐书·回鹘传》同。李泌死于贞元五年春,若五年七月方改,

---

① 《资治通鉴》卷二二六建中元年六月甲午条。
② 《资治通鉴》卷二二六建中元年六月甲午条。
③ 《资治通鉴》卷二二七建中三年二月辛亥条。
④ 《新唐书》卷二一七上《回鹘传上》,第6124页。

家传不应言之。故司马光主张在贞元四年。此后,唐朝正史中自此改称"回纥"为回鹘。本文采贞元四年说。

虽则如此,著名学者刘义棠仍主张"贞元五年七月"说,认为:"回纥请改名'回纥'为'回鹘'即使在贞元四年,而唐朝准其所请,亦仍在咸安公主下嫁后之贞元五年也。"[①]学界赞成此说的也大有人在。[②]

贞元五年十二月,顿莫贺去世,其子多逻斯继位,号"爱登里逻汩没密俱录毗伽可汗",唐朝派鸿胪卿郭锋持节册其为"忠贞可汗"。但他在位还不到一年便被其弟所杀。其弟在位不得人心,不久又为宰相颉于迦斯出兵杀死,忠贞可汗之子阿啜被立为可汗,唐朝封阿啜为奉诚可汗。当时吐蕃势力强大,占领河西陇右,切断了唐朝与西域的交通,并占领了北庭,唐朝出使西域须绕道回鹘地区,回鹘人长期派兵护送唐朝过往使节,并不惜与吐蕃兵锋相见。贞元七年,回鹘人再次出兵,从吐蕃手中夺回了北庭(新疆吉木萨尔县北破城子)、灵州(今宁夏灵武市)。

四 跌跌氏的统治

贞元十一年(795年)四月,奉诚可汗卒,因其膝下无子,族人遂拥立当时的宰相,出身于跌跌氏的骨咄禄为可汗,称爱滕里逻羽录没蜜施合胡禄毗伽可汗,唐朝册封他为怀信可汗。《新唐书·回鹘传上》载:

> 骨咄禄本跌跌氏,少孤,为大首领所养,辩敏材武,当天亲(可汗)时数主兵,诸酋敬畏。至是,以药罗葛氏世有功,不敢自名其族,而尽取可汗子孙内之朝廷。

《资治通鉴》卷二二六唐顺宗永贞元年(805年)十一月所记与此同,文称:"回鹘怀信可汗卒。遣鸿胪少卿孙杲临吊,册其嗣为滕里野合俱录毗伽可汗",胡三省注曰:"自怀信立,回纥药罗葛氏绝矣。此后,史皆书册其嗣,以表怀信子孙也。"他的继立,标志着回鹘可汗汗位由药罗葛氏转至跌跌氏。

怀信可汗的生平事迹,新、旧《唐书》与《资治通鉴》的记载皆语焉不详,唯蒙古高原发现的《九姓回鹘毗伽可汗碑》之汉文部分对其活动有所反映。碑文第12行至18行称怀信为"天可汗",言其"自幼及长,英雄

---

① 刘义棠:《突回研究》,台湾经世书局1990年版,第815~816页。
② 李树辉:《回鹘文摩尼教寺院文书写作年代及相关史事研究》,《西北民族研究》2004年第3期,第19页。

神武，运筹帷幄之下，决胜千里之外。温柔惠化，抚育百姓，因作世则，为国经营，算莫能纪"，曾大破坚昆（即黠戛斯），从吐蕃手中收复北庭、龟兹，追奔逐北至珍珠河（今吉尔吉斯斯坦境内的纳林河），使这里的国王、百姓都臣服于他。[1] 他的功业为回鹘汗国的再兴奠定了基础。怀信可汗本出跌跌氏，但自幼为药罗葛氏所养，故平时不言自己为跌跌氏，而自称为药罗葛氏。

跌跌氏（阿跌氏）早见于史册，在南北朝后期主要游牧于阿尔泰山北段及其西南，及至唐朝前期，这部分阿跌人已经东迁至蒙古高原一带。《太平寰宇记》言："阿跌，铁勒之别部也。在多滥葛西北，胜兵千七百。隋代号诃咥部是也。迁徙无常所。"[2] 又同书记："多滥葛，在〔薛〕延陀东界，居近同罗水，胜兵万人。"[3] 同罗水即今土拉河，在蒙古国的中部，可知阿跌部的居地在蒙古高原中部稍偏西北。

到永贞元年十一月，怀信可汗卒，其子继位。至元和三年（808年）三月，再传至保义可汗（爱登里罗汩没蜜施合毗伽可汗），回鹘势力重新壮大。元和八年十月，回鹘发兵越大漠南下，自柳谷袭击吐蕃。保义可汗也曾多次向唐朝请婚，但唐宪宗不允。即便如此，保义可汗仍一直未有异心，甚至还率兵抵达天山南北，收复北庭、龟兹失地，重开东西交通，缓解了吐蕃对唐朝的压力。

在保义可汗时期，回鹘相继击败了吐蕃、葛逻禄和黠戛斯联盟，控制了整个准噶尔盆地及葱岭西的楚河流域。元和十五年（820年），唐宪宗去世，唐穆宗继位后答应了回鹘的请婚要求，但此时保义可汗已死，唐封其子登罗羽录没蜜施句主毗伽可汗为崇德可汗，并在长庆元年（821年）五月，以唐穆宗十妹太和公主下嫁崇德可汗。吐蕃人闻知回鹘迎娶唐朝公主而出兵阻挠，回鹘派一万骑兵出北庭（新疆吉木萨尔县北破城子）、安西（今新疆库车），迎娶公主。崇德可汗之后，其弟葛萨特勒（勤）继位，号爱登里罗汩没蜜施合毗伽可汗，唐朝封之为昭礼可汗。

昭礼可汗在位时（825～832年），回鹘汗国已渐露衰象，宰相拥兵自重，互相残杀，故该可汗一直无所作为。大和六年（832年），昭礼可汗

---

[1] 林梅村、陈凌、王海城：《九姓回鹘可汗碑研究》，《欧亚学刊》第1辑，中华书局1999年版，第161页。

[2] （宋）乐史撰，王文楚等点校：《太平寰宇记》卷一九八《阿跌》，中华书局2007年版，第3797页。

[3] （宋）乐史撰，王文楚等点校：《太平寰宇记》卷一九八《多滥葛》，中华书局2007年版，第3797页。

被部下所杀，汗位由其从子胡特勤继承，被唐封为彰信可汗。彰信可汗立于乱世，本身也难有什么作为。至开成四年（839年），宰相安允合及柴革欲杀彰信可汗作乱，反被可汗所杀。又有宰相掘罗勿荐公拥兵在外，引沙陀兵攻可汗，彰信可汗自杀，国人立㕎驳特勤为可汗，是为汗国第十三位可汗。

第四节　宗教信仰

一　萨满教的流行及其演变

漠北回鹘汗国，以萨满教为国教。萨满教是在原始社会条件下形成的世界性宗教，它以万物有灵论为思想基础，在内容上包括自然崇拜、图腾崇拜和祖先崇拜三个方面。

回鹘自然崇拜的对象繁多，诸如天地山川、日月星辰、草木湖海等。天，回鹘语写作Tängri，是阿尔泰语系诸民族萨满教所崇拜的最重要的神灵。《魏书·高车传》载回鹘祖先高车人于文成年间（453～454年）曾在漠南举行祭天仪式，载歌载舞，杀牲聚会，"众至数万"，场面相当壮观。在8世纪中叶回鹘建立政权后，对天的崇拜有增无减，其可汗名号前一般都要加上"登里（Tängri）"、"滕里逻（Tängridä）"等修饰语，以表示自己为天、天神所立。

太阳，给人以温暖和光明，旭日所出的东方也就成为人们崇拜的方向。回鹘对太阳更是崇拜有加，漠北回鹘可汗坐常面东。[①] 西迁后仍保留这种习惯。982年，宋朝使者王延德到达高昌，"见其王及王子侍者，皆东向拜受赐"。[②] 这种敬日之俗，与突厥完全相同。

水，是人类生存所不可或缺的。元代虞集撰《高昌王世勋之碑》载："考高昌王世家，盖畏吾而之地有和林山，二水出焉：曰秃忽剌，曰薛灵哥。一夕有天光降于树，在两河之间，国人即而候之。树生瘿，若人妊身（娠）然。自是光恒见者，越九月又十日而瘿裂，得婴儿五，收养之。其最稚者曰卜古可罕。既壮，遂能有其民人土田，而为之君长。"[③] 正是由于回鹘人自认为其先祖出自秃忽剌和薛灵哥二河之间的和林山，故对水崇

---

① 《新唐书》卷二一七下《回鹘传下》，中华书局1975年版，第6130页。
② 《宋史》卷四九〇《高昌传》，中华书局1977年版，第14112页。
③ （元）虞集：《道园学古录》卷二四《高昌王世勋之碑》，四部丛刊本。

拜有加。以是之故，远在8世纪前，漠北回鹘汗国的许多可汗就开始在自己的名号前加上"阙"（kül，"湖泊"之意），以示自己是水神之裔。

回鹘还崇拜山。据载，回鹘所崇拜的山叫Qutluɣ Taɣ（胡力答哈），意为"福山"，回鹘人认为自己的强盛正是托此山之福。北京中国文化遗产研究院藏回鹘文写本XJ 222–0661.9第51行有"Bay Tag"一词。[①] Bay Tag者，即"福山"之意，或Qutluɣ Taɣ（胡力答哈）之异写，未可知也。后来，唐朝使者巧使毒计，以烈火烧毁"福山"，于是，回鹘可汗卒，"灾异屡见，民弗安居，传位者又数亡，乃迁于交州"。[②] 元人虞集曾记载过这么一桩趣事："甲戌，至凤翔，与宪使、郡守祀于雅腊蛮神之庙。雅腊蛮者，高昌部大山有神，高昌人留关中者移祀于此云。"[③] 准此以观，元代时迁到陕西关中凤翔一带的回鹘人把他们崇拜的山神——雅腊蛮神也从高昌搬到了新的侨居地凤翔。

一般说来，自然崇拜大约产生于血缘家庭阶段，当血缘家庭被母系氏族公社代替的时候，人们的血缘观念已在日常生活中起着决定性的支配作用。人们相信同一氏族的人是最亲密的。为了区别本氏族成员与他氏族成员的不同，各氏族都有一个特殊的标记，这就是图腾。同其他许多北方民族一样，回鹘是将狼作为图腾的，自认其祖先原为一个女子，"为狼妻而产子，后遂滋繁成国，故其人好引声长歌，又似狼嗥"。[④] 以此之故，唐代时期其国旗上常绣有狼的形象，被称为"狼纛"。[⑤] 狼在古代回鹘人的心目中也是异常神圣的，被视为勇敢的象征，故其强有力的可汗常被称为"附邻可汗"。[⑥] "附邻"，史籍又作附离、步离、佛狸等，即突厥—回鹘语böri的音译，意为狼。附邻可汗即为狼可汗。甚至在吐鲁番出土的摩尼文回鹘语摩尼教诗歌中也可以看到狼崇拜的内容：

kök böritäg sini ［birläɣ］ yorïyïn
qara quzɣuntäg topraq üzä qarayïn
我像苍狼与您并行，

---

① Zhang Tieshan-P. Zieme, A Memorandum about the king of the On Uygur and his Realm, *Acta Orientalia Academiae Scientiarum Hungaricae* 64 (2), 2011, pp. 143, 148.
② 《元史》卷一二二《巴而术阿而忒的斤传》，中华书局1976年版，第2999~3000页。
③ （元）虞集：《道园学古录》卷六《诏使祈雨诗序》，四部丛刊本。
④ 《魏书》卷一〇三《高车传》，中华书局1974年版，第2307页；《北史》卷九八《高车传》，中华书局1974年版，第3270页。
⑤ 《新唐书》卷二一七上《回鹘传上》，第6115页。
⑥ 岑仲勉：《突厥集史》（下册），中华书局1958年版，第881页。

又似黑鹫与世共生。①

这里的黑鹫（qara quzɣun）亦即古代回鹘人所崇拜的鹰的一种。唐朝中期，回鹘汗国强盛，其可汗于贞元四年（788年。一说元和四年，809年）上表改"回纥"为"回鹘"，"义取回旋轻捷如鹘也"。②回鹘可汗要求将族名改为回鹘，显系崇拜鹘所致。鹘者，系体形较小之鹰属鸟类，或通名之为隼，属于肉食猛禽类之一。③在古代维吾尔族神话传说中，乌古斯可汗有许多子孙，其氏族的"汪浑"（族徽或图腾崇拜对象）都是鹰、鹫、青鹰。④结合上引摩尼教诗歌内容，似乎也可将鹰视作古代回鹘的图腾。回鹘对鹰的崇拜，在柏孜克里克石窟的回鹘文题记中也可看得出来：

此为勇猛之狮、统治全国的九姓之主、全民苍鹰侯回鹘特勤。⑤

在回鹘人的观念中，生殖器官被视作生命的本源和事物繁荣的象征，因而受到崇拜，回鹘所崇拜的umai（乌麦）就是从生殖崇拜的概念中引申出来的。此词在突厥汗国时代的碑铭中就经常出现，如《阙特勤碑》在述及母亲之慈爱时说："托像乌麦一样的我母可敦之福，我弟受成丁之名。"⑥《暾欲谷碑》也记载说："天神与乌麦、各种土地、火神结合起来了。"⑦11世纪成书的《突厥语大词典》收录了一句古代维吾尔族的格言，称："谁敬umay（乌麦，胞衣），即可得子。"⑧可见，乌麦是一种保护母腹中胎儿的图腾，只要人们真诚地祈祷，就会得到幸福和孩子。除突厥、回鹘外，还有很多突厥语族、蒙古语族和满—通古斯语族的民族也

---

① 杨富学：《回鹘摩尼诗狼鹰崇拜小笺》，《国立政治大学民族学报》第23期《庆祝刘义棠教授七秩华诞荣退特刊》，1998年，第50页。
② 《旧唐书》卷一九五《回纥传》，第5210页。
③ 毕长朴：《回纥与维吾尔》，台北新文丰出版公司1986年版，第3页。
④ ［波斯］拉施特主编，余大钧、周建奇译：《史集》第1卷第1分册，商务印书馆1983年版，第142～145页。
⑤ 吐鲁番地区文物保管所编：《吐鲁番柏孜克里克石窟壁画艺术》，新疆人民出版社1990年版，第3页。
⑥ Talat Tekin, *A Grammar of Orkhon Turkic*, Bloomington 1968, pp. 235, 268.
⑦ Ibid., 1968, pp.252,288.
⑧ 麻赫默德·喀什噶里著，校仲彝等译：《突厥语大词典》第1卷，民族出版社2002年版，第133页。

都崇拜该神。①

随着母系氏族社会向父系氏族社会的过渡，人们的世系观念大大增强，对人的崇拜逐步占据了统治地位，这样就产生了祖先崇拜。回鹘之祖先崇拜主要表现在丧葬观念上，其祖先高车之丧葬方式是"掘地作坎，坐尸于中，张臂引弓，佩刀挟矟，无异于生"。②以此方式寄托让死者灵魂永生的愿望。依照当时的习俗，人死后，死者的亲属要"劙面"痛哭，死者的妻子以及生前的日用品也要殉葬。如回鹘毗伽可汗死，"国人欲以宁国公主殉"。③死者生前是主人，死后他的灵魂还要成为主人。祖先崇拜是对业已死去的人物，亦即氏族祖先的崇拜，与以往的自然崇拜和图腾崇拜相比，则更趋于人格化，即已把祖先视作半人半神的形象。

然而，要使神和人联系起来，中间必须要有一个"中介"。大凡比较完备的原始宗教在其发展过程中，必然要形成具有一定形式的神职人员来充当人和神之间联系的中介和宗教教义的解释者。早在5世纪，我国史书所记载的高车人中的"巫"就是这种神职人员。史载高车人"喜致雷霆。每震，则叫呼射天而弃之移去。来岁秋，马肥，复相率候于震所，埋殺羊，燃火拔刀，女巫祝说，似如中国祓除"。④高车斛律部首领倍侯利"善用五十蓍筮吉凶"。⑤这里的"巫"、"蓍筮"，在突厥语中称为qam。qam一词有"动"、"急动"、"震动"、"摇之向上"等意，另外还有"跳跃"之意，这不能不使人联想到巫师跳神的动作。《突厥语大词典》著录qam一词，即径直释之为Shaman，即萨满。⑥

在763年牟羽可汗将摩尼教引入回鹘之前，萨满教的影响是相当大的，俨然享有国教的地位。随着回鹘社会的变迁，加强汗国统一的呼声开始高涨起来。于此情况下，回鹘牟羽汗在引入摩尼教不久即将其定为国教，使萨满教势力受到了致命的打击，逐渐衰落下去。但由于萨满教在回鹘及其先民中已流行了数百年，乃至上千年，对人们的思想影响根深蒂固，已经成为一种强大的习惯势力，所以在其丧失国教地位后，不可能一下子就退出历史舞台，而是以改变了的形式继续并长期在回鹘社

---

① 孟慧英：《乌麦研究》，中国社会科学院少数民族文学研究所编：《民族文学论丛》，内蒙古大学出版社2000年版，第150、163页。
② 《北史》卷九八《高车传》，第3271页。
③ 《新唐书》卷二一七上《回鹘传上》，第6117页。
④ 《北史》卷九八《高车传》，第3271页。
⑤ 《北史》卷九八《高车传》，第3272页。
⑥ 麻赫默德·喀什噶里著，校仲彝等译：《突厥语大词典》第3卷，民族出版社2002年版，第152页。

会中存在着。如太平兴国六年（981年）王延德出使高昌，见这里"佛寺五十余区……居民春月多群聚遨乐于其间。游者马上持弓矢射诸物，谓之禳灾"。①说明回鹘萨满教的影响也渗透到民俗之中。当时，居住于今北京一带的契丹或女真人亦非常信奉回鹘之巫术。南宋洪皓《松漠纪闻》即曰："燕（指契丹或女真）人或俾之祈祷，多验。"②《元史》还记载说："[大德五年（1301年）七月]癸丑，诏禁畏吾儿僧、阴阳、巫觋、道人、咒师，自今有大祠祷必请而行，违者罪之。"③由元政府颁布诏敕对回鹘巫师的活动予以禁止，说明影响不小，否则就不会引起朝廷的关注了。

二 摩尼教在回鹘汗国的盛行

摩尼教是公元3世纪中叶波斯人摩尼（Mani，216~277年？）所创立的一种宗教，它摄融了早已在中亚流行的祆教、诺思替（Gnostic）教、景教和佛教等多种因素，主要思想则是世上光明与黑暗斗争的二元论。摩尼教在波斯曾盛极一时，后来因受到波斯王瓦拉姆一世（Vahrâm I，274~277年）的残酷迫害，教徒流徙四方。其中向东的一支进入河中地区，以后逐渐东传至中国，再辗转传入回鹘，于8、9世纪时在回鹘取得了长足的进展，迅速替代了原来盛行的萨满教，一跃成为回鹘的国教，实现了柳暗花明大转折。

关于摩尼教传入回鹘的具体过程，有两件最重要的资料可供参考——《九姓回鹘可汗碑》和《牟羽可汗入教记》。此外，在1981年于新疆吐鲁番柏孜克里克石窟新发现的回鹘文写本中，有一件编号为81TB10:06-3的残片内容也涉及摩尼教始入回鹘的史实，但文字残毁严重，从中可以看出，初入回鹘的摩尼教慕阇，除牟羽可汗从洛阳引入者外，还有一些直接来自西域地区。④惜文献残损过于严重，许多内容无法确定，故此不论。

---

① 《宋史》卷四九〇《高昌传》，第14112页。
② （宋）洪皓著，翟立伟标注：《松漠纪闻》（长白丛书），吉林文史出版社1986年版，第15页。
③ 《元史》卷二〇《成宗纪三》，中华书局1976年版，第436页。
④ [德]茨默著，王丁译：《有关摩尼教开教回鹘的一件新史料》，《敦煌学辑刊》2009年第3期，第1~7页。

图1-6　81TB10：06-3回鹘文摩尼教写卷

《九姓回鹘可汗碑》用突厥文、汉文、粟特文三种文字写成，而《牟羽可汗入教记》仅使用了回鹘文。以二者相较，不难看出其间差异不少。碑铭对摩尼教传入回鹘的过程是这样记载的：

> 可汗乃顿军东都，因观风俗，败民弗师，将睿息等四僧入国，阐扬二祀，洞彻三际。况法师妙达名门，精通七部，才高海岳，辩若悬河，故能开正教于回鹘，以茹荤屏乳酪为法，立大功绩，乃曰汝傒悉德。于时都督、刺史、内外宰相、司马金曰："今悔前非，愿事正教。"奉旨宣示，此法微妙，难可受持。再三恳恻："往者无识，谓鬼为佛；今已悟真，不可复事，特望□□。"□□□曰："既有志诚，任即持赞。"应有刻画魔形，悉令焚爇，祈神拜鬼，并摈斥而受明教。薰血异俗，化为蔬饭之乡；宰杀邦家，变为劝善之国。故圣人之在人，上行下效。法王闻受正教，深赞虔诚。□□□□德（愿），领诸僧尼，入国阐扬。自后□慕阇徒众，东西循环，往来教化。①

---

① 程溯洛：《释汉文〈九姓回鹘毗伽可汗碑〉中有关回鹘和唐朝的关系》，《中央民族学院学报》1978年第2期，第21页；林梅村、陈凌、王海诚：《九姓回鹘可汗碑研究》，余太山主编：《欧亚学刊》第一辑，中华书局1999年版，第160～161页。

碑中的可汗,实即漠北回鹘汗国第三代君主——牟羽可汗(759~780年在位)。从碑文可知,在唐朝爆发安史之乱后,牟羽可汗曾出兵助唐,在洛阳逗留期间与几位摩尼教高僧发生了联系,随之将睿息等四人带回漠北,令其布道。很快,摩尼教即在漠北战胜回鹘旧有宗教——萨满教而一跃成为回鹘的国教。这些记载与唐代汉史大体吻合。依汉籍,牟羽可汗原是在唐肃宗于宝应元年(762年)五月驾崩后应叛将史朝义之诱而入中原的,结果被中原劳军使药之昂说服,不仅未按既定方针助叛军攻取长安,反而率兵东向,由陕州(今河南陕县)渡黄河直捣洛阳,夹击史朝义,并于十一月二十日攻克洛阳,直到次年三月方归。说明牟羽可汗将摩尼教引入回鹘的时间当在宝应二年(763年)三月之后。[①]

由碑文观之,摩尼教取代萨满教似乎是在一夜之间发生的,使人不免生疑。如前所述,在摩尼教入回鹘之前,回鹘中盛行的是萨满教,摩尼教始入回鹘时,萨满教正处于炽盛阶段,若单凭四个摩尼僧在汗国中的活动和牟羽可汗的一纸敕令,就能使摩尼教取得如此迅速的传扬,一夕间成为回鹘人的全民宗教,从一般情理讲,显然是令人难以取信的。吾人固知,宗教是一种社会意识,属于上层建筑的范畴,社会改变了,人们的社会意识也就必然会随之改变,但是社会意识往往落后于社会存在。就回鹘而言,由于萨满教长期流行,在思想上的影响根深蒂固,已形成为一种强大的习惯势力,使之改宗,绝非易事。那么,回鹘人改宗摩尼教的具体过程如何呢?

根据吐鲁番出土编号为U 72-73(TM 276a-b)的回鹘文《牟羽可汗入教记》残卷记载,摩尼教始入回鹘时曾遭到强烈的反对,甚至在各地不断发生压迫和杀害摩尼教徒及胡商的事件。反对者不仅有萨满,更多的则是那些担心因改宗而使自己利益受损的回鹘官员和传统意识强烈的民众。对早期到达回鹘的四位摩尼教僧,他们扬言要"压制并杀死",使之随时都有可能"遇到大的压力和危险","一旦被抓住,就全部杀死,一个活的也不留"[②]。这一文献还说明,当时摩尼教徒面临的最大敌人是汗国内掌权的达干。这从摩尼僧要求牟羽可汗不要"重任这些达干",要"远离这

---

① [法]沙畹、伯希和著,冯承钧译:《摩尼教流行中国考》,《西域南海史地考证译丛八编》,中华书局1958年版,第62页;林悟殊:《回鹘奉摩尼教的社会历史根源》,《摩尼教及其东渐》,中华书局1987年版,第88页;王见川:《从摩尼教到明教》,台北新文丰出版公司1992年版,第156~157页。

② Harry Clark,The Conversation of Bögü Khan to Manichaeaism, *Studia Manichaica. IV.International Kongrep zum Manichgäismus*, Berlin, 14.18.Jali 1977, Berlin 2000, p.104.

些达干"一事中就可以看得出来,后来的历史事实,即大历十五年(780年)顿莫贺达干发动政变,大批屠杀摩尼僧及九姓胡一事也可证明,达干是摩尼教徒的最大威胁。

由于各方面的压力,牟羽可汗在当初也曾对改宗一事产生过动摇,经过激烈的思想斗争,"与众僧一起讨论了两天两夜。第三天,他们继续争论到很晚,此后,天王就有所动心了",于是,"天王牟羽可汗亲自来到徒众聚集处,恭敬地跪在众僧面前,乞求恕罪"。① 这些详细记载都不见于《九姓回鹘可汗碑》,这就存在着记载之翔实与否的问题。

如所周知,《九姓回鹘可汗碑》勒立于回鹘汗国第九代君主保义可汗时期(808~821年在位),碑文歌颂了回鹘建国以来直到保义可汗时的历代可汗功绩,特别是对牟羽可汗始传摩尼教于回鹘崇敬有加一事记载尤详,故牟羽可汗曾对摩尼教产生动摇一事则当然地被略去了。碑文将汗国的君臣民众等都描绘成一开始就是萨满教的激烈反对者,摩尼教一传入,他们一下子就将萨满教的"刻画魔形"全部焚毁,进而接受摩尼教。从碑文看,回鹘君臣此举对萨满教的打击是相当沉重的,致使有人以此而得出了"无须乎经过三年,萨满教便荡然无存"② 的结论。实际上这是经不住推敲的。

根据汉文史料的记载,广德二年(765年)回鹘在与唐作战时,身边还带有巫师。当回鹘与唐和议时,其首领十分高兴,"分缠头彩以赏巫师"。③ 此巫师即为汉族对萨满的通称。当时在场的回鹘首领共有七位,其中五位拥有达干称号。可见,由于反对摩尼教的中坚力量达干的支持,巫师在回鹘汗国仍然拥有相当的势力。

考虑到自己的统治以及回鹘臣民尚未完全改宗的现状,牟羽可汗就不能不进行宗教宣传。《牟羽可汗入教记》即记载了牟羽可汗举行特大持斋仪式的情况。文献载:"他们持斋了",那时,"天王进了城,头上戴着王冠,身穿深红色[长袍],坐在黄金宝座之上,并向官员和平民传佳令"。④ 这是目前所见唯一的记载这方面情况的资料。这种规模盛大的持

---

① 杨富学:《西域敦煌宗教论稿》,甘肃文化出版社1998年版,第16~17页;Larry Clark, The Conversation of Bögü Khan to Manichaeaism, *Studia Manichaica. IV. International Kongreß zum Manich äismus, Berlin, 14. -18. Juli 1997*, Berlin 2000, pp. 102-103.

② 如艾尚连:《试论摩尼教与回鹘的关系及其在唐朝的发展》,《西北史地》1981年第1期,第36页。

③ 《旧唐书》卷一九五《回纥传》,第5206页。

④ 杨富学:《西域敦煌宗教论稿》,第18页;Larry Clark, The Conversation of Bögü Khan to Manichaeaism, *Studia Manichaica. IV. International Kongreß zum Manich äismus, Berlin, 14. -18. Juli 1997*, Berlin 2000, p. 104.

斋场面，恐怕不能简单地从风俗习惯上去理解，而牟羽可汗当时的打扮，也并非完全是节日的盛装。它说明了牟羽可汗对摩尼教重视的程度是非同寻常的，其用意无非是想借此机会，大张旗鼓地进行改宗宣传。

此文献又载："国王经常劝促全体平民行善。天王还公布了这样一个法规：在每十个男子中委任一个头领作为行善和精神［活动］的监督者。"牟羽可汗在劝民行善的同时，利用国家机器，设立法规，并从基层选拔、设置官员作为"监督者"。如果"谁忽视此法"，就被视为"犯了罪"，并有可能受到惩处。一方面劝民行善，另一方面又用强权迫使别人改宗，这是摩尼教开教回鹘时牟羽可汗采用的两种主要手段。

牟羽可汗积极地支持、宣传摩尼教，并大力向外传播，使这个历时数百年，不断受到统治者压制、迫害的古老宗教在回鹘汗国获得了新生。牟羽可汗将摩尼教定为"国教"，使之迅速取代了萨满教在回鹘社会中的统治地位。

在回鹘汗国内，摩尼教渗透到汗国社会、经济、外交及文化的各个方面。来自粟特地区的摩尼师受到了牟羽可汗的信任和重用，甚至能左右国家大事，致使"可汗常与共国"局面得以形成。① 唐人李肇《唐国史补》卷下载："回鹘常与摩尼议政，故京师为之立寺，其法曰：'晚乃食，敬水而茹荤，不饮奶酪。'其大摩尼数年一易，往来中国，小者年转。江岭西市商胡驼橐，其源生于回鹘有功也。"这一记载说明，摩尼教势力在回鹘中迅速膨胀，甚至可以操纵汗国的政治。大历十五年（780年）六月，九姓胡（包括摩尼师）劝牟羽可汗南下寇唐，引起公愤，宰相顿莫贺达干苦谏，可汗不听。于是，"顿莫贺乘人之心，因击杀之，并杀其亲信及九姓胡，所诱杀者凡二千人"。② 这次流血事件，祸起于九姓胡对回鹘政治的操纵。

在经济生活中，摩尼僧和九姓胡成为牟羽可汗获得经济利益的重要帮手。粟特人善于经商，牟羽可汗就利用他们同唐朝展开商业活动。代宗时，京城长安住有回鹘人千数，冒回鹘之名的"九姓胡"人数还要再增加一倍。他们"殖赀产，开第舍，市肆美利皆归之，日纵贪横，吏不敢问。或衣华服，诱取妻妾"。③ 这些九姓胡既为摩尼教僧徒，又为行商大贾，一方面通过传教活动参与回鹘汗国的政治，另一方面又依靠回鹘的政治力量牟取暴利。在回鹘汗国灭亡后不久，唐政府遂下令没收回鹘人在京的

---

① 《资治通鉴》卷二三七胡三省注文，中华书局1963年版，第7638页；《新唐书》卷二一七上《回鹘传上》，第6126页。
② 《旧唐书》卷一九五《回纥传》，第5208页。
③ 《资治通鉴》卷二二五大历十四年秋七月庚辰条。

"庄宅钱物"和"产赀"。①

在外交活动上,牟羽可汗更是任用摩尼师来充当重要角色,"元和初,再朝献,始以摩尼至。其法日宴食,饮水茹荤,屏奶酪"。②王锷为河中节度使时,"会回鹘并摩尼师入朝"。③白居易《与回鹘可汗书》亦载:"今赐少物,具如别录。内外宰相及判官摩尼师等,并各有赐物,至宜准数分付。内外宰相、官吏、师僧等,并存问之。遣书指不多及。"④《旧唐书》卷一九五《回纥传》还记载了唐与回鹘和亲时摩尼师的活动。据载:

> [元和八年（813年）]十二月二日,宴归国回鹘摩尼八人,令至中书见宰臣。先是,回鹘请和亲,使有司计之,礼费约五百万贯,方内有诛讨,未任其亲。以摩尼为回鹘信奉,故使宰臣言其不可。乃诏宗正少卿李孝诚使于回鹘,太常博士殷侑副之,谕其来请之意。长庆元年（821年）……五月,回鹘宰相、都督、公主、摩尼等五百七十三人入朝迎公主,于鸿胪寺安置。⑤

唐与回鹘和亲,摩尼师充为使节。摩尼僧北归,唐政府特设宴欢送。来迎太和公主的,也少不了摩尼僧。这些都说明,自唐代中叶开始直到11世纪,回鹘诸政权的涉外活动多离不开摩尼师的参与,故史书言:"其敬重等于宰相都督,其亲信等于骨肉。"⑥

牟羽可汗不仅在国内推行摩尼教,而且还凭借自己在唐朝的优越地位和强大的政治力量在唐帝国内大力推行之。如前所述,回鹘的摩尼教是由唐朝传入的,但在牟羽可汗以前,摩尼教在唐朝的传播并不顺利,一度在唐玄宗统治时期遭到禁断:"开元二十年（732年）七月,敕末摩尼法本是邪见,妄称佛教,诳惑黎元,宜严加禁断。"⑦直到牟羽可汗时,摩尼教在唐朝才找到了出路,唐政府应回鹘可汗之请,许其于中原建寺,嗣后,摩尼寺在唐朝各地相继建立起来。先是大历三年（768年）六月,于

---

① （宋）王溥:《唐会要》卷四九《摩尼寺》,上海古籍出版社2006年版,第1012页。
② 《新唐书》卷二一七上《回鹘传上》,第6126页。
③ 《新唐书》卷一七〇《王锷传》,第5170页。
④ 《全唐文》卷六五六,上海古籍出版社1990年版,第2995页。
⑤ 《旧唐书》卷一九五《回纥传》,第5210~5211页。
⑥ 陈垣:《摩尼教入中国考》,《陈垣史学论著选》,上海人民出版社1981年版,第141页。
⑦ （唐）杜佑著,王文锦等点校:《通典》卷四〇,中华书局2003年版,第1103页注文。（宋）赞宁:《大宋僧史略》卷下同载,但称其为八月十五日,见《大正藏》第54卷,No. 2126,页253b。

京师建寺，赐额"大云光明之寺"，三年后，"又敕荆、越、洪等州各置大云光明寺一所"。① 元和二年（807年）正月，又于河南府、太原府置摩尼寺。可见，自牟羽可汗始，摩尼教极受宠信。凭借回鹘之力，摩尼教势力在唐朝很快得到蔓延，从回鹘接受摩尼教起，十余年间，就将其势力由鄂尔浑河流域推广到唐帝国的腹心地区——黄河流域与长江流域。尤有进者，"贞元十五年（799年）四月，以久旱，令摩尼师祈雨"。② 说明唐政府不仅认可了摩尼教，而且对它的态度也开始由排斥向信服转化。发生这一剧变的深层原因，其实在李德裕致回鹘乌介可汗的一封信中就已说得很明白了。他说："摩尼教天宝以前，中国禁断。自累朝缘回鹘敬信，始许兴行；江淮数镇，皆令阐教。"③ 很显然，唐政府允许摩尼教"兴行"，是因"回鹘敬信"。牟羽可汗在位时，国势强盛，助唐戡乱，唐报答优厚，使之获得了大量的绢帛等物，又娶唐室公主为可敦，依托唐朝，雄长漠北。为了进一步从唐朝谋取利益，"回鹘可汗王（即牟羽可汗）令明教僧进法于唐"。④ 鉴于回鹘势力的强大，唐朝也不得不认可此教。

第五节　漠北回鹘汗国的衰落

漠北回鹘汗国的强盛持续了近一个世纪，极盛时，东役奚、契丹，北役九姓，西接黠戛斯（即今新疆柯尔克孜族和中亚吉尔吉斯人的祖先），南邻唐，尽有东突厥汗国故地，至9世纪30年代开始由盛转衰。

建中元年（780年），回鹘顿莫贺发动政变，杀牟羽可汗而代之。他执政后，又与牟羽可汗之子"及相国、梅录各拥兵数千人相攻"。⑤ 嗣后，汗国内部的纷争就断断续续，愈演愈烈。在内讧中，仆固氏、跌跌氏和葛萨氏的地位不断上升，汗族药逻葛氏日见削弱。在唐朝的安排下，仆固氏女自牟羽可汗始，历天亲、忠贞三代可汗相继为可敦，同时，可敦之父又任回鹘叶护，而仆固氏女为唐皇室养女，族人仆固怀恩为唐朝副元帅，与唐朝廷之间保持着特殊的关系。这些因素使仆固氏在汗国内权势日盛。到贞元六年（790年），竟发生仆固氏少可敦叶公主毒死可汗而立可

---

① （宋）赞宁：《大宋僧史略》卷下，《大正藏》第54卷，No. 2126，页253c。
② （宋）王溥：《唐会要》卷四九《摩尼寺》，第1012页。
③ （唐）李德裕著，傅璇琮、周建国校笺：《李德裕文集校笺》卷五《赐回鹘可汗书意》，河北教育出版社2000年版，第67页。
④ 《资治通鉴》卷二三七胡三省注引《唐书会要》，第7638页。
⑤ 《资治通鉴》卷二二六建中元年八月甲午条。

汗弟的事件。再后的奉诚可汗，继位时年仅十五岁，不能独立执政，沦为傀儡，以掌握兵权的大相为父，并自谓"仰食于父也"。①及至贞元十一年（795年），一位"典兵马用事"的跌跌氏骨咄禄夺取了汗位，是为怀信可汗。长庆元年（821年），汗位可能又转到葛萨氏之手。统治回鹘达200年之久的药逻葛氏的失势，给更多的旁姓贵族以觊觎汗位的机会。他们纷纷拥兵自重，又各自勾引外援。黠戛斯、沙陀、唐朝边将都成为依托的对象。②大和六年（832年）以后，汗位的争夺更趋激烈，统治阶层完全分裂为两派。从这一年到汗国灭亡。8年间更换了3位可汗，而且3个人都是在内讧中被杀或自杀的。

大约自8世纪60年代始，回鹘与唐、吐蕃一样共遇相同的自然危机，即气候变冷，③8世纪80年代至10世纪20年代是一个总体上冷于现在的时期，其中9世纪30年代正处于冷谷时期。④气候干冷变化对游牧地区及农牧交错地带的影响极为深远，连年的干旱对生产，尤其是对牧业生产的严重打击，使其生产量不能维持暖湿时期已经增长起来的人口的基本需求，国力下降，致使其既无法有效处理内部纷争，更无法抵挡外族的攻击。

此时，漠北地区自然灾害频频发生，《唐会要》卷九八《回纥》云："连年饥疫，羊马死者被地，又大雪为灾。"李德裕《异域归忠传序》亦云："岁久不稔，畜产大耗，国邑为虚，流亡遍于沙漠，僵仆被于草莽。"⑤在此情况下，回鹘社会中原来被掩盖的各种矛盾都急剧激化起来，尤其是统治阶级内部的矛盾更是日益尖锐，宰相拥兵自重，互相残杀，造成"种落未安，君长之间，互相疑阻"⑥的混乱局面。这些天灾人祸直接促成了汗国的衰落。

《新唐书·回鹘传》、《旧唐书·回纥传》及《资治通鉴》卷二四六等文献也都对汗国境内发生的天灾人祸进行了如实记录。兹引《新唐书》卷二一七下《回鹘传下》有关记载如下：

---

① 《新唐书》卷二一七上《回鹘传上》，第6125页。
② G. J. Ramstedt, Zwei uigurische Runenischiriften in der Nord-Mongolei, *Journal de la Societe Finno-Ougrienne*, XXX, 1913, S. 3-9；李经纬：《突厥如尼文〈苏吉碑〉译释》，《新疆大学学报》1982年第2期，第114～117页。
③ 满志敏：《关于唐代气候冷暖问题的讨论》，《第四纪研究》1998年第2期，第20页。
④ 葛全胜等：《中国历史时期温度变化特征的新认识》，《地球科学进展》2002年第4期，第312～313页。
⑤ （唐）李德裕著，傅璇琮、周建国校笺：《李德裕文集校笺》卷二《异域归忠传序》，第18页。
⑥ （唐）李德裕著，傅璇琮、周建国校笺：《李德裕文集校笺》卷八《授历支特勤以下官制》，第133页。

大和六年（832年），可汗为其下所杀，从子胡特勒立，使者来告。明年，遣左骁卫将军唐弘实与嗣泽王溶持节册为爱登里罗汨没蜜施合句录毗伽彰信可汗。开成四年（839年）其相掘罗勿作难，引沙陀共攻可汗。可汗自杀，国人立厰馺特勒为可汗。方岁饥，遂疫，又大雪，羊、马多死，未及命。

漠北回鹘汗国的衰落，除了内部原因之外，与吐蕃及黠戛斯的冲突与征战，力量被严重削弱，也是重要因素之一。

吐蕃是今天藏族的祖先，世代居住青藏高原。8世纪中叶以后，吐蕃乘安史之乱爆发之机，出兵从唐朝手中夺取了陇右与河西走廊，同时在西域与唐朝旧部展开争夺，并占领了天山南麓地区，而与此同时，回鹘出兵占领了天山以北地区。贞元五年（789年），吐蕃攻北庭（新疆吉木萨尔县北破城子），回鹘大相颉于迦思与唐北庭节度使杨袭古联合守城，因北庭附近的沙陀、葛逻禄、白服突厥等部及城内的汉人"苦于回鹘诛求"，"皆密附吐蕃"，[①]北庭遂陷。接着，吐蕃势力逐步向天山以北渗透，从回鹘手中夺取了准噶尔盆地的东部地区。但"北庭去回纥尤近"，它不仅是控制西段商道的要津，实际上也是回鹘的西部门户，因此，回鹘倾全力与吐蕃展开争夺。到贞元七年（791年），夺回了北庭。此后，双方在北庭、焉耆、龟兹一线展开拉锯战，在数十年间，回鹘相继与吐蕃、葛逻禄进行了一系列大战，到9世纪初，回鹘在西域之争中逐步占据上风。回鹘与吐蕃在西域的争夺，事涉高昌回鹘王国史，拟在第三章详述，兹不复赘。这里仅就回鹘与黠戛斯的征战进行论述。

黠戛斯为今天柯尔克孜族、图瓦族、阿尔泰族和哈卡斯族的祖先，唐代居住于叶尼塞河上游地区。黠戛斯与回鹘发生冲突，始于回鹘汗国第二代可汗磨延啜时期（747～759年）。《磨延啜碑》东面第19行记载：

ančïp bars yïlqa čik tapa yorïdïm. ekinti ay tört yigirmikä kämdä.
在虎年我出兵攻打鞠部（Čik）。二月十四日，我作战于剑河。[②]

回鹘磨延啜可汗率兵袭击了黠戛斯所属的鞠部（Čik）。具体的时

---

① 《新唐书》卷二一七上《回鹘传上》，第6125页。
② С. Е. Малов, *Памятники Древнетюркской Письменности Монголии и киргизии*, М.-Л., 1959, стр. 36, 40；耿世民：《古代突厥文碑铭研究》，第198页。

间,《磨延啜》北面第22~24行碑文记为兔年,应即唐天宝十一载(751年)。文中有如下记载:

> qïrqïz tapa är ïdmïs.siz tašqŋï čikig tašïɣïrïŋ timis……qïrqïz qanï kögmän ičintä, äb barqïnta ärmis.
> 并往黠戛斯派人说:"你们出征吧!你们也叫鞠部(Čik)人出征吧!"……黠戛斯汗在曲漫[山]里边,在其牙帐那里。①

《磨延啜碑》南面第1行紧接着说:

> Is[iŋä] är kälti. qarluq isiŋä kälmädük tidi……bolču ügüzdä üč qarlyqïɣ amta toqïdïm.
> 已经有人来到其可汗及其同盟者处,[但]葛逻禄还没有来到其同盟者处……在Bolču河把三姓葛逻禄击败了。②

分析以上不相连贯的碑文内容,可以推测,当时黠戛斯为了对付强大的回鹘,似乎曾与葛逻禄结成军事联盟,以共同对抗回鹘的侵扰。磨延啜得知这个消息后,立即作出部署,派人去讨伐黠戛斯所属鞠部(Čik),并派人拦截葛逻禄人,而同时受到打击的还有拔悉密人。磨延啜趁机把其势力范围扩大到剑河(叶妮塞河)流域部分地区。此后,黠戛斯在与回鹘的对抗中渐趋劣势。

在《铁尔浑碑》西面第5行,有对《磨延啜碑》上述内容的补充:

> birigärü učï altun yïš kedin učï kögmän ilgärü učï költi.
> 保卫……在金山(阿尔泰)山林的西边疆界[和]在曲漫山的东边疆界。③

说明此战之后,为了防御黠戛斯人的报复,磨延啜下令自阿尔泰山的

---

① С. Е. Малов, *Памятники Древнетюркской Письменности Монголии и киргизии*, М. -Л., 1959, стр. 36, 40-41;耿世民:《古代突厥文碑铭研究》,第199页。
② 同上书,第199~200页。
③ 片山章雄,"タリアト碑文",载森安孝夫、オチル编:《モンゴル国现存遗迹·碑文调查研究报告》,大阪中央ユーラシア学研究会1999年版,第170、172、173页;耿世民:《古代突厥文碑铭研究》,第209页。

西端直到曲漫山的东端,全都派军队进行守卫。上引文献中反复出现的曲漫,乃突厥文Kögmän的音译,应指今天的西萨彦山岭,明显可以看出是突厥与黠戛斯之间的主要屏障之一。唐人段成式记载,黠戛斯先人"所生之窟,在曲漫山北,自谓上代有神,与牸牛交于此窟。"① 正与突厥碑铭所载黠戛斯所处位置一致。当时磨延啜还曾于色楞格河畔建立城池,以御黠戛斯。《磨延啜碑》西面第5行记载说:

soγdaq tabγač säläŋädä bay balïq yapïtï bertim.
我让粟特人和中国人在色楞格河处建造了富贵城。②

除了碑铭的记载外,近年考古学者在蒙古高原还发现了磨延啜时期的城堡和城墙。回鹘人用长方形砖坯,从萨彦山岭南麓向叶尼塞和赫姆奇科河流域城堡相连。③ 这些工事的主要功能,是为了防御北方黠戛斯的进攻。

天宝十四载(755年)冬十月,安史之乱爆发,长安、洛阳两京陷落,唐朝岌岌可危,不得不借兵回鹘,磨延啜可汗亲自统兵援唐,后方空虚。黠戛斯乘势向回鹘发动进攻。乾元元年(758年),磨延啜可汗回兵,与黠戛斯大战于剑水流域,回鹘击破黠戛斯军五万人。黠戛斯损失惨重,力量大减,"自是不能通中国"。④ 差不多一个世纪的时间,黠戛斯都没有与唐朝发生往来。

黠戛斯还曾与吐蕃联合,共同对抗回鹘。叶尼塞河上游发现的《恰库尔碑》记载,820年左右,碑主人"为了高尚的事业,我去吐蕃汗那里,往返为使臣"。⑤ 汉文史料也记载,从790年到840年间,黠戛斯又与葛逻禄及吐蕃结成了共同对付回鹘的联盟。在《新唐书》卷二一七下《黠戛斯传》中有如下记载:

然常与大食、吐蕃、葛逻禄相依仗,吐蕃之往来者畏回鹘剽钞,

---

① (唐)段成式撰,方南生点校:《酉阳杂俎》卷4,中华书局1981年版,第45页。
② С. Е. Малов, *Памятники Древнетюркской Письменности Монголии и киргизии*, М.-Л., 1959, стр. 38;耿世民:《古代突厥文碑铭研究》,第203页。
③ Ю. С. Худяков, Памятики уйгурской культуры в Монголии, *Центральная Азия и соседние территории в средние века*, Новосибирск, 1990, стр. 84-89;林俊雄、白石典之、松田孝一,"バイバリク遺迹",载森安孝夫、オチル编:《モンゴル国现存遗迹・碑文调查研究报告》,大阪中央ユーラシア学研究会1999年版,第196~198页。
④ 《新唐书》卷二一七下《黠戛斯传》,第6149页。
⑤ W. Radloff, *Die alttürkischen Inschriften der Mongolei*, St. Petersbourg 1895, S. 336.

必往葛禄，以待黠戛斯护送。

据此可知，至8世纪末，黠戛斯似乎又逐步恢复了与回鹘抗衡的能力。然而，作为北方劲敌，漠北回鹘是不敢轻视黠戛斯人的。《九姓回鹘可汗碑》汉文部分第13~14行有如下记载：

> 初，北方坚昆之国，控弦卌余万。［彼可汗］□□□□□自幼英雄智勇，神武威力，一发便中。坚昆可汗，应弦殂落，牛马谷量、［杖］械山积，国业荡尽，地无居人。①

考诸碑文所述史实，由于黠戛斯常与其他民族联合以共同反对回鹘，回鹘以此为由，动辄发动对黠戛斯的战争，以弱其势。按照《九姓回鹘可汗碑》的说法，黠戛斯可汗所辖四十万大军，均被回鹘消灭。黠戛斯君长阿热被迫接受回鹘授官，为"毗伽顿颉斤"。②

回鹘的保义可汗（808~821年），在西面与吐蕃交战，北方又和黠戛斯为敌，通过武力从吐蕃手中夺回北庭（今新疆吉木萨尔县北），势力及于中亚地区。后来嗣位的回鹘崇德可汗（821~825年），继续向西用兵，以对付吐蕃和葛逻禄。此间，无暇顾及黠戛斯，黠戛斯得到喘息之机，国力很快恢复。漠北回鹘却自9世纪20年代开始，由于天灾人祸，渐显衰势。③在与黠戛斯的长期较量中，逐步处于下风。

第六节　漠北回鹘汗国的崩溃与部众西迁

漠北回鹘汗国后期，无力荡涤吐蕃在西域的势力，也无法继续讨伐已经对自己构成重大威胁的黠戛斯人。回鹘曾遣宰相帅军讨伐过黠戛斯，结果却被黠戛斯阿热可汗击溃。阿热甚至对回鹘可汗说："尔运尽矣！我将收尔金帐，于尔帐前驰我马，植我旗，尔能抗，亟来，即不能，当疾去。"④黠戛斯在对回鹘的争斗中渐渐处于上风，开始了对漠北回鹘的反

---

① 林梅村、陈凌、王海城：《九姓回鹘可汗碑研究》，《欧亚学刊》第1辑，中华书局1999年版，第161页。
② 《新唐书》卷二一七下《黠戛斯传》，第6149页。
③ 周尚兵：《聚合与波散之间：感受回鹘文化——读杨富学先生〈回鹘文献与回鹘文化〉》，《新疆师范大学学报》2006年第3期，第30页。
④ 《新唐书》卷二一七下《黠戛斯传》，第6149页。

攻；而回鹘势力日衰，不仅屡遭败绩，甚至失去了组织反击的能力。开成五年（840年），黠戛斯与回鹘叛将句录莫贺合手以骑兵十万攻回鹘，杀可汗掘罗勿，汗国灭亡。《新唐书·回鹘传》记载说：

> 开成四年（839年）其相掘罗勿作难，引沙陀共攻可汗。可汗自杀，国人立𪱻馺特勒为可汗。方岁饥，遂疫，又大雪，羊、马多死，未及命。武宗即位，以嗣泽王溶临告，乃知其国乱。俄而渠长句录莫贺与黠戛斯合骑十万攻回鹘，杀可汗，诛掘罗勿，焚其牙。①

回鹘诸特勒也不敌黠戛斯的强大攻势，纷纷溃败。阿热命部下焚毁回鹘可汗常坐的牙帐，完成了对回鹘可汗的挑战。② 这一历史事件在黠戛斯勒立的《苏吉碑》中也有所反映。该碑内容保存完整，共有文字11行，其中的第1～2行记载说：

> uyγur yirintä yaγlaqar qan ata kältim. qïrqïz oγlï män. boula qutluγ yarγan.
> 我从回鹘之地，为追逐药罗葛汗而来。我是黠戛斯之子，我是裴罗·骨咄禄·亚尔汗。③

据考证，此碑勒立于840年，系黠戛斯击溃漠北回鹘不久所立。黠戛斯人在攻破回鹘牙帐后，回鹘残部纷纷南下、西奔：

> 有回鹘相馺职者，拥外甥庞特勤及男鹿并遏粉等兄弟五人、一十五部西奔葛逻禄，一支投吐蕃，一支投安西。又有近可汗牙十三部，以特勤乌介为可汗，南来附汉。④

回鹘汗国灭亡后，可汗的兄弟子侄和汗国的宰相、都督及其他贵族，

---

① 《新唐书》卷二一七下《葛逻禄传》，第6130页。
② M. R. Drompp, *Tang China and the Collapse of the Uighur Empire; A Documentary History*. Leiden 2004, pp. 159-190.
③ G. J. Ramstedt, Zwei uigurische Runenischriften in der Nord-Mongolei, *Journal de la Societe Finno-Ougrienne* 30, 1913, p. 3; С. Е. Малов*Памятники Древнетюркской Письменности Монголии и киргизии*, М.-Л. 1959, стр. 84; 李经纬：《突厥如尼文〈苏吉碑〉译释》，《新疆大学学报》1982年第2期，第114页。
④ 《旧唐书》卷一九五《回纥传》，第5213页。

大部分人还控制着众多的部落，这些人大都留在漠北草原。直到10世纪契丹人进军漠北时，还曾多次与这些回鹘遗民相遇。以后，辽朝还在漠北设"回鹘国单于府"统辖当地的回鹘部落。① 留在漠北的回鹘人后来差不多都融合进了别的民族之中。如在蒙古成吉思汗和窝阔台时期的宰相田镇海一族，就是回鹘人的后裔。

其他的回鹘人，则分为数支，在各部首领的统帅下有组织地撤离了漠北，分别向南、向西奔去。

南下的回鹘分作两支，分别沿参天可汗道而进。其中主要的一支为靠近回鹘牙帐的十三部，以乌希特勒（勤）为首。另一支由回鹘王子嗢没斯等率领。南迁的两支回鹘，分别属于互相敌对的两派。因此他们是抱着不同目的分别南下的。②

由嗢没斯所率领的一支中有不少王公贵族，在进入漠南后就归附了唐朝。李德裕《异域归忠传序》记载："会昌二年（842年）四月甲申，回鹘大特勤嗢没斯所率其国特勤、宰相、尚书、将军凡十二人，大首领三十七人，骑士二千六百一十八人内附。"③ 唐朝封嗢没斯为怀化郡公王，授右吾卫大将军，任归义军使。阿历支等四人封郡公，其他降唐诸将则被唐朝分封后安置在中原各地。余者势单力孤，有的归附唐朝，有的被地方势力所统属，不知所终。④

乌希特勒所率的一支，集中了原汗国统治阶层的众多名王贵臣，其中有宰相5人，特勤11人，将军8人，另外还有可汗姐、大都督、啜、尚书等多人。他们有恢复故国的意向，故而在南下途中即拥立乌希特勒为乌介可汗。回鹘亡国后，乌介可汗至少在名义上被认为是各支回鹘，包括西迁回鹘诸部的可汗。故而在南迁回鹘覆亡和乌介被杀之前，西迁回鹘的首领庞特勤一直自称叶护。在会昌元年（841年）春二月，乌介可汗南下错子山。唐武宗派专人前去慰问并提供了2万斛粮食，次年乌介可汗拥兵10万驻扎在大同北闾门山。乌介可汗意欲借唐兵复国，并借天德城（今内蒙古乌拉特旗东北）居住。会昌三年(843年)，乌介可汗又率兵进逼振武（今内

---

① 《辽史》卷四六《百官志·北面属国官》，第757页。
② 杨圣敏：《回纥史》，广西师范大学出版社2008年版，第151页。
③ （唐）李德裕著，傅璇琮、周建国校笺：《李德裕文集校笺》卷二，第18页。
④ 王日蔚：《唐后回鹘考》，《国立北平研究院史学集刊》第1期，1936年，第19～69页；安部健夫著，宋肃瀛、刘美崧、徐伯夫译：《西回鹘国史的研究》，新疆人民出版社1986年版，第169～179页；森安孝夫，"ウィグルの西迁について"，《东洋学报》第59卷第1～2号，1977年，第105～130页(陈俊谋译：《关于回鹘的西迁》，《民族译丛》1980年第1期，第8～14页)。

蒙古和林格尔），引起唐朝不悦，唐麟州刺史夜袭乌介可汗的牙帐，乌介败走，在胡山被唐军追兵所伤，无奈投奔了黑车子族。到会昌六年（846年）时，回鹘乌介可汗余众不足3000人，乌介被其宰相逸隐啜杀死在金山，其弟遏捻特勤继立为可汗，以后又附于室韦。大中二年（848年），南迁回鹘覆亡。

南迁回鹘破亡后，部众大多进入中原，融合进了汉族之中。会昌三年二月，"诏停归义军，以其士卒分隶诸道为骑兵，优给粮赐"，① 结束了嗢没斯"归义军使"的使命。嗢没斯部的上层人物后来都携家带口迁入长安，并"赐甲第于永乐坊"。另外，原那颉啜所统领的7000帐以及乌介可汗部被唐俘虏或自动归降的回鹘三四万人，也被唐朝"分隶诸道"。其中很多骑兵被唐朝边将收为部下，幽州节度使张仲武的部下李贸勋、李可举父子就是回鹘旧将。这些南迁内附的回鹘军士，多剽悍善战，屡立战功，为唐朝所倚重，有不少回鹘贵族因功而被唐封官晋爵，日后成为中原王朝统治阶级的一部分。特别是在唐末的藩镇割据和五代的纷争中，很多回鹘旧将扮演了重要角色。

其中"投吐蕃"的一支，到达了当时被吐蕃占据的今甘肃河西走廊，成为吐蕃的属民。848年张议潮（又作张义潮）于沙州发动起义，赶走吐蕃守将，占领了沙州、瓜州等地。大中元年（851年），唐于沙州设归义军政权，张议潮被任命为节度使。河西回鹘人又附属于张议潮，这部分回鹘人到五代时强大起来，牙帐设在甘州，以后还一度控制了兰州、河州。

"投安西"的一支回鹘人，是西迁的主要部分。会昌二年（842年），黠戛斯占据北庭，庞特勤退至焉耆，再自称叶护。"安西"指原安西都督府，治所在今新疆库车县境内，大中十一年（857年），唐朝册封庞特勤为怀建可汗。咸通七年（866年），这支回鹘人在其首领仆固俊率领下打败吐蕃，占领了西州（今新疆吐鲁番）和北庭。此后，西迁回鹘逐渐分裂为高昌回鹘和喀喇汗朝两部分。仆固俊建立了高昌回鹘王国，其疆域大致东接酒泉，西抵库车，南临大漠，北越天山，在广袤的盆地、戈壁上，分布着很多小城镇。高昌王自称阿斯兰汗，最高统治者又叫亦都护（意为幸福之王），权力世袭，国王权力很大，是立法者也是执法者。宋嘉定二年（1209年），高昌回鹘归附成吉思汗。元朝建立后，它成为新王朝的一部分。元朝后期，蒙古察合台汗的子孙们在塔里木盆地各绿洲上拥兵自重，混战之中，伊斯兰教趁机向东发展。到15世纪末，佛教被排挤出

---

① 《资治通鉴》卷二四七会昌三年（843年）二月庚申条。

吐鲁番，1514年，察合台的后裔赛义德汗统一了塔里木盆地，建立叶尔羌汗国。统一的政权和宗教加强了盆地居民的民族意识。回鹘人与土著居民在文化、风俗和血缘上的融合完成，形成今天的维吾尔族。高昌人的体质特征据《松漠纪闻》中描述是具有突厥人特征的，卷发、深目、眉浓面修，再生毛发达，自眼睫之下多髯，与今天维吾尔族的相貌特征几无二致。

"西奔葛逻禄"的那支回鹘人，共十五部远迁垂河（即楚河）南和其近族葛逻禄相汇合。葛逻禄原附属于回鹘，属回鹘十一部落之一。唐肃宗至德年间（756～757年），该部逐步兴盛，"与回纥争强，徙十姓可汗故地，尽有碎叶、怛逻斯诸城"。① 于789年脱离回鹘而独立。至于后来回鹘迁入其领地的情况，中外史籍均无直接记载。根据穆斯林作家杰马尔·卡尔西（Jamal Qarshî）在14世纪初写成的《苏赫拉词典补编》所引录的11世纪作家阿不都·伽费尔《喀什噶尔史》的一些片断，喀喇汗王朝的始祖是阙毗伽·卡迪尔汗（Kül Bilgä Qadir Khan），建牙于八剌沙衮（今中亚托克马克东南楚河南岸）。② 有关毗伽阙·卡迪尔汗的生平业绩，目前尚不清楚。到五代后晋年间，西奔葛逻禄的回鹘人再与垂河、喀什之间的属于九姓铁勒的样磨（牙格马）人相融合，至北宋初年，以哈喇汗家族为主，推翻了波斯萨马尼王朝从而建立了自己的政权——喀喇汗王朝。"喀喇（kara）"一词，在突厥—维吾尔语中，本意为"黑"、"黑色"，引申为"伟大"、"总"、"最高"等含义。辖地大致包括锡尔河以东巴尔喀什湖以南以及今新疆西部、北部地区。王朝西与中亚萨曼尼王朝相接，东南与高昌王国相邻。

哈喇汗王朝的统治者虽然以回鹘贵族及其后裔为主，但回鹘人在汗国境内所占的比重还是比较小的。他们逐渐与其他部落或民族融合，于是，作为回鹘的意识变得淡薄。10世纪中叶，哈喇汗王朝统治者放弃旧有的信仰摩尼教而皈依伊斯兰教，为示与信仰佛教与摩尼教的西域、河西回鹘有别，其统治者似乎已不再自称回鹘，而仅仅自认为是铁勒人，有时也自称突厥人。但他们并没有忘记自己来自东方的历史，仍然自称是一个属于中国的王朝。③

---

① 《新唐书》卷二一七下《葛逻禄传》，第6143页。
② 华涛：《贾玛尔·喀尔施和他的〈苏拉赫词典补编〉》，《元史与北方民族史研究集刊》第10辑，1986年，第65页。
③ 张广达：《关于马合木·喀什噶里的〈突厥语词汇〉与见于此书的圆形地图》，氏著《文书、典籍与西域史地》，广西师范大学出版社2008年版，第62～66页。

在阙毗伽·卡迪尔汗死后，汗国由二子分别统治。长子巴兹尔为大汗，驻守八剌沙衮，称"阿尔斯兰汗"，意为"狮子汗"，次子奥古尔恰克为卡迪尔汗，驻怛逻斯，称"博格拉汗"，意为"公驼汗"，后者为副可汗，把整个汗国分为两大部分，由汗族的长幼两支分治，这就是喀喇汗王朝政治体制中颇具特色的"双王制"。除以上两个最高统治者外，还有四个低一级的伊利克（王）和特勤。官职有宰相、将军、内侍官、秘书官、财务官等。其下又有于伽、侯斤、将军、伊难珠、訇等多种名目的官号。有意思的是，在这些官号上，往往加有猛兽或悍禽的名称，用以表示更细的等级差别。通常所使用的兽禽名称有贝里（狼）、亚干（象）、卡吉尔（鹰）、托格鲁尔（鹜）等。这些称号都属于汗族成员，他们组成了一个特别的等级体系，如遇缺位，依次升迁。而实际上，自王朝初期开始就未能遵守这种以"双王制"为基础的晋升制度，确切地讲，喀喇汗王朝实行的是封地制度。①

双王制下的喀喇汗王朝被分作东西两支，东支首府原设在巴拉沙衮（今中亚楚河畔碎叶城东四十里）；西支首府设在怛罗斯（哈萨克斯坦的江布尔城），旋即于893年迁都至喀什噶尔。西支始祖名布格拉汗（即公驼可汗），首先信仰伊斯兰教。其子哈拉汗先灭东支，然后征服和田，统一后的王朝疆域有所扩大，他还使王朝境内全部伊斯兰化。以后王朝又分裂为以喀什为中心的东支哈三系和以费尔干纳为中心的阿里系。阿里系的图干汗时期是王朝的鼎盛时期，后因东西两支导致了王朝的长期分裂。12世纪末13世纪初，随着西辽的入侵、花剌子模的独立和乃蛮的篡位，王朝于1211年灭亡。大汗称阿尔斯兰汗（狮子为其图腾）。王朝存在时期，东部突厥语成为文学语言，并开创了伊斯兰突厥文化的新时期，诞生了文学巨著《福乐智慧》、语言学巨著《突厥语大词典》和哲学著作《真理的入门》等重要著作。

---

① 魏良弢：《喀喇汗王朝史稿》，新疆人民出版社1986年版，第75～77页。

第二章　甘州回鹘的来源及其政权的建立

第一节　回鹘先民在河西的活动

一　契苾、仆固诸部之人居河西

根据新旧《唐书》和《资治通鉴》等史料的记载，回鹘先民——铁勒人早就在河西有所活动。铁勒又称狄历、丁零、敕勒、高车，隋代起成为除突厥以外北方诸突厥系民族的通称，计有四十余部，其语言、习俗等均与突厥同。西魏大统十二年（546年）突厥灭高车，降其部众5万帐。隋代，铁勒分属东、西突厥，西边有个别部落始事农耕。605~611年间，铁勒以契苾、薛延陀二部为主建立了部落联盟。唐初漠北铁勒诸部中以薛延陀与回纥最强，共建汗国，薛延陀首领夷男为可汗，受唐册封，助唐灭东突厥。唐太宗贞观六年（632年），有契苾部6000余家在契苾何力的率领下从焉耆来到沙州，被唐朝安置在甘、凉二州。《旧唐书》卷一〇九《契苾何力传》载：

> 契苾何力，其先铁勒别部之酋长也……至贞观六年，随其母率众千余家诣沙州，奉表内附，太宗置其部落于甘、凉二州。何力至京，授左领军将军。七年，与凉州都督李大亮、将军薛万均同征吐谷浑。军次赤水川，万均率骑先行，为贼所攻，兄弟皆中枪堕马，徒步而斗，兵士死者十六七。何力闻之，将数百骑驰往，突围而前，纵横奋击，贼兵披靡，万均兄弟由是获免……十四年，为葱山道副大总管，讨平高昌。时何力母姑臧夫人、母弟贺兰州都督沙门并在凉府。十六年，诏许何力觐省其母，兼抚巡部落。时薛延陀强盛，契苾部落皆愿从之……于是众共执何力至延陀所，置于可汗牙前……太宗……遽遣兵部侍郎崔敦礼持节入延陀，许降公主，求何力。由是还，拜右骁卫大将军……仪凤二年卒……有三子：明、光、贞。明，左鹰扬卫大将

军兼贺兰都督,袭爵凉国公。

契苾何力本为铁勒人,乃契苾部首领莫何可汗契苾歌楞之孙,在漠北威望素著。原居于土拉河以南,今蒙古国布尔汗省南部、中央省西部一带,后内附。至于其所率内附的人数,上文所引为"千余家",《资治通鉴》卷一九四贞观六年十一月辛巳条却作"六千余家",而《册府元龟》卷九七七《外臣部·降附》又作"六十余家"。这里的六十应为"六千"之误,可与《资治通鉴》的记载相印证。据此可知,早在贞观六年,就有铁勒九姓中的契苾部六千余家来到沙州,被唐朝安置在甘、凉二州。

契苾何力入唐为蕃将,贞观七年(633年)征吐谷浑,十四年(640年)随侯君集灭高昌,其母弟沙门任贺兰州都督,在凉州统领契苾部落。十六年(642年),契苾部落部分民众北返,归附当时称雄漠北的薛延陀,契苾何力也被劫持到薛延陀,不屈,后被唐太宗救出。此后,契苾部落长期活动于河西地区,尤其是凉州一带。[①] 从娄师德撰《契苾明碑》看,从契苾何力之弟沙门,至契苾明,明子嵸,世袭贺兰州都督,并自称武威姑臧人。契苾明曾任"朔方道总管兼凉、甘、肃、瓜、沙五州经略使,度玉关而去张掖,弃置一生;瞰弱水而望沙场,横行万里",[②] 于武后证圣元年(695年)卒于凉州姑臧城内,葬于万岁通天元年(696年)。《全唐文》所收《契苾明碑》无立碑时间,但《凉州府志备考》所录碑文尾部有题:"先天元年(712年)岁次壬子十二月十六日辛亥孤子息特进上柱国凉国公嵩立。"[③] 碑原立武威市北五里上泉洞东北上崖,今已不存。这里有一个问题需要辨明。娄师德早卒于武则天圣立元年(698年),至唐玄宗先天元年已有十余年过去了,何以撰写碑文?然观其碑文,称"大周"而非"唐",而且文中多用武周新字,说明此碑碑文写成时间较早,只是未勒立,直至先天元年。碑文及碑址所在均表明,契苾部落一直活动在凉州境内。而迁回漠北的那部分,后置榆溪州。在突厥复兴后,他们随回鹘、思结、浑等部重新迁回了凉州,与当地的契苾部重新归于一统。

---

① 荣新江:《唐代河西地区铁勒部落的入居及其消亡》,费孝通主编:《中华民族研究新探索》,中国社会科学出版社1991年版,第283~285页;马驰:《铁勒契苾部与契苾何力家族》,《98'法门寺唐文化国际学术研讨会论文集》,陕西人民出版社2000年版,第174~181页。

② (唐)娄师德:《镇军大将军行左鹰扬卫大将军兼贺兰州都督上柱国凉国公契苾府君碑铭并序》,《全唐文》卷一八七,上海古籍出版社1990年版,第837~838页。

③ (清)张澍辑录:《凉州府志备考·艺文卷五》,三秦出版社1988年版,第672页。

仆固，又称仆骨，本漠北九姓铁勒之一部，在突厥汗国时代已崭露头角。关于其原居地，学界分歧很大，有肯特山北楚库河附近、贝加尔湖东巴而忽真河畔、土拉河北库伦城一带及鄂嫩河上游等多种说法。莫衷一是。2009年7月，在蒙古国中央省的扎穆日苏木（Zaamar Sum，位处乌兰巴托西北280公里，在土拉河东岸）出土《大唐故右骁卫大将军金微州都督上柱国林中县开国公仆固府君墓志铭并序》，[1]说明当时仆固部的中心活动区域当在乌兰巴托以西至土拉河以北以东地区。《北史》及《隋书》之《铁勒传》均谓"独乐河北有仆骨"。二者记载大致相契合。而这一地区，过去学界一般将之定为阿跌部及多览葛部的活动范围。该墓志铭的发现，对于重新确认唐代回鹘诸部之活动范围有重要参考价值。

图2-1 蒙古国新出仆固氏墓志铭

贞观二十一年（647年）正月，仆固部随回鹘内附，唐以其地为金微都督府。武则天时期，后突厥汗国勃兴，默啜可汗攻取铁勒诸部之地，唐在漠北的羁縻统治土崩瓦解。《资治通鉴》卷二〇三垂拱元年（685年）六月条载："同罗、仆固等诸部叛，遣左豹韬卫将军刘敬同发河西骑士出居延海讨之，同罗、仆固等皆破散。敕侨置安北都护府于同城以纳降者。

---

[1] 有关报道详见New Archaeological Findings of the Early Nomads, *Nomadic Monthly Newspaper* No. 81, 2009, p. 5. 参见杨富学《蒙古国新出〈仆固氏墓志铭〉研究》，《文物》（待刊）。

同城，即删丹之同城守捉"。按，安北都护府在南迁后，先侨置于同城（今内蒙古额济纳旗东南），不久就移治于删丹南99里的西安城。《资治通鉴》注中把同城定位于删丹境内，是因为原在同城的安北都护府南移之后被定于删丹以南，其地在今甘肃省山丹县境内。说明仆固部曾在河西地区（删丹），至少可以说在河西走廊附近的地区活动过。840年漠北回鹘汗国灭亡后，仆固部随回鹘向西迁徙至新疆地区，在仆固俊统治时期，势力一度大张，从吐蕃手中收复了高昌（今新疆吐鲁番市）等地。

图2-2　内蒙古额济纳旗东南同城遗址

二　铁勒四部在河西的活动

武则天万岁通天二年（697年），东突厥东山再起，重建后突厥政权，默啜"号为拓西可汗"，侵占铁勒之地。游牧于漠北的铁勒诸部遂再次遭到突厥奴隶主贵族的奴役和残酷压迫，于是，铁勒诸部南迁至甘州和凉州地区。《新唐书·回鹘传》记其事曰：

　　武后时，突厥默啜（可汗）方强，取铁勒故地，故回纥与契苾、思结、浑三部度碛，徙甘、凉间。然唐常取其壮骑佐赤水军云。

《旧唐书·回纥传》亦云武则天时，"回纥、契苾、思结、浑部徙于甘、凉之地"。

从这些记载看，先前迁回漠北的契苾何力旧部，在武后时期，由于受到突厥的侵扰，随同回纥、思结、浑三部迁入甘、凉之地。《唐会要》卷九八《回纥》则对回鹘部之南迁记载略详：

> 比来粟（应为比粟）卒，自独解支立。其都督亲属及部落征战有功者，并自碛北移居甘州界。故天宝末，取骁壮以充赤水军骑士……独解支卒，子伏帝匐立，为河西经略副使，兼赤水军使。

可见，回纥部族是在首领独解支（680~715年在位）的率领下，于武则天时期从碛北移居至甘州界的。铁勒四部的南迁，增加了当地游牧民族的比重，成为河西一支重要的军事力量。《新唐书》卷六六《方镇表》四记：

> 景云元年（710年），置河西诸军州节度、支度、营田、督察九姓部落、赤水军兵马大使。

"九姓部落"即指河西铁勒部落，这一记载说明铁勒诸部在河西具有很重要的地位。唐政府接纳并安置铁勒四部于甘、凉二州是有用意的。当时河西走廊受到吐蕃、突厥的南北夹击，随时可能隔断唐朝与安西、北庭二都护府的联系。郭元振说："今国之患者，十姓、四镇是也；内患者，甘、凉、瓜、肃是也。"[1] 在唐朝统治者看来，保卫河西走廊之重要性远在安西、北庭之上。铁勒四部迁入河西，有利于加强当地的防御力量。[2] 即便如此，河西仍不免受到突厥的侵扰，如开元八年（720年），"突厥寇甘、凉等州，败河西节度使杨敬述，掠契苾部落而去"。[3] 可以看出，突厥对河西的侵扰，主要针对的是驻守于甘州、凉州的唐军，而非铁勒诸部。铁勒在击败对手河西节度使杨敬述后，顺道对契苾部落进行了劫掠，但影响不大。

需要说明的是，迁入河西的回鹘诸部，主要是其上层族人、亲属及作战有功者，而其部族广大下层百姓仍住碛北，唐置瀚海都督府仍设在碛

---

[1] 《旧唐书》卷九七《郭元振传》，第3043页。
[2] 刘统：《唐代羁縻州府研究》，西北大学出版社1998年版，第83页。
[3] 《资治通鉴》卷二一二开元八年十一月辛未条。

北，只是其酋长、都督府之都督号则继续由迁居甘州的首领独解支及其子孙世袭。回纥首领独解支之子伏帝匐（715~719在位）迁居河西后，被唐廷任命为河西经略副使兼赤水军使。① 赤水军，驻姑臧城内，《元和郡县图志》指出其管兵三万三千，马万三千匹，幅员五千一百八十里，前拒吐蕃北临突厥，"军之大者，莫如赤水"。② 由此判断，迁居甘州的回纥上层酋首及作战有功者，多被安置在赤水军中担任武职，往来于甘、凉及河西诸地，流动性极大，而广大部落百姓并未南迁，仍居漠北。

与契苾、回鹘同来河西的思结部，史书记载较少。思结，又作斯结，为回鹘"外九姓"之一。《隋书》卷八四《铁勒传》载：

> 独洛河北有仆骨、同罗、韦纥、拔也古、覆罗，并号俟斤，蒙陈、吐如纥、斯结、浑、斛薛等诸姓，胜兵可二万。

由是以观，思结最初居住于独洛河（土拉河）以南及鄂尔浑河上游地区。贞观二十一年（647年）正月，"回纥率众内附"，③ 揭开了九姓铁勒十三部纷纷降唐的序幕。当时，唐朝择其部落，因其土地，置为州府，以回纥部为瀚海都督府，多滥葛部为燕然都督府，仆固部为金微都督府，拔野古部为幽陵都督府，同罗部为龟林都督府，思结部为卢山都督府，浑部为皋兰州，斛萨部为高阙州，奚结部为鸡鹿州，阿跌部为鸡田州，契苾部为榆溪州，思结别部为蹛林州，白霫部为寘颜州，即六府七州。"各以其酋帅为都督、刺史，给玄金鱼，黄金为字，以为符信"。另设燕然都护府以统领这些羁縻州府。④ 龙朔三年（663年）二月，唐朝对大漠南北的统治机构进行调整，"徙燕然都护府于回纥，更名瀚海都护，徙故瀚海都护于云中古城，更名云中都护。以碛为境，碛北州府隶瀚海，碛南隶云中"。⑤ 总章二年（669年）八月二十八日，

---

① 陆庆夫：《思结请粮文书与思结归唐史事考》，《敦煌研究》1994年第4期，第59页。
② （唐）李吉甫著，贺次君点校：《元和郡县图志》卷四十《陇右道下》，中华书局1983年版，第1018页。
③ 《册府元龟》卷九七七《外臣部·降附》，中华书局1960年版，第11480页。
④ （宋）王溥：《唐会要》卷七三《安北都护府》，第1557页。《资治通鉴》卷一九八贞观二十一年春正月条亦记："丙申，诏以回纥部为瀚海府，仆骨为金微府，多滥葛为燕然府，拔野古为幽陵府，同罗为龟林府，思结为卢山府，浑为皋兰州，斛萨为高阙州，奚结为鸡鹿州，阿跌为鸡田州。"《旧唐书》卷一九五《回纥传》则记云"以多览为燕然府，仆骨为金微府，拔野古为幽陵府，同罗为龟林府，思结为卢山府，浑部为皋兰州，斛萨为高阙州，阿跌为鸡田州，契苾为榆溪州，跌结为鸡鹿州，阿布思为蹛林州，白霫为寘颜州；又以回纥西北结骨为坚昆府，其北骨利干为玄阙州，东北俱罗勃为烛龙州。于故单于台置燕然都护府统之，以导宾贡。"
⑤ 《资治通鉴》卷二〇一龙朔三年二月条。

"改瀚海都护府为安北都护府"。① 武则天时期，后突厥汗国勃兴，默啜可汗攻取铁勒诸部之地，思结舍漠北卢山都督府旧地而随回纥、契苾、浑部远涉戈壁，投奔河西。

浑部，原为铁勒诸部之一，居住于土拉河以北地区。后入于回鹘，成为"外九姓"之一。贞观二十一年，铁勒、回鹘十三部内附后，唐于浑部居地设皋兰州。由于受到后突厥汗国的侵扰，才于武则天时期随同回鹘、契苾、思结等部同迁入河西走廊地区。《旧唐书·地理志》凉州中都督府条略云：

> 吐浑部落、兴昔部落、阁门府、皋兰府、卢山府、金水州、蹛林州、贺兰州，已上八州府，并无县，皆吐浑、契苾、思结等部，寄在凉州界内。共有户五千四十八，口一万七千二百一十。

其中，除兴昔部落不知其来历外，其他州府都是从安北都护府辖下的漠北地区迁徙而来的。由于后突厥汗国的崛起及其对漠北铁勒诸部的蚕食，唐在漠北的羁縻统治土崩瓦解，安北都护府遂迁至漠南，先侨置于同城（今内蒙古额济纳旗东南），据考，其时约在垂拱三年（687年）五月。② 此后，安北都护府在完成了招降、安抚漠北诸部因战乱和旱灾而南迁的饥民后，不久就移治于删丹（甘肃山丹县）南99里的西安城，名存实亡。移居安北都护府的漠北部落主要有回纥、契苾、思结、浑四个都督府中的亲唐派，③ 他们应是随着安北都护府的逐步南移而由额济纳河南下甘、凉二州的。

凉州中都督府辖下的皋兰府即由原漠北浑部所在皋兰州演变而来，随着浑部的南迁而寄治凉州，无属县，所领为浑部南迁到河西的部众，并非整个铁勒浑部，常被称作"河西浑部"。

在迁入河西的回纥、契苾、思结、浑四部中，契苾部早在贞观年间即已活动于沙州、甘州与凉州间，其余三部都是随伏帝匐自漠北南徙而来的，皆配隶赤水军，故又谓赤水军四部。俱隶凉州都督、河西节度使治

---

① （宋）王溥：《唐会要》卷七三《安北都护府》，上海古籍出版社2006年版，第1559页。
② 严耕望：《唐代交通图考》第1卷《附录二：安北单于两都护府考》，上海古籍出版社2007年版，第333页。
③ 王世丽：《安北都护府与单于都护府——唐代北部边疆问题研究》，云南人民出版社2006年版，第81页。

下，为其劲旅。

三 王君㚟事件

河西沙、甘、凉诸州自古以来即为汉蕃杂居地区。作为农业族群的汉人同以游牧为业的回纥、契苾、思结、浑四部之间，为了农田和牧地而相互侵扰，加上四部以多建军功而颇多跋扈，故而汉蕃之间存在着不少矛盾，历任凉州都督皆以优遇四部、裁抑汉民之法遏制矛盾的爆发。及至河西土著王君㚟出任凉州都督和河西节度使后，其人"微时往来四部，为其所轻，及为河西节度使，以法绳之"。① 王君㚟力图裁抑其势，进而引发双方矛盾表面化。

本来，王君㚟就任之初，曾取得重创吐蕃的巨大胜利，赤水军四部也都投入战斗，立有战功，但随着矛盾的激化，四部不再为王君㚟用命。当开元十七年（729年）蕃将悉诺罗恭禄、独龙莽布支等统兵大举报复王君㚟时，赤水军四部皆不奉命迎战，瓜州由之失陷，刺史田仁献及王君㚟父亲均被掳掠。吐蕃又进攻玉门军及常乐县，并使人谓君㚟曰："将军常欲以忠勇报国，今日何不一战？"君㚟闻父被执，登陴西向而哭，竟不敢出兵。② 吐蕃以激将法之计引诱君㚟出兵，但未能奏效。王君㚟不为吐蕃所诱，审时度势，坚守而不出兵，绝非怯懦之举，而是面对当时局势做出的正确选择。③

在吐蕃大胜唐军，并乘机攻占瓜州后，常乐县令贾师顺不得不苦守孤城，历八十日之久，最终击退吐蕃大将悉诺逻恭禄及烛龙莽布支所率之兵，得以保全城池：

> 其年九月，吐蕃大将悉诺逻恭禄及烛龙莽布支攻陷瓜州城，执刺史田元献及王君㚟之父寿，尽取城中军资及仓粮，仍毁其城而去。又进攻玉门军及常乐县，县令贾师顺婴城固守，凡八十日，贼遂引退。④

当瓜州失陷、凉州被围之时，时任赤水军使的回纥承宗及契苾、浑、思结等四部首领居然违背将令，拒不驰救，固然是导致唐军失利的重要原

---

① 《资治通鉴》卷二一三开元十五年九月条。
② 《旧唐书》卷一〇三《王君㚟传》，第3191页。
③ 《册府元龟》卷四五三记载王君㚟此战，明确将其归入《将帅部·怯懦》，似非公允。
④ 《旧唐书》卷一九六上《吐蕃传上》，第5229页。

因之一。王君㚟身为河西主将，必定会"以法绳之"，以严肃军纪。四部对其不服，王君㚟遂急奏朝廷，以承宗等谋叛罪处置。《旧唐书》卷一〇三《王君㚟传》记载说：

> 君㚟遽发驿奏四部难制，潜有叛谋。上使中使往按问之，回纥等竟不得理。由是瀚海大都督回纥承宗长流瀼州，浑大德长流吉州，贺兰都督契苾承明长流藤州，卢山都督思结归国长流琼州。右散骑常侍李令问、特进契苾嵩以与回纥等结婚，贬令问为抚州别驾，嵩为连州别驾。

承宗等四部首领都被判处流刑，进一步激化了四部与王君㚟之间的矛盾。开元十五年（707年）闰九月，四部首领谋杀王君㚟。《资治通鉴》卷二一二开元十五年九月条记：

> 闰九月……回纥承宗族子瀚海司马护输，纠合党众为承宗报仇。会吐蕃遣使间道诣突厥，王君㚟帅精骑邀之于肃州。还，至甘州南巩笔驿，护输伏兵突起，夺君㚟旌节，先杀其判官宋贞，剖其心曰："始谋者汝也。"君㚟帅左右数十人力战，自朝至晡，左右尽死。护输杀君㚟，载其尸奔吐蕃；凉州兵追及之，护输弃尸而走。

对护输此后的去向，《新唐书》卷二一七上《回鹘传上》有补充性文字曰："久之，奔突厥，死。子骨力裴罗立。"这里称护输"奔突厥"，与《资治通鉴》卷二一二所谓"奔吐蕃"之语不合。《旧唐书》卷一九五《回纥传》云："开元中，回鹘渐盛，杀凉州都督王君㚟。断安西诸国入长安路，玄宗命郭知运等讨逐，退保乌德鞬山。"结合这一记载看，《资治通鉴》"奔吐蕃"之载是不可信的，必是"奔突厥"之误。

护输北归后，再度与漠北的回纥旧部合流，实力逐步壮大，为汗国的建立奠定了基础。744年，护输之子骨力裴罗称汗，建立漠北回鹘汗国，回鹘历史进入了一个新的阶段。正因为如此，护输在回鹘后辈心目中一直享有崇高的地位，其北返复国事迹被载入《九姓回鹘可汗碑》中：

> 闻夫乾坤开辟，日月照临，受命之君，光宅天下。德化昭明，四方辐辏，刑罚峭峻，八表归仁（信？）。捆□□□□□□□□□□□□□□制平了，表里山河，中建都焉。当先骨力裴罗

之父护输，袭国于北方之隅，建都于嗢昆之野，以明智治国，积有岁年。①

由于漠北回鹘汗国是由护输之子骨力裴罗建立的，故容易使人们形成这么一种印象，即认为经过王君㚟事件后，河西的回纥部奔出了塞外。②即使没有全部北归，奔出的也应为南迁回纥的主支。其实，这些猜测是靠不住的。

张说奉敕撰《右羽林大将军王公碑》载："俄而回纥内叛，[王君㚟]以八九之从人，当数百之强虏。"③说明护输党众只不过数百人而已。而原居住于河西的回鹘民众，在瀚海大都督伏帝难的率领下，并未迁走。《唐会要》卷九八《回纥》条称：

> 比来粟（应为比粟）卒，自独解支立。其都督亲属及部落征战有功者，并自碛北移居甘州界。故天宝末，取骁壮以充赤水军骑士。

说明直到天宝末年，即护输杀王君㚟北逃后近三十年，唐朝仍在取河西回鹘之骁壮者充当凉州赤水军骑士。

四　王君㚟事件以后的河西铁勒

开元天宝之交，铁勒诸部仍在河西活动，在河西、陇右节度使辖下的军队中，仍有不少铁勒兵将，故河西节度使职掌中仍有"九姓"字样，如樊衡之官衔即为"朝议大夫守左散骑侍郎、河西节度经略使、营田、九姓长行转运等副使、判武威郡事赤水军使摄御史中丞赐紫金鱼袋上柱国"。在其约于天宝初年写成的《河西破蕃贼露布》中，提到手下有大将军浑大宁和将军契苾嘉宾等人。④浑大宁之兄浑大寿曾任河西浑部皋兰州都督。天宝十三载（754年），陇右节度使哥舒翰为部将论功，在受赏官员中，有右领军卫员外大将军兼高（皋）兰府（州）都督浑惟明。⑤天宝十四载，安史之乱爆发，叛军在攻陷洛阳后兵指长安，哥舒翰受命守潼关。《新唐书》卷一三五《哥舒翰传》记载说：

---

① 程溯洛：《释汉文〈九姓回鹘毗伽可汗碑〉中有关回鹘和唐朝的关系》，《唐宋回鹘史论集》，人民出版社1993年版，第103页；林梅村、陈凌、王海城：《九姓回鹘可汗碑研究》，《欧亚学刊》第1辑，中华书局1999年版，第160页。
② 章群：《唐代蕃将研究》，台北联经出版事业股份有限公司1986年版，第130页。
③ 《全唐文》卷二二九，上海古籍出版社1990年版，第1021页。
④ 《全唐文》卷三五二，上海古籍出版社1990年版，第1580页。
⑤ 《册府元龟》卷一二八《帝王部·明赏》，中华书局1960年版，第1535页。

> 火拨归仁、李武定、浑萼、契苾宁以本部隶麾下，凡河、陇、朔方、奴剌等十二部兵二十万守潼关。

唐人姚汝能对此事的记载则更为详尽：

> 以河西、陇右节度使、西平王哥舒翰为副元帅，领河、陇诸蕃部落奴剌、颉跌、朱耶、契苾、浑、蹄林、奚结、沙陀、蓬子、处蜜、吐谷浑、恩（思）结等一十三部落，督蕃汉兵二十一万八千人镇于潼关。①

火拨为突厥别部，开元中针对该部有火拨州之设。② 安史之乱爆发后，火拨归河西、陇右节度使管辖，说明其居地当在河西，其酋归仁与浑萼、契苾宁等共赴潼关镇守。潼关失守后，哥舒翰被叛军所俘，二十万大军覆没，浑、契苾等铁勒诸军必损失惨重。即便如此，河西铁勒仍余脉未绝，《资治通鉴》卷二一八至德元载五月条记：

> 初，河西诸胡部落闻其都护皆从哥舒翰没于潼关，故争自立，相攻击；而都护实从翰在北岸，不死，又不与火拨归仁俱降贼。上乃以河西兵马使周泌为河西节度使，陇右兵马使彭元耀为陇右节度使，与都护思结进明等俱之镇，招其部落。

这里的"都护"很可能为"都督"之误写，思结进明受命在河西"招其部落"。由之可以看出，思结部在河西人数不在少数。关于此后思结在河西的活动，史书无载。在敦煌文书P.2942《河西巡抚使判集》所收判牒中，有一道为《思结首领远来请粮事》（原文书第117~120行），其文如下：

1. 思结首领远来请粮事
2. 思结首领，久沐熏风。比在河西，屡申忠赤。顷驰漠北，频被破

---

① （唐）姚汝能著，曾贻芬点校：《安禄山事迹》卷中，上海古籍出版社1983年版，第26页。
② 《资治通鉴》卷二一七天宝十三载三月条胡三省注。

> 3. 伤，妻孥悉无，羊马俱尽。尚能慕义，不远归投，既乏粮储。
> 4. 略宜支给。①

这一请粮文书，虽仅寥寥数行，却清楚地记录了思结族人被河西官府进行安置赈济的过程。从该文书可以看出，思结原居于漠北，因频被突厥欺凌，妻离子散，羊马俱尽，生活无靠，遂慕义而归唐，被安置在河西。由于思结在河西游牧期间，"屡申忠赤"，故而当其生活遇到困难，自然会就近投沙州以求唐政府的赈济。至于该文书的时代，学界有不同看法，安家瑶认为"文书的下限不应晚于大历元年五月，即公元766年五月"，并将文书的年代定为永泰元年（765年）至大历元年（766年）之间。② 马燕云则认为文书年代的下限应推定于大历二年至三年之间。③ 无论以何者为是，都足以说明，直到8世纪60年代，河西尚有思结部的活动。此后，各种史料中都不复再现回纥、契苾、思结、浑四部的活动，说明这些部落都已趋向消亡，失去了历史的重要性。部落离散后的四部民众，由于长期与汉人杂居，而逐渐被当地汉人所融合。在归义军时期的敦煌文书中，就可看到四部人众被汉化的例子，如曹氏归义军初期的著名战将浑子盈。S.5448《浑子盈邈真赞》谓：

> 府君讳子盈，字英进。门传鼎族，历代名家……英才雅智，独出众于敦煌……明闲礼则，传戎音得顺君情；美舌甜唇，译蕃语羌浑叹美。东南奉使，突厥见者而趋迎；西北输忠，南山闻之而献顿。啼猿神妙，不亏庆忌之功；泣雁高踪，共比由基之妙。遂使于家孝悌，晨昏定省而不移；尾季之情，让枣推梨而无阙。方欲尽忠竭节，向主公勤。何期宿业来缠，桑榆竟逼。肃州城下，报君主之深恩；白刃相交，乃魂亡于阵下。三军恋惜，九族悲啼。二男洒泪于千行，雉（稚）女哀号而满路。恩奉邈命，自愧不才，略述芳名。④

---

① 唐耕耦、陆宏基编：《敦煌社会经济文献真迹释录》第2辑，全国图书馆文献缩微复制中心1990年版，第626页；上海古籍出版社、法国国家图书馆编：《法藏敦煌西域文献》第20册，上海古籍出版社2002年版，第183页。
② 安家瑶：《唐永泰元年（765）——大历元年（766）河西巡抚使判集（伯二九四二）研究》，《敦煌吐鲁番文献研究论集》，中华书局1982年版，第252页。
③ 马燕云：《对〈河西巡抚使判集〉（P2942）相关问题的思考》，《内蒙古农业大学学报》（社会科学版）2007年第1期，第306页。
④ 郑炳林：《敦煌碑铭赞辑释》，甘肃教育出版社1992年版，第343页；姜伯勤、项楚、荣新江：《敦煌邈真赞校录并研究》，台北新文丰出版公司1994年版，第245～246页；中国社会科学院历史研究所等编：《英藏敦煌文献（汉文佛经以外部分）》第7册，四川人民出版社1992年版，第95页。

赞文言碑主讳子盈"门传鼎族，历代名家"，却不言其郡望，不符合中原汉人之习惯。他能"译蕃语"，使"羌浑叹美"，"东南奉使，突厥见者而趋迎；西北输忠，南山闻之而献顿"，这些表明他应是出身西北的番将。① 依其姓氏，不难推定，他或为河西浑部领皋兰州某位首领之后裔，后来定居敦煌，完全汉化，精于"六艺"，"英才雅智，独出众于敦煌"。作为归义军军将之一，在征讨甘州回鹘的战争中，战死于肃州城下。

总之，从唐太宗贞观初年到唐代宗大历年间，河西地区一直有游牧的回鹘四部在活动，活动区域主要集中在甘州、凉州和敦煌一带，他们以部落为单位，隶属于不同的羁縻州府。武则天时期，人数较多，应有数万。由于这些部落能征善战，是河西节度使倚重的一支重要力量。后来，四部离散，部众逐步汉化。

第二节　甘州回鹘国的建立

一　漠北回鹘之入居甘州地区

9世纪中叶回鹘向河西的迁徙似乎应有二次。开成五年（840年），回鹘汗国亡，部众离散，"有回鹘相驭职者，拥外甥庞特勤及男鹿并遏粉等兄弟五人、一十五部西奔葛逻禄，一支投吐蕃，一支投安西。又有近可汗牙十三部，以特勤乌介为可汗，南来附汉。"② 在西迁的三支中，有一支奔至吐蕃统治下的河西走廊。除此之外，会昌二年（842年）以后当仍有往迁者。《旧唐书》卷一九五《回纥传》在会昌二年条记载说："三部首领皆赐姓李氏，及名思忠、思贞、思惠、思恩，充归义使。有特勤叶被沽、兄李二部南奔吐蕃，有特勤可质力二部东北奔大室韦，有特勤荷勿啜东讨契丹，战死。"③ 其中的叶被沽，显然应为回鹘语Yabγu的音译，相当于两《唐书》中常见的"叶护"，为突厥、回鹘高级官员的名称。特勤同为突厥、回鹘官号，皆由可汗子弟充任。有特勤叶被沽和兄李二部南投

---

① 荣新江：《唐代河西地区铁勒部落的入居及其消亡》，费孝通主编：《中华民族研究新探索》，中国社会科学出版社1991年版，第304页。
② 《旧唐书》卷一九五《回纥传》，第5213页。
③ 《旧唐书》卷一九五《回纥传》，第5214页。

吐蕃。从当时的形势看，回鹘在会昌二年（842年）九月以后受到了张仲武和刘沔等人的攻击，因此也就出现了逃往各地的诸王。其中一支"南奔吐蕃"。由于其出发地在幽州，加上《旧唐书》卷一九五《回纥传》中在描述回鹘西迁时以吐蕃指代居住在灵州西南至沙州一带的吐蕃分布区，将二因素结合起来看，这部回鹘人逃遁的方向应为灵州西南部及河西走廊地区。

《新五代史》卷七四《回鹘传》记载："回鹘……余众西徙，役属〔于〕吐蕃。是时吐蕃已陷河西、陇右，乃以回鹘散处之。"说明吐蕃统治者曾将这支回鹘人拆散，使其分居于河西各地，其中有一部分被吐蕃安置在甘州一带，进而发展成为回鹘在河西较为集中的聚居区。此外，尚有散布在河西和陇右的诸多部落，见于记载的有贺兰山回鹘、秦州回鹘、凉州回鹘、合罗川回鹘、肃州回鹘和瓜、沙州回鹘等。河西回鹘的迁入路线，应是由蒙古高原越过大戈壁，然后经过花门山堡（今居延海北130公里处）而至额济纳河下游，由此进入河西走廊。

吐蕃对回鹘的统治维持的时间并不长，842年，吐蕃王国发生内乱，统治阶级分裂为两派，互相争战。848年，沙州土豪张议潮乘吐蕃内乱之机发动起义，得到各族响应，很快推翻了吐蕃在沙州的统治，接着又出兵攻占了瓜（甘肃瓜州县）、伊（新疆哈密市）、肃（甘肃酒泉市）、甘（甘肃张掖市）、鄯（青海省乐都县）、河（甘肃临夏市东北）、西（新疆吐鲁番市）、岷（甘肃岷县）、兰（甘肃兰州市）、廓（青海尖札县北）十州。唐宣宗置归义军于沙州，以张议潮为节度使。河西回鹘诸部遂归张氏归义军所辖，其后势力逐步壮大。张议潮的起义，曾得到包括甘州回鹘在内的河西诸部的支持。

二 甘州回鹘国的建立

至于甘州回鹘何时独立建国，学界则见仁见智，说法不一。有865年、870年以前、872年、884年以前、884~887年之间、890年、894年、895~900年之间及10世纪初等多种意见。出现这种现象的主要原因在于史书对甘州回鹘的立国时间没有明确记载，即使偶有提及，亦显得混乱不清，颇多抵牾。

回鹘本为游牧民族，迁入河西者，虽先归吐蕃，继而又为归义军政权所属，但各部仍保有相对的独立性，并拥有自己的政权组织形式——族帐。洪皓在《松漠纪闻》中记载说："回鹘自唐末浸微……甘、凉、瓜、沙旧皆有族帐……居四郡外地者，颇自为国，各有君长。"[①]这一记载反映了河西甘、凉、瓜、沙诸地的回鹘，都是独立的族帐，各族帐也都有相应的首领。

据唐朝史料记载，早在乾符初年（874年），驻扎于甘州附近的回鹘即曾遣使入唐，"屡求册命"。唐政府遂派郗宗莒为使前往册立，只是在此期间，回鹘集团被吐谷浑、嗢末打散，不知何往，使册命活动未能遂愿。唐廷于是"诏宗莒以玉册、国信授灵盐节度使唐弘夫掌之，还京师"。[②]第二年，这支回鹘势力还至罗川，且遣使入贡于宋，获赐绢万匹。按，这里的"罗川"，应为"合罗川"，即今甘肃省西北部和内蒙古自治区西部的河流——额济纳河，又名弱水，为黑河的组成部分，在甘州城北之沙漠草原中。这些记载说明，张掖一带自9世纪中叶以来，一直有具有独立或半独立性质的回鹘集团存在。

在写成于中和四年（884年）的S.389《肃州防戍都状》中，第一次出现了"回鹘王"一称，该文献首全尾残，文字如下：

> 肃州防戍都状上：
> 右当都两军军将及百姓并平善，提备一切仍旧。
> 自十月卅日崔大夫到城家，军将索仁安等便将本州岛印与崔大夫。其大夫称授防御使，讫全不授。其副使索仁安今月六日往向东，随从将廿人，称于回鹘王边充使，将赤骠（驃）父马一匹、白鹰一联，上与回鹘王。二乃有妹一人，先嫁与凉州田特罗禄。其妹夫身死，取前件妹，兼取肃州旧人户十家五家。其肃州印，崔大夫称不将与凉州防御使，去不得。其索仁安临发之时，且称将去。发后，其印避崔大夫，衷私在泥建立边留下。
> 又今月七日，甘州人杨略奴等五人充使到肃州。称：其甘州吐蕃三百，细小相兼五百余众，及退浑王拨乞狸等十一月一日并往，归入本国。其退浑王拨乞狸，妻则牵驮，夫则遮驱，眷属细小等廿已来随往，极甚苦切，余者百姓、奴、客并不听去。先送崔大夫回鹘九人，内七人便随后寻吐蕃踪亦（迹）往向南。二人牵桄嘉麟，报去甘州共回鹘和断事由。其回鹘王称：须得龙王弟及十五家只（质），便和为定。其龙王弟不听充只（质），若发遣我回鹘内入只（质），奈

---

① （宋）洪皓著，翟立伟标注：《松漠纪闻》（长白丛书），吉林文史出版社1986年版，第15页。
② 《资治通鉴》卷二五二乾符元年十二月条。

第二章　甘州回鹘的来源及其政权的建立　75

可（何）自死。缘弟不听，龙王更发使一件。其弟推患风疾，不堪充只（质）。更有迤次弟一人及儿二人。内堪者发遣一人及十五家只（质），得不得，取可汗处分。其使今即未回。

其龙王衷私，发遣僧一人，于凉州嗢末首令（领）边充使。将文书称：我龙家共回鹘和定已后，恐被回鹘侵凌，甘州事须发遣嗢末三百家已来，同住甘州，似将牢古（固）。如若不来，我甘州便共回鹘为一家，讨你嗢末，莫道不报。

其吐蕃入国去后，龙家三百众衙商量，城内绝无粮用者。拣得龙家丁壮及细小壹伯（佰）玖人，退浑、达票、拱榆、昔达票、阿吴等细小共柒拾贰人，旧通颇肆拾人，羌大小叁拾柒人，共计贰百伍拾柒（捌）人。今月九日并用肃州，且令逐粮居。（后残）①

该文献反映的是"甘州与回鹘和断事"，其中出现的最后日期为十一月九日。与之相连的为《中和四年（884年）十一月一日肃州防戍都营田康使君县丞张胜君等状》，编号为S.2589，首残尾全，兹节录其文字如下：

宋输略等七人从祁（邠）州出，于河州路过，到凉州，其同行回鹘使，并在祁（邠）州先准诠□君路上遭贼，落在党项□，祁（邠）州都度赎与祁（邠）州郎君二人及娘子家累军将尚住等廿人，输略等亲自见面并在祁（邠）州准诠郎君拟末使发来，缘装束不办，发赴不得，其草贼黄巢被尚让共黄巢弟二人，煞却于西川进头。皇帝回驾，取今年十月七日的入长安，游奕使白永吉、押衙阴清儿等，十月十八日平善已达嘉麟，缘凉州闹乱，郑尚书共□□诤（争）位之次，不敢东行，宋盈润一行□□凉州未发，其甘州共回鹘和断未定，二百回鹘常在甘州左右捉道劫掠，甘州自胡进达去后，更无人来往，白永吉、宋盈润、阴清儿各有状一封，并同封角内，专差官健康清奴驰状通报，一一谨具如前，谨录状上。

牒件状如前，谨牒。

---

① 唐耕耦、陆宏基编：《敦煌社会经济文献真迹释录》第4辑，全国图书馆文献缩微复制中心1990年版，第487~488页；中国社会科学院历史研究所等编：《英藏敦煌文献（汉文佛经以外部分）》第1册，四川人民出版社1990年版，第179页；郝春文编著：《英藏敦煌社会历史文献释录》第2卷，社会科学文献出版社2003年版，第250~251页。

(中和四年十一月一日肃州防戍都营田康使君县承（丞）张胜君等状。）①

二者反映的为同一事件，时间上也恰好可以相互衔接，应是肃州防戍都营田康使君、县丞张胜君等先后紧接着向归义军政府上呈的报告。② S.2589时间靠前，即中和四年（884年）十一月一日，S.389稍后。其中出现的"回鹘王"，当即甘州回鹘集团的早期或第一任统治者，唯名号未知。

也就是说，早在874年至884年之间，甘州回鹘政权的雏形已基本形成，但尚未进入甘州城。那么，回鹘是何时占领甘州的呢？史书与敦煌文献均未见明确记载。

从S.2589与S.389两件《肃州防戍都状》看，中和四年（884年）十一月初，占据甘州的是龙家，但回鹘人不时"在甘州左右捉道劫掠"。于是，龙家与回鹘进行谈判，并讨价还价。至同年十一月九日，龙家和退浑、羌及其他部落，以"缺粮"为借口而决定放弃甘州，迁入肃州逐粮。甘州遂成为空城，回鹘唾手得之。

在敦煌发现的吐蕃文写本中，P.T.1082为《登里埃部可汗回文》，文曰：

登里埃部可汗之复函回文……甘州官寨业已残破，无修缮官寨之工匠。去借后，发来工匠，十分高兴。官寨已开始维修，尚遗留小部分顶盖，经一再去函请求，也曾派来工匠。工匠来已一年……已下令发粮饷，尚论……由……派遣！画匠工作得不好。秋季七月中……打发来。③

文书写成的年代于史无征，但内容反映的是回鹘占据甘州，以之为都而进行修复的情况。故学界称之为回鹘天睦可汗致沙州仆射张淮深书，写成年代经考证当为889年。④ 从中可以看出，由于甘州城墙官寨已破损，回鹘正在其废墟上建立宫殿，故而请求张淮深派遣建筑工匠，以至管理人

---

① 唐耕耦、陆宏基编：《敦煌社会经济文献真迹释录》第4辑，全国图书馆文献缩微复制中心1990年版，第486页；中国社会科学院历史研究所等编：《英藏敦煌文献（汉文佛经以外部分）》第4册，四川人民出版社1991年版，第111页。
② 唐长孺：《关于归义军节度的几种资料跋》，《中华文史论丛》第1辑，1962年，第290~292页。
③ 王尧、陈践译注：《敦煌古藏文文献探索集》，上海古籍出版社2008年版，第292页。
④ 黄盛璋：《汉于阗吐蕃文献所见"龙家"考》，郑炳林、樊锦诗、杨富学主编：《丝绸之路民族古文字与文化学术讨论会文集》，三秦出版社2007年版，第248页。

员，并转告金匠监派有名的金匠来打造金器。

甘州政权建立伊始，相当穷困，有求于归义军，地位自然应低于沙州。直到张承奉时代，甘州回鹘才在与归义军的角逐中逐步占据上风。S.3905《天复元年辛酉岁（901）闰月十八日金光明寺造窟上梁文》载："猃狁狼心犯塞，焚烧香阁摧残"，讲述的就是天复元年（901年）七月后，甘州回鹘进攻沙州并将金光明寺焚毁之事。此后，甘州回鹘又多次攻打沙州，并于911年围困敦煌，迫使张承奉签订城下之盟，承认回鹘可汗是父，而张承奉则屈尊为子。

藏文文献P.T.1082中出现的天睦可汗，与敦煌汉文写本S.8444《唐昭宗某年内文思院为甘州回鹘贡品回赐会计历》残卷中的"天睦可汗"为同一人。S.8444原断为七片，今缀合为三片，"天睦可汗"见于其中的第二片（S.8444C）：

（前缺）白罗叁拾匹，绢共肆伯疋，蛮画食器壹伯（佰）事。
达干、宰相附进：羚羊角贰拾对、锦两疋、大绢壹拾疋。
已上计壹拾贰疋共壹角□□□
天睦可汗女附进：皇后信物壹角、锦两疋（后缺）[①]

"天睦可汗"之名又出现于杨钜《翰林学士院旧规》卷一《蕃书并使纸及汉书函事例》中，文云："回鹘天睦可汗书头云，'皇帝敬问回鹘天睦可汗外甥'尾云。"该可汗很可能就是甘州回鹘国的第一位可汗。文书中还出现有达干、宰相之谓。

达干，回鹘语做Tarqan，职官名。在突厥、回鹘中，它是一种统领兵马的武官，地位十分显赫。据考，应系汉语"达官"一词的音转。[②]

宰相，亦为回鹘职官，《新唐书》卷二一七《回鹘传》载：漠北回鹘汗国"有外宰相六，内宰相三，又有都督、将军、司马之号"。[③]《宋会要辑稿》蕃夷四之二载开宝元年（968年）十一月，甘州回鹘"宰相鞠仙越亦遣使来贡马"。此载可与S.8444《唐昭宗某年内文思院为甘州回鹘贡

[①] 土肥义和：《敦煌发见唐·回鹘间交易关系汉文文书断简考》，《中国古代の法と社会·栗原益男先生古稀记念论集》，汲古书院1988年版，第402页；中国社会科学院历史研究所等编：《英藏敦煌文献（汉文佛经以外部分）》第12册，四川人民出版社1995年版，第133页。
[②] 羽田亨，"回鹘文摩尼教徒祈愿文の断简"，《羽田博士史学论文集》下卷《言语·宗教篇》，同朋舍1975年版，第331页。
[③] 《新唐书》卷二一七上《回鹘传上》，第6113页。

品回赐会计历》相印证，说明甘州回鹘确有宰相之设。

这些因素说明，自874年始，甘州回鹘势力集团即已基本形成，但直到884年底才占据了甘州，此前甘州为龙家所据。是年十一月九日，龙家和退浑、羌及其他部落，因缺粮而放弃甘州迁入肃州。甘州成为空城，回鹘遂得以居之。光启三年（887年），甘州回鹘遣使沙州，P.2937号附断片一中的第一件文书《酒司状》载：

> 今月□日，甘州回鹘一人，每月准例供酒□瓮，未蒙判凭，不敢不申，伏请处分。
> 丁未年十一月　日曹文晟。准细供，六日，淮深。①

这是归义军酒司文书，有节度使张淮深的亲笔判词。由归义军酒司供酒招待（细供）的甘州回鹘使者，一定是官方派来的使臣，虽然仅有一人，但反映了甘州回鹘与沙州归义军间存在外交往来的史实，间接证明了归义军政权对甘州回鹘势力集团的承认。在同一断片中的第二件文书中，出现有光启三年十一月"七日，肃州使氾建立等一行进发"之语。氾建立其人又见于上引S.389《肃州防戍都状》，是归义军肃州防戍都的军将之一。② 这些信息都可确证文中的丁未年，即光启三年（887年）。说明至迟在887年，甘州回鹘势力集团即已存在，而且已得到了归义军政权的认可。

可与上述记载相印证的还有P.3931甘州回鹘可汗的《表本》，其中称："去光化年初，先帝远颁册礼，及恩赐无限信币，兼许续降公主，不替懿亲。"③ 又P.4646《唐乙未—辛酉年（899~901年）归义军破历》中记有甘州使在沙州受到官衙招待，光化元年为898年，此时回鹘应建牙甘州，又P.4044（2）在《乾宁六年（899年）十月二十日归义军节度使帖》后有《处分甘州使头帖》草稿，内容如下：

> 使帖甘州使头某甲、兵马使某曹、更某人数。右奉处分，汝甘州

---

① 荣新江：《敦煌邈真赞所见归义军与东西回鹘的关系》，《敦煌邈真赞校录并研究》，台北新文丰出版公司1994年版，第65页；上海古籍出版社、法国国家图书馆编：《法藏敦煌西域文献》第20册，上海古籍出版社2002年版，第166页。
② 荣新江：《甘州回鹘成立史论》，《历史研究》1993年第5期，第32~39页。
③ 上海古籍出版社、法国国家图书馆编：《法藏敦煌西域文献》第30册，上海古籍出版社2003年版，第222页。

充使，亦要结耗（好）和同一家，所过砦堡州城，各须存其礼法，但取使头言教，不得乱话是非。沿路比此回还，仍须收自本分，如有拗东掖西，兼浪言狂语者，使头记名，将来到州，重当刑法者。某年月日帖。①

沙州遣使甘州，对象自是回鹘，说明此时甘州回鹘不仅已和沙州归义军政权分庭抗礼，而且沙州对之尚存在几分畏惧之心，故而对派遣甘州的使头及其他成员，叮咛嘱咐，不得"拗东掖西"，"浪言狂语"，以免惹出事端，说明回鹘在甘州的势力已经巩固。

这一现象似乎与写成于乾宁元年（894年）的《唐宗子陇西李氏再修功德记碑》所记载的情况相矛盾。该碑记载说：

> 次男使持节甘州刺史兼御史中丞、上柱国弘谏，飞驰拔拒，唯庆忌而难俦；七札穿杨，非由基而莫比。洎分符于张掖，政恤茕孤；布皇化于专城，悬鱼发咏。②

由是载观之，直到乾宁元年，甘州城尚在沙州归义军政权手中，由刺史兼御史中丞李弘谏直接管理，从碑铭所谓"政恤茕孤"及"布皇化于专城"等语看，李弘谏在甘州刺史任上的政绩颇著，决非遥领虚挂所能奏效。考虑到884年"回鹘王"一称的出现及887年甘州回鹘与沙州间使者的互通，可以认定当时甘州一带回鹘势力不弱，有相对独立的政权组织。这一时期或可称作甘州回鹘国的草创时期。甘州回鹘国建立的时间，只能推定在乾宁元年之后，而以取得中央王朝之承认为稳妥。故而可以认为被唐朝册封之天睦可汗当为甘州回鹘政权建立后的首任可汗。"至于S.389号文书中出现的回鹘王或可汗只能视作是甘州回鹘草创时期的可汗；当然，我们也不排除他又可能就是后来被册封的天睦可汗。"③

光化初，甘州回鹘遣使中原王朝，其表文抄本见于P.3931第13叶背第19行及第15页背第2行，文曰：

---

① 上海古籍出版社、法国国家图书馆编：《法藏敦煌西域文献》第31册，第30页。
② 李永宁：《敦煌莫高窟碑文录及相关问题》（一），《敦煌研究》总第1期，1982年，第68页。又见P.4640《大唐宗子陇西李氏再修功德记碑》，录文见郑炳林《敦煌碑铭赞辑释》，甘肃教育出版社1992年版，第43页。
③ 陆庆夫：《甘州回鹘可汗世次辨析》，《敦煌学辑刊》1995年第2期，第33页。

表本

臣闻，开元圣帝，统有万邦，蓟门贼臣安禄山叛逆，倾陷中国，歼灭贤良，社稷烟灰，銮舆西幸。厶曾祖圣明，厶官点率部下，铁骑万人，亲往征讨；未及旬月，尽底铲除，上皇及肃宗皇帝却复宫阙。朝廷念以粗有巨功，特降公主。其于盟好，具载史书。自后回鹘与唐朝代为亲眷，贡输不绝，恩命交驰。一从多事以来，道途榛梗，去光化年初（898～899年前后），先帝（唐昭宗）远颁册礼，及恩赐无限信币，兼许续降公主，不替懿亲……①

这一表本说明，光化初（898年），甘州回鹘与后唐之间也存在着外交关系，亦即甘州回鹘也得到了中原王朝的承认。②

综上所述，回鹘自840年西迁，大举进入河西，至874年左右开始形成割据一方的势力。至于其政权的建立，大致应从884年算起，以敦煌写本《肃州防戍都状》中出现"回鹘王"为标志。

甘州回鹘国建立以后，势力逐步壮大，并于911年打败沙州归义军政权，确立了在河西地区的霸权地位。自此以后，乃至10世纪前半叶，河西地区几乎全部为甘州回鹘所控制。《旧五代史》卷一三八《吐蕃传》说："唐天成三年（928年），[甘州]回鹘王仁喻（裕）来朝，吐蕃亦遣使附以来"；同传又说："至唐庄宗时（923～926年）回鹘来朝，沙州留后曹义金亦遣使附回鹘以来。"五代时的河西吐蕃，主要聚居在河西走廊的东部，即凉州及其以东地区；曹议金据河西走廊的西部地区，二部的贡使既然只能"附回鹘以来"，说明甘州回鹘在整个河西地区诸势力当中已成为一个强势政权，曹氏归义军政权和吐蕃势力即便尚未沦为甘州回鹘的属部，也在很大程度上受制于甘州回鹘。换言之，在五代时，整个河西地区都已成为甘州回鹘的势力范围。境内民族众多，除回鹘外，还有汉、吐蕃、龙家和党项等。

甘州回鹘强势地位在河西走廊的确立，基本结束了丝绸之路沿线的分裂割据与争斗杀伐局面，对当时中西经济文化交流的顺利进行，具有重要的促进作用。

---

① 上海古籍出版社、法国国家图书馆编：《法藏敦煌西域文献》第30册，第222页。
② 赵和平：《后唐时代甘州回鹘表本及相关汉文文献的初步研究——以P.3931号写本为中心》，《九州学刊》第6卷第4期（敦煌学专辑），1995年，第90页。

第三章　甘州回鹘国的政治与经济

第一节　政治制度

一　政治体制

甘州回鹘的政治体制，明显具有漠北回鹘的历史痕迹，与喀喇汗王朝、高昌回鹘一样，实行的都是军事联合体制。就甘州回鹘言，具有如下明显特征。

（一）君弱臣强，缺乏集中统一

唐末以来，饱经离乱的回鹘已四分五裂，自中亚、新疆至河西走廊等地均有散布，除葱岭西回鹘与高昌回鹘外，河西及周边地区尚有甘州回鹘、沙州回鹘、肃州回鹘、贺兰山回鹘、合罗川回鹘乃至秦州回鹘等，均自立酋长，不相统属。在河西回鹘诸部中，以甘州回鹘势力最为强盛。

晚唐五代直至宋初，各地回鹘均呈现出君弱臣强的局面，其中尤以甘州回鹘为最甚。《旧唐书》载：

> 其后裔居甘州，君微臣强，无复昔日之盛。①

至宋代，回鹘君弱臣强的问题更加突出，诸如可汗嗣立等大事，九宰相都拥有很大的权力。如夜落纥死后，由其子夜落隔归化嗣位，在封建社会中，这是皇家内部之事，顺理成章。然而，从史书的记载看，九宰相在他的继立问题上拥有很大的发言权：

> 其年（宋大中祥符九年，1016年），[回鹘]使来朝贡，言夜落隔卒，九宰相诸部落奉夜落隔归化为可汗王，领国事。②

---

① 《旧唐书》卷一九五《回纥传》，中华书局1975年版，第5215页。
② 《宋史》卷四九〇《回鹘传》，第14117页。

> 夜落隔归化云："父夜落纥今年三月沦谢，九宰相诸部落首领奉臣为回鹘王子。勾当昨临事务，惟望朝廷昭烛。"①

从中隐约可以看出，九宰相对可汗的继立在一定程度上拥有予夺之权。

（二）各部首领拥兵自重

漠北回鹘汗国的灭亡，要因之一即归于各部首领的拥兵自重。西迁甘州后，这种状况依然未见大的改观。史载：

> 凡差东西四姓部落头首，领兵于西凉府相杀，践其帐舍百余，杀贼二百余人，夺到鞍马牛羊不少。②

四姓部落头领都手握兵权，甘州回鹘对西夏的战争，即有赖于这些部落首领的支持与出兵相助。

（三）封建领主各自为政

漠北回鹘汗国时代，"有十一都督。九姓部落，一部落置一都督，于本族中选有人望者为之。"③ 都督即部落长，亦即《松漠纪闻》所说的"君长"，各部落相对独立，都督拥有很大的权力。这些氏族社会的残余在其西迁后还继续得以保留，因而出现甘州回鹘国使、可汗使、公主使甚至宰相使同行入贡中原的稀见事例，如：

> 其年（大中祥符元年，1008年），夜落纥、宝物公主及没孤公主、娑温宰相各遣使来贡。④
>
> ［大中祥符九年］十二月，甘州回鹘可汗夜落隔归化及宝物公主、宰相索温守贵等，遣使都督翟福等来贡马及玉、香药，赐衣冠、器币、缯钱有差。⑤

这种松散的各自为政的封建领主军事联合体制，面对的是复杂的政治斗争局面，难以适应形势的需要，故而在对外战争中，经常处于兵力不

---

① 《宋会要辑稿》蕃夷四之七~八。
② 《宋会要辑稿》蕃夷四之八。
③ （宋）王溥：《唐会要》卷九八《回纥》，上海古籍出版社2006年版，第2086页。
④ 《宋史》卷四九〇《回鹘传》，第14115~14116页。
⑤ 《宋会要辑稿》蕃夷四之七。

足、设防空虚的状态。①元昊之所以能够以一场偷袭而彻底颠覆甘州回鹘王国，原因就在于诸部兵未能对汗庭起到屏障作用，致使西夏并兵可以长驱直入，直捣汗庭。

二 职官制度

回鹘在西迁以前，因受到唐朝政治、文化的影响，其官制已有宰相、都督、将军、司马等称号。甘州回鹘时期的职官称谓，史书未见系统记载，但从史书中零星出现的官号看，主要继承了漠北回鹘汗国时期的传统，同时又有所变更。

汗国最高统治者称可汗（Qaγan）。可汗，又称大汗或汗，古代北亚游牧民族柔然、突厥、吐谷浑、铁勒、回鹘、契丹、蒙古等建立的汗国，其最高统治者皆称可汗。可汗作为一国之主的称号，最早始于402年。是年，柔然首领社崙统一漠北，自称可汗，"犹言皇帝"。②甘州回鹘可汗常被称为"圣天可汗"或"天可汗"，前者如敦煌莫高窟第108窟主室南壁有出适敦煌翟氏的甘州回鹘可汗女的题名："故侄女第十四小娘子是北方大回［鹘］国圣天可汗的孙一心供养。"③后者如P.3633《辛未年（911）七月沙州百姓一万人上回鹘大圣天可汗状》，也同样把甘州回鹘统治者称作天可汗。

可汗的弟弟或儿子称特勤（Tegin），《突厥语大词典》称："Tegin，这个词的原意为'奴隶'……后来，这个词为可汗家族的子弟们所专用。"④在甘州回鹘中，又称"副王"，如《宋会要辑稿》蕃夷七之二二载：天圣元年（1023年）五月二十九日，"甘州可汗王夜落隔［通顺］遣使副王阿葛支、王文贵贡方物"。

回鹘可汗之妻则称可敦（qatun）。《突厥语大词典》称："qatun可敦，夫人。"⑤唐初，该术语又写作可贺敦，对应于qaγatun。责其实，该词最初很可能起源于鲜卑或吐谷浑人。

可汗之女称公主（qunčuw），在甘州回鹘王国时代，公主活动较为频繁，史书多有记载，除前举大中祥符元年、九年宝物公主曾二度入贡中原

---

① 林幹、高自厚：《回纥史》，内蒙古大学出版社1994年版，第206~208页。
② （唐）杜佑著，王文锦等点校：《通典》卷一九四《北狄一》，中华书局2003年版，第5301页。
③ 敦煌研究院编：《敦煌莫高窟供养人题记》，文物出版社1986年版，第52页。
④ 麻赫默德·喀什噶里著，校仲彝等译：《突厥语大词典》第1卷，民族出版社2002年版，第436页。
⑤ 麻赫默德·喀什噶里著，校仲彝等译：《突厥语大词典》第1卷，第432页。

王朝外,大中祥符五年(1012年)"五月八日,夜落纥、宝物公主遣使以宝货、橐驼、马来贡"。①天圣三年(1025年)四月,"[甘州回鹘]可汗王、公主及宰相撒温讹进马、乳香。赐银器、金带、衣着、晕锦、旋襕有差"。②

值得注意的是,在甘州回鹘中常有"天公主"之谓。《新五代史·回鹘传》载:"其可汗楼居,妻号天公主。"回鹘人把可汗妻称为"天公主",而可汗的女儿也被称为"天公主"。如曹议金所娶甘州回鹘可汗女即被称作"天公主",瓜州榆林窟第16窟主室甬道北壁第一身即题名为"北方大回鹘国圣天公主陇西李氏一心供养"。在莫高窟第108窟东壁南侧,绘有回鹘天公主的供养像。

图3-1 莫高窟第108窟东壁南侧回鹘天公主供养像

① 《宋会要辑稿》蕃夷四之五。
② 《宋史》卷四九〇《回鹘传》,第14117页。

其皇室之下，则有宰相之设。宰相是可汗之下辅助国君处理政务的最高官职。开宝元年（968年）十一月，甘州回鹘"宰相鞠仙越亦遣使来贡马"。① 大中祥符元年（1008年）十一月，己巳，"夜落纥、宝物公主及没孤公主、婆（娑）温宰相各遣使来贡。东封礼成，以可汗王进奉使姚进为宁远将军，宝物公主进奉曹进为安化郎将，赐以袍笏。又赐夜落纥介胄"。② 在汗国之内有九宰相之设，《宋史·回鹘传》："大中祥符九年（1016年）……夜落隔卒，九宰相诸部落奉夜落隔归化为可汗王，领国事。"甘州回鹘设置九宰相的原因史无明文，应系漠北回鹘汗国时代九宰相之制的延续。《新唐书》卷二一七上《回鹘传上》载："有外宰相六、内宰相三，又有都督、将军、司马之号。"回鹘由九个部落组成，分别为回鹘、仆固、浑、拔野古、同罗、思结、契苾、拔悉密和葛逻禄，而以回鹘部落为首。九宰相可汗是由各部落的酋长来担任的。宰相之下，又有都督、左温、密禄等官名。

都督（Tutuq），借自汉语，本为统军官职。天赞三年（924年）辽太祖西征，"十一月，乙未，朔，获甘州回鹘都督毕离遏，因遣使谕其主毋母主可汗"。③ 这里的都督即为回鹘武职官员名称。但从有关文献看，在甘州回鹘王国中，都督常充任外使，如《册府元龟》卷九七六《外臣部·褒异三》："乾化元年（911年）十一月，丙午，以回鹘都督周易言为右监门大将军同正。"《旧五代史》卷一三八《回鹘传》：天成四年（929年），甘州回鹘"又遣都督掣拨等五人来朝，授掣拨等怀化司戈，遣令还蕃"。《册府元龟》卷九七六《外臣部·褒异三》：长兴三年（932年）三月，后唐赐"回鹘朝贡使都督拽祝为怀化将军"。《册府元龟》卷九七二《外臣部·朝贡五》：清泰二年（935年）"七月，回鹘可汗仁美遣都督陈福海而下七十八人献马三百六十匹"。

左温，回鹘文作Sangun，来源于汉语的将军。《宋会要辑稿》蕃夷七之一八：大中祥符三年（1010年）十一月二十日，"甘州回鹘遣左温宰相何居禄越、枢密使翟守荣来贡"。《西夏纪》卷五载："〔大中祥符二年〕夜落纥令左温宰相何居录越自秦州献捷表，陈兵败德明。其立功首领，请加恩赏。"在汉文文献中又写作相温、娑温或撒温，如《册府元龟》卷九七六《外臣部·褒异三》载：后唐曾于清泰二年（935年）八月册封回鹘"副使达奚相温为怀化司阶"。

---

① 《宋会要辑稿》蕃夷四之二。
② 《宋史》卷四九〇《回鹘传》，第14116页。
③ 《辽史》卷二《太祖纪下》，中华书局1974年版，第20页。

密禄，回鹘文作Biruq，其原意为"国王侍从"、"相"。① 清泰二年（935年）八月，后唐册封"回鹘朝贡使密禄、都督陈禄（福）海为怀化郎将"。② 看来，陈福海身兼密禄与都督二职。密禄，《辽史·国语解》作"梅里"，释曰："贵戚官名。"享有此官号者常受遣出使，如《新五代史·晋出帝纪》即载："契丹使梅李来。"究其来源，很可能就是回鹘官称密六/媚禄/密禄的假借，在契丹中意转为"贵戚官"意。

以上官名皆兴于漠北回鹘汗国时代，在甘州回鹘王国，还出现有新官号，如枢密使、都监、监使、判官等。

枢密使，《宋会要辑稿》蕃夷七之一八载：大中祥符三年（1010年）十一月二十日，"甘州回鹘遣左温宰相何居禄越、枢密使翟守荣来贡。"

都监，《册府元龟》卷九七二《外臣部·朝贡五》亦载：后唐庄宗同光二年（924年）"四月，回鹘都督李引释迦、副使田铁林、都监杨福安等六十六人陈方物。"

监使，《册府元龟》卷九七六《外臣部·褒异三》：长兴三年（932年）三月，后唐赐"回鹘朝贡使都督拽祝为怀化将军，副使印安勤为怀化郎将，监使美梨怀化司侯，判官裴连儿怀化司阶。"

判官，乾祐元年（948年）五月，回鹘可汗遣使入贡。后汉"以回鹘入朝贡使李握为归德大将军，副使安铁山、监使未（末）相温并为归德将军，判官翟毛哥为怀化将军"。③

三　周邻关系及其特点

甘州回鹘所处的河西走廊是一片特殊的地域，它既是东西方连接的桥梁和南北两高原的交汇地带，又是一块相对独立的整体。其自然和交通条件较之走廊以北的漠北高原与以南的青藏高原，无疑要优越得多。河西走廊中部北部沿着流入沙漠中的石羊河，经黑河下游的民勤和居延泽（今额济纳旗）再折向东行，是通往宁夏、河套以至蒙古草原的要径；南部穿越祁连山脉诸山口，又可通往青藏高原。河西走廊内部，大黄山（又名焉支山）、黑山、宽台山把河西走廊分为三个主要区域，每个区域又有一条较大的内陆河流，成为相对独立的小区域，它们自东向西分别是石羊河流域

---

① J. Hamilton, *Les Ouighours à l'époque des cinq Dynasties. D'apres les Documenta Chinos*, Paris 1955, p. 150（哈密顿著，耿昇、穆根来译：《五代回鹘史料》，新疆人民出版社1986年版，第162页）。
② 《册府元龟》卷九七六《外臣部·褒异三》，第11469页。
③ 《册府元龟》卷九七六《外臣部·褒异三》，第11470页。

的武威、永昌平原；黑河流域的张掖、酒泉平原；疏勒河流域的玉门、敦煌平原。这三个流域是河西走廊的主要农业区，所以大一统时期，中央政府在这里设置郡县"以隔绝胡与羌通之路"，并往往发展成为"胡汉交往"繁荣一时的国际性大城市。而在中央强势不足的情况下，河西走廊各块绿洲则容易形成割据自立，独霸一方的局面。

甘州的位置正处在这三个主要区域中间的张掖地区，这里相对于中原王朝来说地处边缘地带，而相对于河西走廊这一弓形狭长带状区域，它又处于心脏部位，沙州归义军、吐蕃六谷部、西夏与辽等政权分列其四周。可见，据有甘州之地，在东西方向，西可控制沙州政权以及西域诸族与中原的往来，东便于与中原王朝交结，合力而构成犄角之势，对周邻政权与势力集团无疑会形成威慑力，达到弱敌壮己的目的。在南北方向上，则掌控着两条最主要的通道，一条是向北沿张掖河（今黑河、弱水）经居延海（今嘎顺诺尔）入北方蒙古高原的大道，另一条是向南经今民乐、祁连、峨堡穿越祁连山谷地进入青藏高原的大道，这条道路至今仍为张掖通往西宁的主干道。不难看出，甘州区域地理位置之重要，具有突出的战略地缘地位，充分利用这一有利位置，是制衡诸政权图谋自身发展的有利依托。

入居河西的这部分回鹘人，因其发现而利用了这个依托，故而得以在河西立足，与诸强争锋达一个多世纪。究其原因，首先，建牙甘州城是其第一个依托点，一方面早期移居于此的回鹘人所构成的群落基础是其落脚于此的一个原因；另一方面，优越的地理位置是其控扼河西走廊东西的有利条件，这也是甘州回鹘无论是建牙前还是一度被打散之后，仍旧要努力在甘州建牙，而没有向南纵深没入南山纵谷。其次，寻求中原王朝的承认是第二个重要依托。当然，在与周边地方、民族政权旗鼓相当，甚至略处下风的态势下，这不仅是甘州回鹘，也是其他各政权试图加以利用以制衡对手的必要措施，这可谓之"东联"。再者，利用其在交通路线上的有利位置，以获得最大的经济利益也是作为一个半定居半游牧民族所追求的目标。

甘州回鹘相对于西侧的沙州政权来说，地理位置处于优势，能够有效牵制住对方，使后者不得不做出多方面的让步，此即"西压"之策。而对其他各方势力，则地理位置之优势便没有如此明显了，只能依其国力的盈衰、中原王朝对其支持的力度以及其他各方面影响（如来自辽的），利用某些潜在的制约因素，因而在相互制衡的过程中呈现出极为复杂的情形，形成了"南北争锋"的局面。

甘州回鹘作为一个寻觅栖身之地的外来者，要在河西走廊这块地域立足，从其初来乍到直至政权成立，一直面临着如何生存和发展的问题。尤其是在甘州回鹘政权建立后，亟待寻求一个合适的、稳定的支撑点来维持其生存和发展，即实现一种政治平衡构想的政权间关系，在获得生存空间稳定发展的基础上，尽可能构筑自己的政治核心地位，即有利于自身发展的政治秩序。从理论上说，与中原王朝保持密切的联系以稳定自身在河西地区的政治地位成为其外交政策的基点，但由于社会格局的复杂多变，这其中又难免产生枝节和变数。

甘州回鹘可以说基本上成功扮演了东联西压、南北争锋的政治角色，在晚唐五代宋初这段中国历史风云变幻多端的年代，自9世纪后半叶到1028年逐鹿河西达一个多世纪之久。除了回鹘人的政治意识和素养在历史发展过程中发挥着重要作用外，河西走廊的地缘政治环境也不能不说是一项重要的关键性因素。

甘州回鹘以其所处的特殊地理位置，积极参与东西方之间、诸民族之间的经济与文化交流，甘州回鹘使者、商旅、僧人的足迹，在接踵于沙州归义军、凉州六谷部等邻邦外，更是西涉波斯、印度、阿拉伯，东抵五代都城洛阳、开封、太原、宋都汴京乃至更为遥远的辽都上京，这些构成了甘州回鹘与周边政权交往的一大特色（详后）。

四　甘州回鹘可汗的世系

关于甘州回鹘可汗的世系，由于传世文献，如两《唐书》、《资治通鉴》、旧新《五代史》及《宋会要辑稿》、《宋史》等书的有关记载互相抵牾之处甚多，故引起了国内外学界的争议。国外学者的研究以哈密顿所列世系为代表：

1. 仁美（？～924年），被唐朝封为"英义可汗"。
2. 狄银（924～926年），为仁美之弟。
3. 阿咄欲（926～？年）。
4. 仁裕（？～933年），928年，被后唐封为"顺化可汗"。
5. 仁美（933～940?年），和第一任可汗同名。939年，后晋封其为"奉化可汗"。
6. 景琼（961?～977?年），奉化可汗之子（？）。
7. 夜落纥密礼遏（980～1000?年）。①

就在哈密顿表列甘州回鹘可汗世系的同年，国内学者冯家昇等也在

---

① J. Hamilton, *Les Ouighours à l'époque des cinq Dynasties. D'apres les Documenta Chinos*, Paris 1955, pp. 143-144（哈密顿著，耿昇、穆根来译：《五代回鹘史料》，新疆人民出版社1986年版，第153～154页）。

他们编写的《维吾尔族史料简编》一书中列出甘州回鹘可汗的世系，分别为：

1. 庞特勤（怀远可汗）。
2. 仁美（英义可汗，约在923~926年）。
3. 仁裕（顺化可汗、奉化可汗，926年卒）。
4. 景琼（约在960~962年）。
5. 密礼遏（甘、沙州回鹘可汗"夜落纥"，约在976~983年）。
6. 禄胜（可汗王，约在998~1003年）。
7. 夜落纥（1004~1015年）。
8. 夜落隔（1016~1017年）。
9. 夜落纥归化（？~1017年）。
10. 通顺（归忠保义可汗"夜落隔"，约在1023~1031年）。①

哈密顿和冯家昇于同年编列的甘州回鹘可汗世系，引起了学术界的广泛关注，其后，学术界针对这一问题展开了热烈的讨论。国外学者，以日本学者水谷吉朗和德国学者宾克斯为代表。前者基本接受哈密顿氏的考证，只是略有修订，所列世系如下：

1. 仁美（？~924年11月），封"英义可汗"。
2. 狄银（924年11月~926年）。
3. 阿咄欲（926年1月~928？年）。
4. 仁裕（928年2月~934年）。
5. 仁美（934年~940年）。
6. 景琼。②

后者则接受冯家昇等人的观点。③

该表存在着以下几个方面的问题：

其一，"夜落纥"与"夜落隔"，其实应为同一人，"纥"与"隔"只是音译的不同。都是姓氏而非真名。

其二，禄胜，其实非为甘州回鹘的第六世可汗，实际上是西州回鹘的可汗。

其三，表中将夜落隔通顺作为甘州回鹘的末代可汗，亦不甚妥，因为在夜落隔通顺之后还有一位宝国夜落隔，又作宝国伊噜格勒。在宝国夜落

---

① 冯家昇、程溯洛、穆广文编：《维吾尔族史料简编》（上册），中央民族学院研究部编印1955年版，第47页。
② 水谷吉朗，"甘州回鹘可汗の系谱"，《史观》第99册，1978年，第84页。
③ E. Pinks, *Die Uiguren von Kan-chou in der frühen Sung-zeit. 960-1028*, Wiesbaden, 1968, S. 102.

隔之后还有一位伊鲁格勒雅苏，他才应该是甘州回鹘的最末一代可汗。

其四，表中的第一代可汗庞特勤更是学术界争论较多的问题。有人认为庞特勤实为西州回鹘的可汗。亦有人认为他是安西回鹘可汗。又有人认为庞特勤应是喀喇汗王朝的创立者。此后，有人提出了庞特勤为回鹘共主的问题，认为庞特勤是衰奔时期整个回鹘人的可汗，而非某一部分回鹘人的可汗，而甘州回鹘汗国的真正创建者是英义可汗仁美。[1] 但从敦煌发现的S.8444《唐、回鹘交易会计文书》残卷看，在仁美之前还应有天睦可汗，这才应是甘州回鹘的首任可汗。[2] 另有一种意见认为S.389《肃州防戍都状》（写成于884年）中的"回鹘王"其实就是甘州回鹘可汗。[3]

其五，仁美其人，哈密顿认为有两个，分别为一世（？～924年）和五世（933～940？年）。[4] 水谷吉朗接受此说，只是所列在位时间略有差异。[5]

其六，表中认为仁美之后为仁裕，仁裕之后为景琼。此说在学界也是颇有争议的。根据敦煌石窟中的供养人像和题名结衔，可排比出瓜沙曹氏和甘州回鹘可汗之间的姻娅与辈分关系，从中可以看出，仁美之后应是狄银，狄银之后是阿咄欲，阿咄欲之后是仁裕，他的封号是顺化可汗和奉化可汗。[6] 如是，则甘州回鹘可汗的世系应为：

1. 佚名回鹘王（884年左右在位），见于敦煌写本S.389《肃州防戍都状》，为甘州回鹘国草创时期的可汗。

2. 天睦可汗（904年以前某年～？年在位），见于敦煌汉文写本S.8444《唐内文思院回赐甘州回鹘进贡物品会计簿》残卷及杨钜《翰林学士院旧规》卷一《蕃书并使纸及汉书函事例》。敦煌藏文写本P.T.1082中亦可见此汗之名。应为甘州回鹘的第一任可汗。

3. 仁美（毋母主，后唐册封为英义可汗，？～924年在位），甘州回鹘第二任可汗。《宋史·回鹘传》："后唐同光（923～926年），册其国王仁美为英义可汗。"内容比较笼统，《旧五代史·回鹘传》所载比较明确："同光二年（924年）四月，其本国权知可汗仁美，遣都督李引释迦、副使铁林、都监杨富安等六十六人来贡方物，并献善马九匹，庄宗召

---

[1] 高自厚：《甘州回鹘汗国的创建者》，《敦煌研究》1991年第2期，第13～18页。
[2] 陆庆夫：《甘州回鹘可汗世次辨析》，《敦煌学辑刊》1995年第2期，第31～33页。
[3] 荣新江：《甘州回鹘成立史论》，《历史研究》1993年第5期，第32～39页。
[4] J. Hamilton, *Les Ouighours à l'époque des cinq Dynasties. D'apres les Documenta Chinos*, Paris 1955, pp. 68-77, 130-131.
[5] 水谷吉朗，"甘州回鹘可汗の系谱"，《史观》第99册，1978年，第84页。
[6] 孙修身：《五代时期甘州回鹘可汗世系考》，《敦煌研究》1990年第3期，第44～45页。

见于文明殿,乃命司农卿郑绩、将作监何延嗣持节册仁美为英义可汗,至其十一月,仁美卒。"辽天赞三年,即后唐同光二年,九月丙申朔,辽"攻古回鹘城,勒石纪功。十一月乙未朔,获甘州回鹘都督毕离遏,因遣史谕其主毋母主"。由是以观,可以确定924年时甘州回鹘可汗为仁美。

4. 狄银(924~926年在位),甘州回鹘第三任可汗。

5. 阿咄欲(926?~927年在位),甘州回鹘第四任可汗。

6. 仁裕(又作仁喻,顺化可汗、奉化可汗,927?~960年在位),甘州回鹘第五任可汗。

7. 景琼(960~979年在位),甘州回鹘第六任可汗。

8. 夜落纥密礼遏(约980~1000年在位),甘州回鹘第七任可汗。

9. 夜落纥(又作夜落隔,忠顺保德可汗,1001~1016年在位),甘州回鹘第八任可汗。

10. 夜落隔归化(怀宁顺化可汗,1016~1022年在位),甘州回鹘第九任可汗。

11. 夜落隔通顺(归忠保顺可汗,1023~1026年在位),甘州回鹘第十任可汗。

12. 宝国夜落隔(1027~1028年在位),甘州回鹘第十一任可汗。

13. 伊鲁格勒雅苏(1029~1032年在位),甘州回鹘国末位可汗。

第二节 社会经济

一 经济发展与社会演进

回鹘本为一以游牧为主、农业为辅的草原民族,后来随着与唐朝经济联系的加强,回鹘的社会经济越来越多地受到了中原地区的影响,生产、生活方式也随之逐步发生转化,虽然游牧仍占主导地位,但已出现由不定居向半定居转化的趋势。在发展游牧业的同时,农业、商业和手工业也都得到了一定的发展。

9世纪中叶回鹘的西迁,在古代维吾尔族社会历史上具有划时代的意义。塔里木盆地、河西走廊自古以来农业发达,受其影响,迁入这里的回鹘人也逐步实现了经济转型。比较而言,西域回鹘经济模式的转化要比河西者为大,前者已由游牧经济转向半农半牧或以农为主,兼营畜牧;后者虽在农业上也有较大发展,但就总体言,游牧仍占主导成分。

河西土地肥沃，水草丰美，宜农宜牧，自战国秦汉以来，一向是月氏、乌孙、匈奴等游牧民族驻牧之地，后来汉武帝开设河西四郡（武威、张掖、酒泉、敦煌），农业在该地区也发展起来。回鹘作为游牧民族，西迁河西以后，虽继承了从事畜牧业的传统，但因受到汉人经济文化的影响，特别是深处农业文明的包围之中，渐次熟悉并学会农耕，从而在发展畜牧业的同时，农业经济也得到了较大发展，生活方式也由游牧转为定居或半定居，史籍所谓"其可汗常楼（楼，应为斡尔朵Ordu之音转）居"[①]反映的就是这种情况。根据史书记载，河西诸地的回鹘人所经营的农产品有白麦、青稞、黄麻、葱韭、胡荽等；畜牧业产品有骆驼、牦牛、绿野马、白貂鼠、羚羊角、骟骒革、腽肭脐等。

诸多与农业生产生活有关的记载说明，不管是西域的回鹘人还是河西地区的回鹘人，都是农业和畜牧业兼营的，只是农牧业的比例，二者迥然有别，前者以农为主，后者农牧兼重。

二　城市的兴建

回鹘所处的西域与河西走廊一带，自古以来就是中西交通的要道——丝绸之路的咽喉要地。迁移到河西走廊及周边的回鹘，分散在凉州（武威）、甘州（张掖）、肃州（酒泉）、瓜州（瓜州）、沙州（敦煌）以及秦州（天水）、贺兰山等地。他们之间互不统属，其中以进入甘州者势力最为强大。

甘州回鹘在今山丹一带修建了规模巨大的城市。10世纪上半叶曾随使到中国访问的大食人米撒尔（Abū Dulaf Misʾar Ibn al-Mahalhil）曾在游记（940年以前完成）中记载说：

> 出了山谷，又行走一整日，之后，我们俯视了散达比尔（Sandâbil）城，此乃中国京都：宫廷所在地。我们在行进中度过了一夜，次日清早，又起程上路，花费整整一天的时间，直至日落西山，我们才到达目的地。这座城如此之大，以至于穿过该城需要走一天的时间。城中有六十条街道，条条通往宫廷。我们来到一座城门，发现城墙高宽约有九十腕尺。在城墙顶上，有一条河，分成六十股水，每股水流向一座城门，每股水经过一个磨坊，在磨坊下面，流水绕弯而出，再进入另一个磨坊，从该磨坊出来，水就流向地面，其

[①]　《新五代史》卷七四《四夷附录三·回鹘》，第916页。

中之一半流出墙外浇灌花园；另一半流向城里，供城中居民用水……［该城］是印度的首府，同样也是突厥人的首府。我进入王宫，看到国王举止文雅，其枢密院人才济济。①

这里的散达比尔（Sandâbil），学界有不同解释。冯承钧先生认为，该城似在沙州，中国国王指的似为沙州节度使张［承］奉或曹义（议）金。②德国学者马迦特（J. Marquart）经过考证，认为这位中国国王其实是指甘州回鹘可汗，并将Sandabil比定为甘州之山丹。③岑仲勉先生据山丹县有著名大佛，结合山丹城以水力利用而著名及八日行程等均与米撒尔所记相合，也同意甘州回鹘说。④英国学者亨利·玉尔（Henry Yule）则认为Sandabil一名似为阿拉伯讹传之印度城名，如Sindifu、Sandabur之类，中国并无这种地名。然而从马可·波罗之《游记》看，成都府被转写为Sindifu，与此城名相近，而Sandabil又与山丹接近，故而未能下断语。⑤

若就该城规模的巨大这一因素看，将Sandabil比定为山丹有可疑之处，但除山丹之外，难以找到更合理的解释，尤其是在作为突厥人首府的城市中，再难找到更适合的了，故而这里暂以山丹视之。如果上述推测不误，Sandabil就是甘州之山丹的话，米撒尔的记录可视为10世纪甘州回鹘社会快速发展的有力证据。由于该城巨大，以至于米撒尔竟将其误作中国的都城。对于这座城的具体位置，有人认为在今天山丹的大马营，也有人认为在民乐县永固南的马营墩一带。尚待进一步研究。

在回鹘未西迁以前，河西走廊一带就是经济繁荣、贸易发达之地，并形成了一套较为完整的产、供、销体系，在东西方各种民族穿梭往来、不断迁徙流动的同时。各种风格不同的文化也在这里传播、交流。回鹘人迁入这里后，继承并发展了这一优良的文化传统，积极发展与周边民族的经济文化交流，不仅与中原、西藏、西夏及东北的契丹、女真交往频繁，

---

① ［法］费琅编，耿昇、穆根来译：《阿拉伯波斯突厥人东方文献辑注》（上），中华书局1989年版，第239～240页。
② 冯承钧：《大食人米撒尔行纪中之西域部落》，氏著：《西域南海史地考证论著汇辑》，中华书局1957年版，第185页。
③ J. Marquart, *Osteuropaische und ostasiatische Streifzuge*, Bd. 8, Leipzig 1903, S. 86-87.
④ 岑仲勉：《误传的中国古王城与其水力利用》，氏著：《中外史地考证》（上），中华书局2004年版，第416～431页。
⑤ Henry Yule, *Cathay and the Way Thither*, Vol. I, London 1915, pp. 138-141（［英］H.裕尔著，［法］H.考迪埃修订，张绪山译：《东域纪程录丛》，云南人民出版社2002年版，第107～108页）。

而且也与西方的波斯、印度、大秦保持着直接或间接的商业交往。① 其中史书记载最多的当为回鹘与中原王朝的关系。五代至宋，回鹘与中原各王朝都保持着密切的关系，经常派遣使者朝贡，并接受中原王朝的册封和回赐，同时也是通过"朝贡"的名义和方式，进行贸易活动。

三 手工业与商业的兴盛

随着农牧业经济及城市的发展，甘州回鹘的手工业也得到了一定程度的发展，纺织、文绣、冶金、攻玉等至为精巧。《宋史》卷四九〇《高昌传》回鹘人"白皙端正，性工巧，善治金银铜铁为器及攻玉"。这里记载的虽为高昌回鹘，但亦适用于甘州回鹘。宋人洪皓在《松漠纪闻》中记载说：

> ［回鹘］土多瑟瑟珠玉。帛有兜罗绵、毛氍毹、锦注丝、熟绫、斜褐……善造宾（镔）铁刀剑、乌金银器……其在燕者，皆久居业成，能以金相瑟瑟为首饰，如钗头形而曲一二寸，如古之笄之状。又善结金线，相瑟瑟为珥及巾环，织熟锦、熟绫、注丝、线罗等物。又以五色线织成袍，名曰克丝，甚华丽。又善捻金线，别作一等，背织花树。②

其中的瑟瑟珠玉，指的是碧珠。兜罗锦，又作"妬罗绵"、"堵罗绵"，为木棉的一种。大者高三五丈，结籽有绵，纫绵织为白毡罗绵。毛氍毹，指织工很细的毛织品。锦注丝、熟绫、斜褐也都为纺织品。同时，回鹘人善于制造铁器、刀剑及乌金银器等。看来，当时回鹘手工业产品不仅种类繁多，而且式样别致精巧，招人喜爱。

这里所言虽为居于燕地的回鹘人，但从"皆许西归，多留不反"一语看，他们都是从西方东来的，东行目的在于经商，在当地久居习惯后，已不愿西返了，说明这些回鹘人主要是西来的，主要来自河西或高昌。

回鹘人向来以善于经商著称。洪皓《松漠纪闻》记载道：

> 回鹘自唐末浸微……甘、凉、瓜、沙旧皆有族帐，后悉羁縻于西

---

① 参见樊保良《回鹘与丝绸之路》，《兰州大学学报》1985年第4期，第19～21页；樊保良：《中国少数民族与丝绸之路》，青海人民出版社1994年版，第219～223页。
② （宋）洪皓著，翟立伟标注：《松漠纪闻》（长白丛书），吉林文史出版社1986年，第15页。

夏……多为商贾于燕,载以橐驼过夏地,夏人率十而指一,必得其最上品者,贾人苦之……[其人]尤能别珍宝,蕃汉为市者,非其人为侩,则不能售价。①

可见,当时在中原地区有不少回鹘商人存在,回鹘商人特别能够识别珍宝,当少数民族与汉人贸易时,需要回鹘人从中做媒介,否则就难以成交,反映出回鹘商人交易能力之强。这一因素,对沟通中西商业贸易起到了非常重要的作用。当时,在西夏国境内,形成了一种专门的职业,被称作"回鹘通译",《天盛改旧新定律令》卷七《计二门》将之与医人、向导、渠主、商人、黑检主、船主、井匠等并列。②而在该律令之卷一一《矫误门》中,又有如下的记载:

臣僚、下臣、及授、艺人儿童、前内侍、阁门、帐下内侍、医人、真独诱、向导、译回鹘语、卖者、卜算、官巫、案头、司吏、帐门末宿、御使、内宿、官防守、外内侍。③

其中出现有专门的一种职业——"译回鹘语"。这些记载说明,回鹘人在西夏的对外贸易中,起着非常独特的作用,回鹘语已成为西夏与周边民族进行商业贸易的交际语。

利之所在,回鹘商人无远弗届,足之所至,即以为家。史载:"河西回鹘多缘互市,家秦陇间。"④《宋史·回鹘传》亦载:"[回鹘]因入贡,往往散行陕西诸路,公然贸易,久留不归者有之。"李复《潏水集》卷一《乞置榷场》:"回鹘、于阗、卢甘等国人赍蕃货,以中国交易为利。来称入贡,出熙河路……有滞留本路十余年者。"前二者记载的都是河西回鹘,后者则应指包括河西回鹘在内的所有回鹘人。可见,当时回鹘与周边的贸易之盛。以至于辽朝政权为接待回鹘商旅而在京都南门设置了"回鹘营","回鹘商贩留居上京,置营居之"。⑤

---

① (宋)洪皓著,翟立伟标注:《松漠纪闻》(长白丛书),吉林文史出版社1986年版,第15页。
② 史金波、聂鸿音、白滨译注:《天盛改旧新定律令》卷七《计二门》,法律出版社2000年版,第224页。
③ 史金波、聂鸿音、白滨译注:《天盛改旧新定律令》卷十一《矫误门》,法律出版社2000年版,第385页。
④ (宋)李焘:《续资治通鉴长编》卷一一一,中华书局1985年版,第2584页。
⑤ 《辽史》卷三七《地理志》,第441页。

总之，9世纪中叶以后，迁入河西走廊一带的回鹘人，随着生活环境的改变，加上受当地高度发展的汉文化影响，其生产、生活方式也由原来的迁徙不定转向定居或半定居，其经济类型也逐步实现了由草原型向农牧业兼营型的转化。同时，以地理之便，积极展开与周边民族的贸易，并取代商业民族粟特人而成为丝绸之路贸易的主宰，历晚唐五代至宋而不衰，对沟通中西商业贸易起到了非常重要的作用。

第三节　甘州回鹘与丝绸之路

甘州回鹘扼控丝绸之路要道，与丝绸之路的兴衰关系极为密切。甘州回鹘对丝绸之路的贡献，首先在于他们对丝绸之路的保护上。甘州回鹘所处的河西走廊一带，自古以来就是中西交通的要道——丝绸之路的咽喉要地，故而长期以来一直承担着沟通东西方政治、经济、文化联系的重任。在回鹘未迁入这里以前，当地就是经济繁荣、贸易发达之地，已经形成了一套较为完整的产、供、销体系，东西方各种民族穿梭往来，不断迁徙、流动，同时，各种风格不同的文化也在这里传播、交流。回鹘人迁入这里后，频繁的丝路贸易，成为回鹘经济发展的命脉，故而他们义不容辞地承载起保护丝绸之路畅通的重任。

昔日回鹘入中原朝贡，"路出灵州，交易于市"。[①] 然而自咸平五年（1002年）始，灵州被西夏李继迁所占，贡路遂受到西夏统治者的控制。西夏早期统治者一直觊觎丝路贸易的利益，故经常扰劫贡道，掠夺朝贡使者。据洪皓载：

[回鹘]多为商贾于燕，载以橐它，过夏地，夏人率十而指一，必得其最上品者，贾人苦之。后以物美恶杂贮毛连中，染所征亦不赀。其来浸熟，始贿赂税吏，密识其中下品，俾指之。[②]

这一记载说明，西夏人时常对过往商旅进行敲诈与掠夺，十税一，而且"必得其最上品"，逼得商旅不得不采取"贿赂税吏"等办法以逃避西夏的盘剥。《续资治通鉴长编》卷七六大中祥符四年（1011）八月癸亥条亦载：

---

① 《宋史》卷二七〇《段思恭传》，第9272页。
② （宋）洪皓著，翟立伟标注：《松漠纪闻》（长白丛书），吉林文史出版社1986年版，第15页。

癸亥，甘州回鹘可汗夜落纥遣使奉表诣阙。初，夜落纥屡与夏州（即西夏）接战，每遣使入贡，即为赵德明所掠。

西夏统治者的这种掠夺行为，势必会严重地威胁东西方贸易的正常发展。严重时，通过甘州回鹘的商旅甚至全部断绝。清人戴锡章撰《西夏纪》卷5即云：

大中祥符九年（1016），赵德明使苏守信守凉州，有兵七千余，马五千匹，诸番畏其强，不敢动，回鹘贡路，悉为断绝。

回鹘人为了保卫丝绸之路畅通无阻，从而使自己在丝绸之路的利益不受侵犯，连续数年与西夏展开了殊死搏斗。大中祥符元年（1008年），西夏进攻甘州回鹘，回鹘可汗夜落纥采取诱敌深入的伏击战，使西夏几乎全军覆没。[①] 大中祥符四年（1011年）十一月，甘州回鹘可汗夜落纥"遣使康延美至，言败赵德明蕃寇立功首领，望赐酬赏。"[②] 甘州回鹘与西夏争夺的焦点主要在河西走廊东端的凉州（今甘肃省武威市），双方经过反复的较量，最终回鹘于大中祥符九年（1016年）全面控制了凉州，将西夏势力赶出了河西，确保了丝绸之路的畅通，形成了"一方之烽燧蔑闻，万里之梯航继至"[③] 的大好局面。

但是，由于甘州回鹘从综合实力上来说并非西夏对手，尽管两次大败西夏，暂时遏制了西夏攻取河西走廊的步伐，但无法改变西夏最终全面控制丝绸之路的结局，而夺取河西走廊，控制丝绸之路，正是西夏国长期的基本国策。经过十余年的力量积蓄，天圣六年（1028年）西夏发动突然袭击，一举占领甘州，甘州回鹘国消亡，西夏由是得以全面控制河西走廊，进而成为丝绸之路的主宰。[④]

甘州回鹘国，大致形成于9世纪70至80年代，至11世纪20年代消亡，

[①] 《宋史》卷四九〇《回鹘传》，第14115~14116页。
[②] 《宋会要辑稿》蕃夷四之五。
[③] 《册府元龟》卷九六五《外臣部·册封三》，第11355页。
[④] 西夏长期被视为丝绸之路的破坏者，其实不能一概而论。早期西夏统治者对中国王商旅采取掠夺行为，但后来有所改变。西夏国统治时期，通过河西走廊的丝绸之路继续得到发展，从黑水城出土的西夏文《天盛改旧新定律令》看，西夏统治者也很重视丝绸之路。参见杨富学、陈爱峰《西夏与丝绸之路的关系——以黑水城出土文献为中心》，沈卫荣、中尾正义、史金波主编：《黑水城人文与环境研究——黑水城人文与环境国际学术讨论会文集》，中国人民大学出版社2007年版，第469~488页。

共存一百余年。在这段时间内，甘州回鹘积极发展与周边民族，尤其是中原地区的经济文化交流，促进了丝绸之路的繁荣，故往来于丝绸之路上的东西方商旅、使者、宗教徒络绎不绝。甘州回鹘使者的足迹，西到波斯、印度、阿拉伯，东抵五代都城洛阳、开封、辽都上京、宋都汴京等地。[1]

甘州回鹘与波斯、印度、阿拉伯的往来，史书中都有零星反映。关于波斯，敦煌文献S.1366《归义军宴设司面、破油历》有如下记载：

> 窟上迎甘州使细供十五分，又迎狄寅及使命细供十分……甘州来波斯僧月面七斗、油一升。牒塞（密）骨示月面七斗。廿六日支纳药波斯僧面一石、油三升。[2]

该文献首尾俱残，无年代。据考证，此文书可能与S.2474《庚辰至壬戌年（980~982年）间面油破用历》是同一件文书。[3] 而S.2474中有"闰三月"字样，已被考订为太平兴国五年（980年）之物。[4] 反观S.1366《归义军宴设司面、破油历》，内有"甘州使"、"狄寅及使"等文字，其中的"狄寅"，显然应为"狄银"之异写。那么，同一国中何以既有"甘州使"，又有狄银（甘州回鹘第四任可汗，924~926年在位）派遣的使者呢？结合各种情况，愚以为，此应与龙德年间（921~923年）甘州回鹘发生的内乱有关。其中的"甘州使"应为当时的可汗仁美（英义可汗，？~924年在位）所遣，另一路则应为狄银所派。故而笔者认为S.1366《归义军宴设司面、破油历》应为龙德年间或稍后之遗物。

由此可以认为，在921~924年间，有来自甘州回鹘国的使者在沙州巡礼莫高窟，同时又有波斯僧自甘州来，并向敦煌归义军官府纳药。至于是何等药品，由于文献未载，我们不得而知。以理度之，这些药品应来自波斯，至少应是采用波斯的医学理论而配制的。此外，《册府元龟》卷九七二亦有波斯—甘州相交往的记载：

> 后唐同光元年（923年）四月，沙州（附甘州）进波斯锦。长兴

---

[1] 参见樊保良《回鹘与丝绸之路》，《兰州大学学报》1985年第4期，第19~21页；樊保良《中国少数民族与丝绸之路》，青海人民出版社1994年版，第219~223页。

[2] 唐耕耦、陆宏基编：《敦煌社会经济文书真迹释录》（三），全国图书馆文献缩微复制中心1990年版，第281~285页。

[3] 唐耕耦、陆宏基编：《敦煌社会经济文书真迹释录》（三），全国图书馆文献缩微复制中心1990年版，第286页。

[4] 藤枝晃，"敦煌历日谱"，《东方学报》第45册，1973年，第427页。

四年（933年）十一月，甘州回鹘仁裕……献波斯锦。应顺元年（934年），［贡］波斯宝缍、玉带。

甘州回鹘可汗以波斯锦、波斯宝缍向中原王朝入贡，说明波斯与甘州的交往还是相当频繁的。

甘州回鹘与印度的交往，主要体现在宗教上，可以《宋会要辑稿》方域二十一之一四的相关记载为证：

太祖乾德四年（966年），知凉［州］府折逋葛支上言，有回鹘二百余人、汉僧六十余人，自朔方来，为部落劫略。僧云欲往天竺取经，并送达甘州讫。

这里再看甘州回鹘与阿拉伯的往来。《宋史》卷四九〇《大食传》载："先是，其入贡路繇沙州，涉夏国，抵秦州。乾兴初，赵德明请道其国中，不许。至天圣元年来贡，恐为西人钞略，乃诏自今日取海路繇广州至京师。"《宋会要辑稿》蕃夷七之二二亦载："天圣元年（1023年）十一月，入内侍省副都知周文质言，沙州、大食遣使进奉至阙。缘大食北来皆泛海，由广州入朝；今取沙州入京。"文中虽未提及甘州，但都提到了沙州。既然通过沙州，必然要通过甘州，况且，天圣元年（1023年）正是甘州回鹘全面控制河西走廊，确保丝绸之路畅通无阻的时期。此时大食国舍海路取陆路入中原，原因概在于此。

这些记载，尽管多为只言片语，但在一定程度上反映了甘州回鹘与西方诸国的经济文化联系。

与之相比，甘州回鹘与中原王朝就更为频繁了。五代至宋，甘州回鹘与中原各王朝都保持着密切的关系，经常派遣使者朝贡，并接受中原王朝的册封和回赐，同时也通过"朝贡"的名义和方式，在丝绸之路沿线进行贸易活动。相关记载不绝于书，前文第二章已有比较细致的叙述，这里兹不一一赘举。

如前所述，回鹘以善于经商著称，历唐而宋，久盛不衰。迨至西夏立国，回鹘人在西夏的对外贸易中，仍然起着非常独特的作用，回鹘语已成为西夏与周边民族进行商业贸易的交际语。有一些回鹘商贾"因入贡，往往散行陕西诸路，公然贸易，久留不归"。[①] 李复《潏水集》卷一《乞

---

① 《宋会要辑稿》蕃夷四之九。

置榷场》:"回鹘、于阗、卢甘等国人尝赍蕃货,以中国交易为利。来称入贡,出熙河路……有滞留本路十余年者。"前二者记载的都是河西回鹘,后者则应指包括河西回鹘在内的所有回鹘人。可见,当时回鹘与周边的贸易之盛。以至于辽朝政权为接待回鹘商旅而在京都南门设置了"回鹘营","回鹘商贩留居上京,置营居之"。[1] 体现了辽与回鹘间密切而特殊的关系。[2]

甘州回鹘商人把中原地区的物品,如丝绸、锦袍、紫衣锦衣、银带、银器、服饰、笏、介胄、黄金器、金带、冠、器币、香药、美酒、小儿药、冷病药、金粉、金银碗、银瓶器、宝钿、银匣历日、缗钱、氆锦、旋裥等运往河西走廊,通过那里再辗转运往西域、波斯、阿拉伯、印度,乃至欧洲或其他地方;同时又把河西、西域、波斯等地的物品运往内地。为了清楚地展示当时贸易的规模,这里仅就《旧五代史》、《新五代史》、《册府元龟》、《宋史》、《宋会要辑稿》等史书的记载,将甘州回鹘向五代及北宋诸政权朝贡的次数与物品简略统计如下:

物　品	朝贡次数	数　量
马	35	2803匹
玉	24	1574
鞦	1	未详
鞍(玉鞍)	5	未详
辔(玉鞍)	4	未详
白鹘	1	1联
大雕	1	1联
硇砂	12	40斤又4囊
羚羊角	4	未详
波斯锦	1	未详
玉带	3	未详
白氎	8	927段
斜褐(茸褐、毛褐)	7	1040匹

---

[1] 《辽史》卷三十七《地理志一》,中华书局1974年版,第441页。
[2] 杨富学:《回鹘与辽上京》,辽上京契丹·辽文化研究学会编:《首届辽上京契丹·辽文化学术研讨会论文集》,内蒙古文化出版社2009年版,第128~139页。

续表

物　品	朝贡次数	数　量
红白牦牛	1	未详
牦牛尾	6	208株
绿野马皮	1	未详
驼（骆驼、独峰驼）	10	601峰
腽纳脐	1	未详
金刚钻	1	未详
貂（白貂）	2	未详
貂鼠皮	6	368张
安西丝	1	未详
瑶琺	1	未详
丹盐	1	未详
玉狻猊	1	未详
騊駼革	1	未详
玉革鞦	1	334
珊瑚	4	981株
琥珀	7	590块
白靴	1	未详
黄湖锦	1	未详
大尾羊	1	未详
宾铁剑甲	1	未详
花蕊布	2	未详
珍珠	2	未详
乳香	7	未详 [①]

上表所列只是明确见于记载者，只能说是朝贡次数、物品种类及数量

[①] 高自厚：《甘州回鹘与中西贸易》，《甘肃民族研究》1982年第1～2期合刊，第81～101页；范玉梅：《试论甘州回鹘的历史贡献》，《西北民族文丛》1984年第1期，第101～110页；钱伯泉：《甘州回鹘国的"国际"关系及其在丝绸之路上的历史地位》，《甘肃民族研究》1990年第2期，第11～24页。

的一小部分，因为大部分朝贡都仅仅记载为"贡方物"，我们无法得知物品的种类与数量。有时记有物品名称，但无具体数目。以硇砂为例，甘州回鹘进贡十二次，但仅有一次记明为40斤，另一次记为40囊，其余十次均无数量。再如马，甘州回鹘共朝贡28次，其中仅有16次提到数量，另外12次未详数量。即便如此，我们从这一统计表仍可以看出，甘州回鹘向中原王朝的朝贡，不仅往来次数多，而且物品种类繁多，有些数量相当大。

在甘州回鹘的所有贡物中，以马的交易次数最多，数量也最多。五代，尤其是北宋时期，与辽、西夏战事频繁，需要大量马匹。北宋王朝的战马主要为产自四川、贵州、云南的川马。由于不敷需求，尚需大量的外来马匹，其中又以青海产的吐蕃马和甘州的回鹘马为主。吐蕃与北宋的关系时好时坏，其马的来源不能保证，而且数量也有限，因此，向甘州回鹘购买马匹，就成为北宋战马的主要来源，如乾德三年（965年）十二月，甘州回鹘可汗夜落纥一次贡给宋朝的战马即达一千匹，另有骆驼五百头。[①] 后者在西北边关的战斗和运输中也充当着很重要的作用，甘州回鹘国的额济纳河流域、居延海周围即是著名的产驼之地。

马、驼等土产品的输出，对甘州回鹘的经济发展具有异乎寻常的意义。如前所述，甘州回鹘的经济以畜牧业为主，盛产马匹、骆驼等，而这正是中原王朝所大量需求的。为了能够源源不断地得到战马，中原王朝往往会付以优厚的报偿。乾化元年（911年），回鹘都督周易言等入朝，梁太祖不仅给予很高的礼遇，而且"厚赐缯帛"。[②] 再如后唐长兴三年（932年），回鹘向后唐出售劣马，边臣上奏，唐明宗却明确指示："远夷交市，不可轻阻"，故给这批瘦弱马以中等价。[③]

甘州回鹘将战马和其他战争物资源源不断地输送给宋朝，这对北宋王朝无疑是一个很大的支持。二者的马匹交易，主要是通过灵州来实现的。咸平四年（1001年），西夏围灵州，北宋朝廷内部对于灵州的弃守问题曾展开过一场辩论，反对放弃灵州的朝臣一再惊呼，北宋战马"独取于西戎之西偏"，如从灵州撤退，宋朝"不得货马于边郡，则未知中国战马从何而来？"[④] 足见宋朝对回鹘马及灵州战略地位的重视。

位处甘州与宋朝中间的秦州，在北宋时期发展成为汉蕃交易的盛行之地。《续资治通鉴长编》卷一一一明道元年（1028年）七月甲戌条载：

---

① 《宋史》卷二《太祖纪二》，第23页。
② 《旧五代史》卷一三八《回鹘传》，中华书局1976年版，第1842页。
③ 《册府元龟》卷九九九《外臣部·互市》，第11728页。
④ （宋）何亮：《安边书》，《续资治通鉴长编》卷四四引，中华书局1979年版，第947页。

[王博文]又言:"河西回鹘多缘互市,家秦陇间,请悉遣出境。"戒守臣使稽查之。①

这就是说,有不少的甘州回鹘人在秦州和陇州从事贸易,并在那里安了家。

综上所述,可以看出,甘州回鹘社会经济的发展与丝绸之路关系密切。丝绸之路的畅通,促进了甘州回鹘经济的发展,使中原王朝,特别是北宋政权得以源源不断地得到产自河西走廊一带的战马,增强了边防实力。另一方面,丝绸之路的畅通,使回鹘摩尼教徒、佛教徒在中原及沙州诸地活动,促进了河西走廊与中原地区的宗教文化交流。

---

① (宋)李焘:《续资治通鉴长编》卷一一一,中华书局1985年版,第2584页。

第四章 甘州回鹘的宗教信仰

近代的历史学和考古学证明，甘州回鹘如同高昌回鹘、沙州回鹘诸政权一样，都奉行着比较宽容的宗教政策，其统治者对任何宗教都不抱什么偏见，听任流行。他们"对于基督教，显然加以优容，对佛教也加以奖掖"，而汗室贵族则继承蒙古高原时代的传统，仍然"信仰摩尼教。佛教是多数人民信奉的宗教，景教则为少数人信奉"。[①] 11世纪50年代印度旅行家加尔迪齐（Abū Sa'id 'Abd-al-Haiy ibn Dahhâk ibn Mahmŭd Gardîzî）所著《纪闻花絮（Zayn-al-akhbâr）》（又译《记述的装饰》）即谈到了回鹘人信奉多种宗教的情况。他说："九姓乌古斯（即回鹘）可汗属于迪纳瓦里（Dînâvarî）教派"，每天有三四百个迪纳瓦里徒众聚集在他的宫廷周围，高声诵读摩尼的著作。但他并不排斥其他宗教，"在他的城市和统治区内，基督教徒（tarsâ）、祆教徒（θanawî）和佛教徒（đomanî）都并行存在"。[②] 这一宽容的宗教政策，势必会促进包括高昌、甘州在内诸回鹘王国境内多种宗教的流行与发展。

第一节 萨满教敬天遗俗

在甘州回鹘汗国中，有一个独特的现象，即其最高统治者被称为"天可汗"，可汗之妻被称为"天公主"。在敦煌出土的有关甘州回鹘的汉文写本中，常可见到"天可汗"、"天公主"之类的称呼。《新五代史·回鹘传》亦记载说，甘州回鹘可汗"常楼居，妻号天公主"。

[①] A. von Le Coq, *Buried Treasures of Chinese Turkestan*, London 1928, p. 24.

[②] В. Бартольд, *Отчет о поездке В Среднюю Азию С научною Целью, 1893-1894гг*, СПБ 1897, стр. 115-116(瓦·弗·巴托尔德著，王小甫译：《加尔迪齐著〈记述的装饰〉摘要——〈记中亚学术旅行报告（1893-1894年）〉的附录》，《西北史地》1983年第4期，第112页); A. P. Martinez, Gardîzî's Two Chapters on the Turks, *Archivum Eurasiae Medii Aevi* 2, 1982, p.134.

甘州回鹘继承漠北回鹘汗国时期的传统，称最高统治者为可汗（Qaɣan）、"圣天可汗"或"天可汗"，前者多见于敦煌石窟的供养人题记，如935年至940年间所建莫高窟第100窟甬道北壁供养人像西列第一身题名："……郡……人汧……圣天可汗的子陇西李氏一心供养。"[1] 该窟是曹议金的长子曹元德和曹议金的夫人甘州回鹘天公主为纪念曹议金所建的功德窟。再如敦煌莫高窟第108窟南壁有出适敦煌翟氏的甘州回鹘可汗女的题名："故侄女第十四小娘子是北方大回［鹘］国圣天可汗的孙一心供养。"[2]

"天可汗"之称见于敦煌写本P.3633《辛未年（911）七月沙州百姓一万人上回鹘大圣天可汗状》：

> （上缺）等一万人献状，上回鹘大圣天可汗金帐：
> ……中间遇天可汗居住张掖，事同一家，更无贰心，东路开通，天使不绝，此则可汗威力所置（致），百姓□甚感荷，不是不知……伏维大圣回鹘天可汗，为北方之人主，是苍生之□□□□察知百姓何辜，遭此残害？今□□□□□□□和，两件使回，未蒙决□□□□□□□□□，兵戈抄劫，相续不断……沙州百姓亦是天生人民，不省曾与天可汗有煞父害母之仇，何故频行动煞？万姓告天，两眼滴血……伏望天可汗信敬信佛，更得延年，具足百岁，莫煞无辜百姓。上天见知，耆寿百姓等誓愿依凭大圣可汗，不看吐蕃为定。两地既为子父，更莫信谗。今且先将百姓情实，更无虚议，乞天可汗速与回报，便遣大臣、僧俗，一时齐到，已后使次，伏乞遣好人，若似前回长使，乞不发遣，百姓东望指挥，如渴思浆，如子忆母，伏乞天可汗速赐详断。谨录状上。
>
> （辛未年七月 日沙州百姓一万人状上[3]）

这里的"天可汗"，指的是甘州回鹘可汗仁美，辽朝称之为"乌母主"，后唐庄宗册封他为"英义可汗"。

天睦可汗曾于天复四年（904年）前将其女嫁于沙州归义军节度使

---

[1] 敦煌研究院编：《敦煌莫高窟供养人题记》，文物出版社1986年版，第49页。
[2] 同上书，第52页。
[3] 唐耕耦、陆宏基编：《敦煌社会经济文献真迹释录》第4辑，全国图书馆文献缩微复制中心1990年版，第377～380页；上海古籍出版社，法国国家图书馆编：《法藏敦煌西域文献》第26册，上海古籍出版社2002年版，第156～158页。

图4-1　榆林窟第16窟甘州回鹘公主供养像
（曹议金夫人）

曹议金，①被称作"天公主"，如瓜州榆林窟第16窟主室甬道北壁第一身即题名为："北方大回鹘国圣天公主陇西李氏一心供养。"该窟营建于923年至925年间，是曹议金及回鹘夫人共同修建的功德窟。再如莫高窟第55窟甬道北壁底层第一身供养人题名为："故北方大回鹘国圣天的子敕受秦国公主陇西李氏一心供养"；同列第二身题："大回鹘圣天可汗天公主一心供养。"②莫高窟第108窟南壁有题名曰："故侄女第十四小娘子是北方大回〔鹘〕国圣天可汗的孙一心供养。"③在曹议金于长兴二年（931年）称"大王"、"拓西大王"或"托西大王"之后，该天公主又被称作"天皇后"了。如P.3804《愿文》为曹议金称大王时期的文书，其中即称回鹘天公主为"天皇后"。

在曹元德与曹元执政时期，回鹘天公主地位仍很高，被尊奉为"国母天公主"、"国母圣天公主"等，如S.4245残卷记载道，在开凿莫高窟第100窟时，"国母圣天公主""亲诣弥勒之前"，带领"阎宅娘子郎君"

---

① 徐晓丽：《曹议金与甘州回鹘天公主结亲时间考——以P.2915卷为中心》，《敦煌研究》2001年第4期，第112~118页；王艳明：《瓜州曹氏与甘州回鹘的两次和亲始末——兼论甘州回鹘可汗世系》，《敦煌研究》2003年第1期，第69~72页。
② 敦煌研究院编：《敦煌莫高窟供养人题记》，第18页。
③ 敦煌研究院编：《敦煌莫高窟供养人题记》，第52页。

礼佛。后来曹议金及回鹘夫人天公主所生女儿又嫁给甘州回鹘的可汗,同样也被称为"天公主"。

甘州回鹘之所以把可汗妻称为"天公主",究其原因,当与回鹘人敬天习俗息息相关。

天,回鹘语写作Tängri,是阿尔泰语系诸民族萨满教所崇拜的最重要的神灵。《魏书·高车传》载回鹘祖先高车人于文成年间(453~454年)曾在漠南举行祭天仪式,载歌载舞、杀牲聚会,"众至数万",场面是相当壮观的。在8世纪中叶回鹘建立政权后,对天的崇拜有增无减,其可汗名号前一般都要加上"登里(Tängri)"、"滕里逻(Tängridä)"等修饰语,以表示自己为天、天神所立。吐鲁番出土回鹘文《乌古斯可汗的传说》称,乌古斯可汗有六个儿子,长子即名为"天",其余五子则分别唤作"山"、"海"、"太阳"、"月亮"和"星星"。[1] 11世纪成书的《突厥语大词典》明确指出:"Tängri,上苍,尊贵而伟大的上苍……异教徒的教长向伟大的上苍顶礼。"[2] 同一世纪成书的回鹘文古典文学名著《福乐智慧》也称:"一切赞美、感谢和颂扬全归于至尊至贵的Tängri。"[3] 故回鹘可汗被称为"天可汗",可汗的女儿自然也就被称为"天公主"了,旨在表示王权与尊贵。

回鹘天公主的得名,可能还与回鹘与唐朝的和亲直接相关。回鹘累世与唐和亲,唐朝先后出嫁回鹘的公主多达七位,其中四位是皇帝的亲生女。回鹘尊奉大唐皇帝为"天可汗",[4] 天可汗所赐公主自然也被尊称为"天公主"了。久而久之,"天公主"便成了回鹘可汗妻的称号,故而可汗与天公主所生女儿就顺理成章地被冠以"天公主"之号了。而回鹘之所以将大唐皇帝称为"天可汗",究其根源,同样也出于回鹘的敬天习俗。

回鹘萨满教敬天习俗对后世影响是很大的,余风所及,今天的维吾尔人仍认为蓝天和日月星辰都是神圣的,不得随意侮辱。每当干旱的时候,维吾尔族人就宰杀牲畜,祈求上苍降雨。哈密农村的维吾尔人,每年春耕

---

[1] 耿世民译:《乌古斯可汗的传说(维吾尔族古代史诗)》,新疆人民出版社1980年版,第18页。
[2] 麻赫穆德·喀什噶里著,校仲彝译:《突厥语大词典》第3卷,民族出版社2002年版,第367页。
[3] 优素甫·哈斯·哈吉甫著,郝关中等译:《福乐智慧》,民族出版社1986年版,第1页。其中的Tängri一词被径译作"真主"。
[4] 关于唐太宗接受天可汗称号的问题,可参见朱振宏《唐代"皇帝·天可汗"释义》,《汉学研究》第21卷第1期,2003年,第413~433页;罗香林:《唐代天可汗制度考》,氏著《唐代文化史》,台湾商务印书馆1955年版,第54~87页。

开始，全村男女老幼都要到村外杀牲祭天，祈求苍天保佑生产丰收，人畜安全。同样，裕固族也有敬奉"汗点格尔"的习俗。"汗点格尔"在裕固语中意为"天神"，即Qan（汗、可汗）与Tängri的合成。裕固人认为，"汗点格尔"能使他们辟邪免灾，一年四季太平吉祥。①他们甚至每年都要于六月六日这一天举行敬奉"汗点格尔"的仪式。是日，普通民众和宗教人士会聚一起，到每一个水源前诵经叩拜，求雨祈福。②

第二节　摩尼教

摩尼教自8世纪中叶始，一直被奉为回鹘的国教，直到9世纪中叶，汗国崩溃，其民众大部被迫西迁后，这种宗教在回鹘中仍然拥有相当高的地位。在回鹘汗国灭亡，部众四散时，南逃的乌介可汗在朝不保夕的情况下，仍致书唐朝，除了请求接济粮食外，还要求保护摩尼师。由此可见回鹘统治者对摩尼教信仰之深，同时也说明摩尼师在回鹘人中拥有极为崇高的地位，而唐朝也答应了乌介可汗的请求：

　　所求种粮及安存摩尼，寻勘退浑、党项劫掠等事，并当应接处置，必遣得宜。③

但后来乌介可汗南下，逼近边塞，引起了唐朝的警觉，深恐处于江淮之地的摩尼僧难以驾驭，唐武宗遂下令关闭江淮各地的摩尼寺，只准教徒在长安、洛阳、太原等地继续传播，并于会昌二年（842年）八月十五日命李德裕代草书信，向乌介可汗说明此意：

　　近各得本道申奏，缘自闻回鹘破亡，奉法者因兹懈怠，蕃僧在彼，稍似无依。吴楚水乡，人性嚣薄，信心既去，禽习至难。且佛是大师，尚随缘行教，与苍生缘尽，终不力为。朕深念异国远僧，欲其安堵，且令于两都及太原信向处行教。其江淮诸寺权停，待回鹘本土

---

① 杜曼·叶尔江：《浅议裕固族的萨满教遗迹》，《裕固族研究论文集》，兰州大学出版社1996年版，第291页。
② 钟进文：《裕固族文化研究》，中国航天出版社1995年版，第148页。
③ （唐）李德裕著，傅璇琮、周建国校笺：《李德裕文集校笺》卷五《赐回鹘王汗书意》，河北教育出版社2000年版，第65页。

安宁，即却令如旧。①

翌年，"会昌法难"兴，除道教以外的其他宗教都遭到禁断，摩尼教、祆教僧徒皆令还俗，寺院被拆毁，经像被焚烧，财产也被收缴。唐武宗于二月下诏曰：

> 应在京外宅及东都修功德回纥，并勒冠带，各配诸道收管。其回纥及摩尼寺庄宅、钱物等，并委功德使与御史台及京兆府各差官点检收抽，不得容诸色人影占。如犯者并处极法，钱物纳官。摩尼寺僧委中书门下条疏闻奏。②

当时，旅唐日本高僧圆仁亲眼目睹并记下了摩尼师惨遭屠戮的悲剧：

> [会昌三年] 四月中旬，敕下，令煞天下摩尼师。剃发，令着袈裟，作沙门形而煞之。③

回鹘摩尼师或殉教而死，或配流诸道，一时作鸟兽散，唐朝借机下令焚烧摩尼教书画，收缴其财产：

> 诏回鹘营功德使在二京者，悉冠带之。有司收摩尼书若像，烧于道，产赀入之官。④

此后，摩尼教便在唐代文献中销声匿迹了。摩尼教的传教活动由合法变为非法，其教徒遂投奔唐朝统治势力较弱的东南滨海地域，以寻求自己的归宿。⑤"有呼禄法师者，来入福唐（今福建福清市），授侣三山（福州市），游方泉郡（泉州市），卒葬郡北山（泉州北郊清源山）下"。⑥呼禄法师的南行，使摩尼教得以传入福建，在宋元时代开一新局面。这里

---

① 同上书，第67页。
② 《旧唐书》卷一八上《武宗纪》，第594页。
③ ［日］圆仁著，白化文等校注：《入唐求法巡礼行校注》卷三，花山文艺出版社1992年版，第416页。
④ 《新唐书》卷二一七下《回鹘传下》，第6133页。
⑤ 蔡鸿生：《唐宋时代摩尼教在滨海地域的变异》，《中山大学学报》2004年第6期，第114～115页。
⑥ （明）何乔远：《闽书》卷七《方域志》，福建人民出版社1994年版，第171～172页。

的呼禄法师，据笔者考证，应为回鹘摩尼僧。呼禄，即回鹘语Qutluγ之音译，"吉祥"之谓也。①

摩尼教徒遍布中原的局面由此而结束。但在西北地区，摩尼教并未因此而消失，在西迁回鹘之诸政权中，摩尼教继续流行。在河西地区，摩尼教在甘州、沙州等地继续受到崇奉，直至11世纪。

在甘州回鹘中，摩尼教是颇受尊崇的，其法师被奉为"回鹘之佛师"：

> ［后唐明宗天成四年（929年）］八月……癸亥，北京奏，葬摩尼和尚。摩尼，回鹘之佛师也。先自本国来太原。少尹李彦图者，武宗时怀化郡王李思忠之孙也。思忠本回鹘王子嗢没斯也，归国赐姓名。关中大乱之后，彦图挈其族归太祖（李国昌）。赐宅一区，宅边置摩尼院以居之，至是卒。②

这里的北京，即今山西省太原市。后唐以洛阳为都，以太原为北京。唐代，太原已有摩尼寺之设，据载："元和二年（807年）正月，庚子，回纥请于河南府、太原府置摩尼寺，许之。"③后唐时，太原府又有"摩尼院"设立，位处回鹘王子嗢没斯后裔李彦图之邸第。

甘州回鹘统治者也常遣摩尼教高僧出使中原王朝。如：

> ［闵帝应顺元年（废帝清泰元年，934年）］正月，赐回鹘入朝摩尼八人物有差。④

> ［后周太祖］广顺元年（951年）二月，［回鹘］遣使并摩尼贡玉团七十有七，白氎、貂皮、牦牛尾、药物等。⑤

对于第一条所载回鹘使的来源，学界存在着不同意见。沙畹和伯希和

---

① 杨富学：《〈乐山堂神记〉与福建摩尼教——霞浦与敦煌吐鲁番等摩尼教文献的比较研究》，《文史》2011年第4期，第207～246页。
② 《册府元龟》卷九七六《外臣部·褒异三》，第11468～11469页。
③ （宋）王溥：《五代会要》卷四九《摩尼寺》，第1012页。
④ 《册府元龟》卷九七六《外臣部·褒异三》，第11469页。
⑤ 《旧五代史》卷一三八《回鹘传》，第1843页；《新五代史》卷一一《周太祖纪》，第112页。

认为来自甘州回鹘，① 中国学者多接受此说。哈密顿则认为应是西州回鹘的使者，② 宾克斯及森安孝夫亦接受此说。③ 惜均未提出强有力的证据。那么，这些使者究由何来，我们不妨看《册府元龟》卷九七六的另一条记载：

> 闵帝应顺元年（934年）正月……回鹘可汗仁美遣使献故可汗仁裕遗留贡物、鞍马、器械。仁美献马二、玉团、秋辔、硇砂、羚羊角、波斯宝绁、玉带。④

这里出现有回鹘可汗仁美及故可汗仁裕，二者均为甘州回鹘的可汗。闵帝"赐回鹘入朝摩尼八人物有差"，显然是对这次回鹘朝贡活动的回报，只是未将此事前因后果一气写完，而是按照自己的归类原则将其分别置于《朝贡》条和《褒异》条来写。故这里的回鹘摩尼使者只能是来自甘州，而绝非西州。

由上述记载知，不管在甘州回鹘国还是在五代的后唐，摩尼教在回鹘王室及达官贵族中都具有相当高的地位。故而摩尼和尚的去世与殡葬，都曾引起后唐最高统治者的关注。正是在这样的背景下，摩尼教的高僧常被甘州回鹘统治者作为国使出使中原王朝，故而史书中有"专使僧"之谓。如天福三年（938年）向后晋朝贡的使者中，就有来自甘州的回鹘专使僧，《册府元龟》卷九七六载：

> 天福三年五月，回鹘朝贡使都督翟全福并肃州、甘州专使僧等归国，赐鞍马、银器、缯帛有差。

这次朝贡活动又见于《新五代史·晋高祖纪》："[天福三年]三月，壬戌，回鹘可汗王仁美使翟全福来。"其中的"专使僧"，据陈垣先生考证，指的实为明教僧，即摩尼僧，而非佛僧。正如他在《摩尼教入中

---

① E. Chavannes et P. Pelliot, Un traité manichéen retrouvé en Chine, *Journal Asiatique*, Ⅱ, 1913, pp. 99-392.
② J. Hamilton, *Les Ouighours à l'époque des cinq Dynasties. D'apres les Documenta Chinos*, Paris, 1955, p. 89.
③ E. Pinks, *Die Uiguren von Kan-chou in der frühen Sung-zeit. 960-1028*, Wiesbaden, 1968. S. 115, 194(note 683); 森安孝夫：《ウイグル=マニ教史の研究》（=《大阪大学文学部纪要》第31/32卷合并号），大阪大学文学部1991年版，第157页。
④ 《册府元龟》卷九七二《外臣部·朝贡三》，第11423页。

国考》中所说："五代时期回鹘退保甘州，与于阗、高昌等，皆为今甘肃新疆地，固当日摩尼教流行之地也。"①

综合二文献的记载，可以看出，甘州回鹘使者抵达晋京汴（今河南开封市）的时间是天福三年三月，逗留至五月而归。同行者有可汗的贡使"都督翟全福并肃州、甘州专使僧"。说明甘州回鹘可汗倚重摩尼教徒，常派遣摩尼僧出使中原，故出使僧获得了"专使僧"的称号。然而，自乾德三年（965年）以后，情况发生了巨大变化，不复再见摩尼教徒向中原王朝入贡的事例，而多有以佛教高僧充任使节的记录。

第三节 景教

景教，即基督教之聂思脱里派（The Nestorian Christanity），该派以其创始人聂思脱里（Nestorius）而得名。因其主张基督耶稣只有人与神的二重性，在431年的以弗所（Ephsus）宗教会议上被斥为异端。后为罗马皇帝所逐，其信徒流亡东方，由叙利亚进入波斯，组织迦勒迦教会（Chaldaean Church），亦被称为亚叙利亚教会（Assyrian Churchs）。约于唐太宗贞观九年（635年）始由叙利亚人阿罗本（Alopen）传入中国，被习称为景教。唐初，由于受到统治者的支持，景教很快传播开来，迄高宗时，已是"法流十道"、"寺满百城"②了。西安、洛阳、灵武、鳌屋、沙州（今敦煌）、广州、高昌（今吐鲁番）等地都已有了景教徒的活动。③但这种发展并未能持续很久，到9世纪中叶即告中断。会昌五年（845年），唐武宗下令拆毁天下僧寺四千六百区，招提若兰四万间，并"勒大秦（即景教）、穆护、拨（祆）二千余人，并令还俗，不杂中华之风"。④使道教以外的诸宗教都受到了沉重的打击。从此以后，在内地的景教便趋于灭绝，唯西域及河西走廊一带，因受吐蕃统治，超出了唐中央的控制范围，景教势力得以幸存并有所发展。

---

① 陈垣：《摩尼教入中国考》，《陈垣学术论文集》第一辑，中华书局1989年版，第354页。
② 《大秦景教流行中国碑》，文载［英］阿·克·穆尔著，郝镇华译《一五五〇年前的中国基督教史》，中华书局1984年版，第42~52页。
③ 罗香林：《唐元二代之景教》，香港中国学社1966年版，第13~14页。
④ （宋）宋敏求编：《唐大诏令集》卷一一三《拆寺制》，中华书局2008年版，第591页。

图4-2 敦煌发现的基督教画像

回鹘与景教的接触，史无明载，从现有的史料看，应在840年回鹘西迁之后。景教在归义军时期的敦煌较为活跃，从敦煌出土粟特—突厥文（编号Or. 8212-86）信札看，归义军政权在敦煌地区的景教徒与高昌回鹘景教徒之间存在着商业往来。[①] 此外，甘州等地的景教徒也频繁在敦煌地区活动，S. 1366《归义军宴设司面油破历》记载隆德年间（921~923年）或稍后，有来自甘州回鹘的使者在沙州巡礼莫高窟，同时又有"甘州来波斯僧……纳药"于敦煌归义军官府。归义军宴设司用于招待这些波斯僧的破用情况如下：

[①] 陈怀宇：《高昌回鹘景教研究》，《敦煌吐鲁番研究》第4卷，北京大学出版社1999年版，第193~195页。

甘州来波斯僧月面七斗、油一升，朦密骨示月面七斗……二十六日支纳波斯僧面一石、油三升。①

这里的甘州指的应是甘州回鹘，波斯僧则无疑是景教僧人。从史书记载看，景教僧常充任高昌回鹘的使节出使中原。② 如"太平兴国元年（976年）五月，西州龟兹遣使易难与婆罗门、波斯'外道'来贡"。③"太平兴国九年（984年）五月，西州回鹘与婆罗门及波斯'外道'阿里烟朝贡，锡赉有差"。④ 其中的波斯外道，其实指的就是景教徒。由是以观，甘州回鹘重用景教徒充任使节，以沟通与归义军间的联系，亦属情理中事。

第四节 佛教

一 甘州回鹘之皈依佛教

回鹘与佛教的接触，其实早在摩尼教传入之前就已经开始了。据《旧唐书·回纥传》记载："初，有特健俟斤。死，有子曰菩萨，部落以为贤而立之。"时在唐武德至贞观年间（618～646年）。这里的"菩萨"即梵语之Bodhisattva，佛教中指上求菩提、下化众生之仁人。差不多与此同时，居于甘、凉之间的回鹘"外九姓"之一契苾部也出现了一位名为"沙门"的酋长，并被任命为贺兰州都督。⑤ 727年，居住于河西地区的铁勒诸部与唐河西节度使王君㚟发生矛盾，王君㚟以铁勒诸部谋反为名，"以法绳之"，将其首领流放各地，其中就有浑部酋长浑大德，被流放吉州。⑥ 大德，梵文作bhadanta，是对佛菩萨或高僧的敬称。在我国隋唐时

---

① 唐耕耦、陆宏基编：《敦煌社会经济文书真迹释录》第3辑，全国图书馆文献缩微复制中心1990年版，第281～286页；中国社会科学院历史研究所等编：《英藏敦煌文献（汉文佛经以外部分）》第2册，四川人民出版社1990年版，第278页。
② 杨富学：《宋元时代维吾尔族景教考略》，《新疆大学学报》1989年第3期，第32～39页。
③ 《宋会要辑稿》蕃夷四之一三。
④ 《宋会要辑稿》蕃夷四之一二。又见《宋史》卷四九〇《回鹘传》，中华书局1977年版，第14114页。
⑤ 《旧唐书》卷一〇九《契苾何力传》，中华书局1975年版，第3291页；《新唐书》卷一一〇《契苾何力传》，中华书局1975年版，第4118页。
⑥ 《资治通鉴》卷二一三开元十五年（727年）九月条。

代，凡从事译经事业者，特称大德。此外，统领僧尼的僧官，也称大德。浑部如同契苾部一样，也是回鹘"外九姓"之一。这些都说明，早在7世纪上半叶，佛教即对回鹘有着一定的影响。

8世纪中叶，回鹘牟羽可汗由洛阳携四摩尼僧入漠北，经过与旧有宗教萨满教的斗争，摩尼教终于战胜对手而一跃成为回鹘的国教。820年左右镌立的《九姓回鹘可汗碑》就描述了摩尼教在回鹘帝国中初兴的情况：

> 往者无识，谓鬼为佛；今已悟真，不可复事……应有刻画魔形，悉令焚爇；祈神拜鬼，并摈斥而受明教。熏血异俗，化为蔬饭之乡；宰杀邦家，变为劝善之国。①

证明牟羽可汗之先世确曾接触过佛教。但学者同时存在另一种观点，认为佛教不曾在漠北回鹘中有所传播，主要证据是唐代圆照所撰《悟空入竺记》有如下一段记载：

> 贞元五年（790年）……九月……安西道奏事官程锷等随使入朝。当为沙河不通，取回鹘路；又为单于不信佛法，所赍梵夹不敢持来，留在北庭龙兴寺，藏所译汉本，随使入都。②

笔者认为，这段记载不能作为回鹘未与佛教接触的证据。其一，贞观五年，回鹘已定摩尼教为国教，其可汗（即引文中所说的单于）不信佛法那是自然之事，但这并不能证明其前世可汗也都不信佛法。其二，回鹘可汗不信佛法，也不等于民众都不信佛法。9世纪中叶西迁后，回鹘汗室一直尊信摩尼教，但民众大多信奉的却为佛教。同时与之并存的还有祆教和景教等。再说，早在回鹘西迁之前的8世纪末至9世纪初，漠北回鹘汗国（744～840年）的势力即已扩展到新疆的北庭（新疆吉木萨尔县北破城子）、高昌（新疆吐鲁番市）、龟兹（新疆库车县）乃至中亚的伊塞克湖地区。北庭、龟兹当时为回鹘汗国经略西域的军事重镇，驻有大量军队，与吐蕃抗衡；高昌也逐步发展为回鹘汗国在西域的一大宗教、政治中心。这部分回鹘人长期生活在佛教高度发达的西域地区，不可能完全不受佛教的濡染。21世纪初以来，在敦煌、吐鲁番、哈密等地发现的大批回鹘佛经

---

① 录文见罗振玉校补《和林金石录》，辽海杂著本，第619页及羽田亨：《唐代回鹘史の研究》，《羽田博士史学论文集》上卷《历史篇》，同朋舍1975年版，307页。

② 《大正藏》第17卷，No. 780，页981a。

残卷中就有10世纪左右北庭回鹘人翻译的佛典，且翻译水平相当高，足见早在回鹘西徙前，天山东部的回鹘人中即已有不少佛教徒存在。

摩尼教之所以能够取代原来流行的萨满教而成为回鹘国教，并在以后的岁月中得到迅速发展，而传入回鹘更早的佛教却不能。究其原因，是多方面的，多重因素的交互影响促成了这一结果的产生。首先，它是回鹘社会发展演变到一定阶段的产物，国家的建立，在意识形态上就需要有一个统一的神来集中汗国的政权，摩尼教和佛教比多神论的萨满教更适应于这一社会发展趋势；其次，是回鹘统治者依靠粟特人发展商业经济的结果，林悟殊先生认为："主要是由于回鹘助唐平乱后，依靠粟特人发展商业经济，因而在宗教信仰上亦不得不受到信奉摩尼教的粟特人的左右。"① 应该说，这个见解既新颖而又不无道理，对认识回鹘摩尼教传播的原因，厥功甚伟，但细审之，仍有不能令人完全满意之处。因为粟特人不唯摩尼教是奉，佛教也是他们尊崇的主要宗教之一。② 笔者以为，牟羽可汗不选择佛教的原因主要在于当时回鹘人草昧初开，对义理高深、体系庞大的佛教教理尚难以接受。相较而言，他们对摩尼教的接受就显得容易多了，尽管摩尼教同佛教一样有戒杀生、忌茹荤等多种与回鹘游牧生活格格不入的清规戒律。从历史记载看，北方草原民族不管是摩尼教徒还是佛教徒，其实对戒杀、忌茹荤之类戒律的遵守都不是很严格的（僧侣除外），此乃生存环境使然。易言之，尽管摩尼教和佛教都有成为回鹘国教的机会，但相对于佛教而言，摩尼教的义理比较简单，更能适应于回鹘游牧民简朴的文化氛围。以上三种因素的交合作用，使摩尼教成为回鹘的国教，得到了良好的发展契机。佛教在漠北回鹘中虽然也有过传播，但只是昙花一现，未能对回鹘社会造成实际影响。

大约自10世纪初开始，包括甘州回鹘在内的河西回鹘人，在当地久盛不衰的佛教文化影响下很快皈依了佛教。

《松漠纪闻》卷上对甘、凉、瓜、沙回鹘佛教状况的记载就很能说明问题：

> ［河西回鹘］奉释氏最甚，共为一堂，塑佛像其中，每斋必刲羊或酒，酣，以指染血涂佛口，或捧其足而鸣之，谓为亲敬。诵经则衣袈裟，作西竺语。

---

① 林悟殊：《回鹘奉摩尼教的社会历史根源》，《摩尼教及其东渐》，中华书局1987年版，第91页。
② 郑炳林：《唐五代敦煌的粟特人与佛教》，《敦煌研究》1997年第2期，第151~168页。

其中的刳羊、饮酒并以血涂佛口等习俗，应为古代藏族苯教祭祀仪式的遗存。苯教在祭祀时常以动物为牺牲。《旧唐书》卷一九六《吐蕃传》载，在吐蕃每年一次的盟誓仪式上，要宰杀羊、狗和猕猴，"先折其足而杀之，继裂其肠而屠之，令巫者告于天地、山川、日月、星辰"。在每三年一次的大祭祀活动中，要宰杀犬、马、牛、驴为祭品。唐长庆三年（822年），唐蕃于拉萨会盟，吐蕃方面的主持人钵阐布是佛教僧人，会盟根据传统习惯要歃血，即将所杀牲口的血抹在嘴上表示信守誓言，但钵阐布作为佛教僧人拒绝参加这个仪式。后来，西藏佛教在祭祀形式上虽还受苯教影响，但已不再屠杀活的牲口，而是用牛、羊的模型或者用酥油捏一些供品，或者用木头刻一个鹿头等，来代替杀牲献祭。可见，当时回鹘人在改崇佛教的同时，吐蕃苯教的一些宗教仪式也为回鹘人所接受。

甘州回鹘佛教的流行，在完成于940年之前的大食人米撒尔之游记中曾有如下记载：

> 该城有一所很大的祈祷之寺庙，这里有重要的行政机构，有完整的法律。据说，他们的祈祷寺比耶路撒冷的清真寺还要大，里面有供像、肖像、偶像和一尊很大的［弥］陀像。他们不屠宰［动物］，什么肉也不吃，屠宰一头牲畜者斩。①

当地僧侣不食动物肉，这与中原地区佛教戒律的规定是一致的。《大般涅槃经》卷四《如来性品》第四之一即云："不听声闻弟子食肉。"② 及至梁武帝，以皇帝的权威，下令在全国僧尼信众中实行素食制度。他一连写了四篇《断酒肉文》，以宣扬他的素食主张。他宣扬只有素食，才能"远离地狱"，得好果报。强令僧尼们一律遵守，否则"当依王法治问"。③ 回鹘佛教本身就是汉传佛教在西域的翻版。④ 但是，就"屠宰一头牲畜者斩"这一规定来说，似乎有点过头了。回鹘本为游牧民族，在入居河西走廊后，农业经济尽管得到了快速发展，但游牧半游牧经济仍在社会生产中占有较大的比重，宰杀牲畜应是常见现象，当不至于会有如此的

---

① ［法］费琅编，耿昇、穆根来译：《阿拉伯波斯突厥人东方文献辑注》（上），中华书局1989年版，第240页。
② （北凉）昙无谶译：《大般涅槃经》卷四，《大正藏》第13卷，No. 0374,页386a。
③ （唐）道宣：《广弘明集》卷一一，上海古籍出版社1989年版，第305～309页。
④ 杨富学：《回鹘文献与回鹘文化》，民族出版社2003年版，第402页。

峻法，即使仅仅针对僧侣也让人难以置信。应作何解释，尚有待来者。

当地的佛教僧侣，也受到了甘州回鹘可汗的敬重，常以之为使，出使中原：

〔乾德三年（965年）〕十一月，丙子，甘州回鹘可汗遣僧献佛牙、宝器。①

〔咸平元年（998年）四月〕九日，甘州回鹘可汗王遣僧法胜来贡。②

景德元年（1004年）九月，甘州回鹘夜落纥遣进奉大使、宣教大师宝藏……百二十九人来贡。③

景德四年（1007年），〔甘州〕夜落纥遣僧翟大秦来献马十五匹，欲于京师建佛寺。④

〔景德四年〕十月，甘州夜落纥遣尼法仙等二人来朝，献马十匹，且乞游代州五台山，从之。⑤

〔大中祥符〕三年十一月六日，甘州回鹘僧法光来贡。⑥

这些记载说明，甘州回鹘国中的佛教高僧，颇受最高统治者的敬重。尤其是在汗国的后半期，他们逐步取代了摩尼教徒的地位而被任命为使者，出使中原。之所以会有如此巨大的变化，似乎应有以下两个方面的原因。其一，与甘州回鹘境内摩尼教地位的衰微和佛教地位的迅速增长息息相关；其二，回鹘统治者通过与中原王朝的交往，逐步认识到佛教在中原地区的特殊地位及重要性，故而改弦更张，派遣佛教高僧出使中原。由于宗教信仰相同，以佛教僧侣出使佛教盛行的中原地区，其活动空间会比摩尼教僧大得多，更便于与崇奉佛教的中原王朝的封建统治者进行沟通与交流。⑦

同时，甘州回鹘也常以佛僧为使，出使沙州。S. 2474《油面破历》为太平兴国五年至七年（980~982年）间之遗物，在叙述于阗僧、肃州僧、

---

① 《宋史》卷二《太祖纪二》，中华书局1977年版，第23页。
② 《宋会要辑稿》蕃夷七之一三。
③ 《宋会要辑稿》蕃夷四之三。
④ 《宋会要辑稿》蕃夷四之三。
⑤ 《宋会要辑稿》蕃夷四之三。
⑥ 《宋会要辑稿》蕃夷四之四。
⑦ 赵学东、杨富学：《佛教与甘州回鹘之外交》，《敦煌研究》2007年第3期，第38~43页。

瓜州僧在沙州得到供养的同时，亦提到来自甘州的回鹘僧人：

甘州僧四人，各人月面七斗，各油二升，共面两石八斗，共油八升。①

所谓破历，又作"破用历"、"用历"、"使用历"等，系支出账目。敦煌写本中有官衙、寺院、僧人的三种破历，其中又以寺院的最多，记载支出日期、货物品名、数量与用途。在S. 2474所列账目之前，抄录有《己卯、庚申年驼官邓富通、张憨儿牒》。法国学者艾丽白根据牒末之鸟型画押，将其推断为979~980年之遗物。② 而在此账目第18~19行间有小字"于时太平兴国七年（982年）壬午岁二月五日立契，莫高乡百姓张再富记"之语，内容虽与油粮账无干，但可为该文献的断代提供参考依据。考虑到这一因素，结合文中出现有"闰三月五日"字样，日本学者藤枝晃将其考订为太平兴国五年（980年）之物。③ 二位敦煌文献专家从不同角度进行论证，却得出了相同的结论，都认为其时为太平兴国五年（980年），可从。

敦煌遗书P. 3633《辛未年（911年）七月沙州百姓致甘州回鹘可汗一万人状》也说到甘州回鹘"天可汗信敬神佛，更得延年，具足百岁"。④ 此卷写于辛未年七月，这里的神佛似应理解为佛陀，而不是摩尼，尽管二者都被称作"佛"。如此说不误，则可证甘州回鹘统治者在五代梁时即已尊崇佛教了（但还不敢断言此可汗已放弃了摩尼教而皈依了佛教或兼事二教）。

日本京都有邻馆藏有一件非常残破的回鹘文佛经印本，现仅存4行，编号为Fuji Yŭrinkan Uigur No. 24，文曰：

1. -sïzqa tükäl-lig bolzun-lar ::
2. či čing bir otuzunč ud yïl üčünč
3. ay bir yangï-qa qamču-ta yaqdurultï ::

---

① 中国社会科学院历史研究所等编：《英藏敦煌文献（汉文佛经以外部分）》第4册，四川人民出版社1991年版，第87页。
② [法]艾丽白著，耿昇译：《敦煌汉文写本的鸟型押》，《敦煌译丛》第1辑，甘肃人民出版社1985年版，第194~195页。
③ 藤枝晃：《敦煌历日谱》，《东方学报》（京都）第45册，1973年，第427页。
④ 唐耕耦、陆宏基编：《敦煌社会经济文献真迹释录》第4辑，全国图书馆文献缩微复制中心1990年版，第380页；上海古籍出版社、法国国家图书馆编：《法藏敦煌西域文献》第26册，上海古籍出版社2002年版，第158页。

4. sadu［s］adu∷

愿成就圆满。至正二十一牛年（1361年）三月一日于甘州（Qamču）印制。善哉，善哉。①

甘州印回鹘文佛经题记的发现表明，直到元朝末期（至正二十一牛年三月一日），甘州仍有回鹘佛教徒在继续使用回鹘文印制佛经。佛经的印制，可以证明当地信众对回鹘佛经的需求量是较大的，从而反映出当地回鹘佛教信徒的人数之多。

二 甘州回鹘天公主与敦煌佛教

如前所述，甘州回鹘把可汗妻及可汗女均称"天公主"，故敦煌文献与石窟题记中的"天公主"当指多人。这里所谓的天公主，则专指甘州回鹘天睦可汗之女，大约在天复四年（904年）之前嫁曹议金为妻，② 有人言其卒于942年，③ 但未提供证据，尚有可疑。但从莫高窟供养人题名看，她至少经历了曹议金及其子曹元忠和曹元深三位节度使执政时期。④

甘州回鹘之重佛，在河西地区的诸石窟中亦有反映。曹氏归义军节度使祖孙三代与甘州回鹘结亲，因此，在曹氏所营建的很多石窟——莫高窟五代第22、55、61、98、100、108、401、428和榆林窟第16窟——中都出现了许多身穿回鹘服饰的回鹘天公主及随从人员的供养像。这里的回鹘天公主远嫁敦煌，虔信佛教，佛事活动频繁，对敦煌佛教的发展与兴盛起到了推动作用。

在以上石窟中，莫高窟第98窟及榆林窟第16窟均为曹议金及回鹘夫人共同修建的功德窟。前者东壁北侧供养人像列向南第一身右侧有汉文题名："敕受汧国公主是北方大回鹘国圣天可汗……"⑤ 该窟营建于923年至925年之间。

---

① ペーター・ツイーメ、百济康义：《ウイグル语の观无量寿经》，永田文昌堂1985年版，第31页。
② 徐晓丽：《曹议金与甘州回鹘天公主结亲时间考——以P.2915卷为中心》，《敦煌研究》2001年第4期，第112~118页。
③ 徐晓丽：《回鹘天公主与敦煌佛教》，郑炳林主编：《敦煌佛教艺术文化论文集》，兰州大学出版社2002年版，第419~420页。
④ 万庚育：《珍贵的历史资料——莫高窟供养人画像题记》，敦煌研究院编：《敦煌莫高窟供养人题记》，文物出版社1986年版，第185~186页。
⑤ 敦煌研究院编：《敦煌莫高窟供养人题记》，第32页。

图4-3 莫高窟第98窟回鹘天公主供养像

榆林窟第16窟后室甬道南壁绘曹议金供养像，题记为："敕归义军节度使检校太师兼托西大王谯郡开国公曹议金一心供养。"后室甬道北壁绘回鹘天公主供养像，题记为："北方大回鹘国圣天公主陇西李氏一心供养。"① 这两身供养画像等同真人。天公主梳高发髻，戴桃形凤冠，上插金钗步摇，后垂红结绶，鬓发包面，脸上赤色晕染，额中贴梅花，双颊贴花佃，耳垂耳铛，项饰瑟瑟珠，身穿弧形翻领、紧口窄袖、红色通裾长袍，双手捧香炉，虔诚礼佛。

在敦煌文书中还多有天公主向寺院施舍的材料。P. 2704《后唐长兴四至五年（933～934年）曹议金回向疏》记载了归义军节度使曹议金及其眷属施舍的情况。在短短一年内，连设四次道场，施舍各种衣物、布匹、食物等，其中多次提到曹议金的夫人天公主，可以证明她当为主要施主之一。② P. 2638《后唐清泰三年（936年）沙州儭司教授福集等状》中，出现有"天公主上梁人事用"、"锦绫一匹，甘州天公主持满月人事用"、"细绁壹拾柒匹，天公主满月及三年中间诸处人事等用"之类文字。③ 该文书中的"天公主"不是曹议金夫人，而是嫁给甘州回鹘可汗的曹议金女儿。有意思的是，在P. 2704中出现有"天公主抱喜"之语，这一抱喜天公主，亦即P. 2638中曹氏天公主。二者事可连接。前者反映933～934年间曹氏天公主怀孕期间事，而后者则为坐月子期间事，在此期间，曹氏家族频繁礼佛，以求嫁往甘州的女儿得到神佛佑护，母子平安。由于路途遥远，嫁往甘州的曹氏天公主自己没能亲自来敦煌，所有礼佛活动都是由其母回鹘天公主代劳的。④

---

① 张伯元：《安西榆林窟》，四川教育出版社1995年版，第209页。
② 唐耕耦、陆宏基编：《敦煌社会经济文献真迹释录》第3辑，全国图书馆文献缩微复制中心1990年版，第85～88页。
③ 唐耕耦、陆宏基编：《敦煌社会经济文献真迹释录》第3辑，第393～394页。
④ 徐晓丽：《回鹘天公主与敦煌佛教》，《敦煌佛教艺术文化论文集》，兰州大学出版社2002年版，第419～420页。

第五章　甘州回鹘的文化成就

　　河西走廊自古以来就是多民族活动的大舞台和经济文化交流的坩埚，氐、羌、汉、匈奴、丁零、月氏、乌孙、塞种、铁勒、突厥、吐蕃等民族都曾于这里繁衍生息，不同民族的文化互相交流，交相辉映，对后来回鹘文化的发展带来了不同的影响。除此之外，河西又是中原文化、波斯文化、印度文化、希腊文化等荟萃聚集之地，这些因素对回鹘文化的形成也都产生过不同的影响，尤其是汉文化影响最为深远，从敦煌、吐鲁番、龟兹、北庭、哈密等地发现的回鹘文化遗物，如文书、历法、石窟壁画、雕塑、钱币、丝绸、宗教作品中都可得到体现。

　　回鹘西迁河西以后，其文化面貌发生了很多改变。在西迁前，回鹘文化是单一的突厥文化传统，主要接受汉文化之影响，随着摩尼教的传入才开始与来自波斯的粟特文化有了接触，并接受其文字，据以创制了回鹘文。西迁后，这种文化氛围大为改观，在西域、河西诸地同时并存的多种文明，除了来自中原的汉文化和来自印度的佛教外，更有来自希腊和阿拉伯、波斯的文化气息，使初到此地的回鹘人迅速地改变了自己的文化结构，形成了具有多种文明兼收并蓄之合成特色的新文化。

第一节　语言文字

一　回鹘文的普及与流行

　　回鹘崛起朔漠，草昧初开，文化比较落后。8世纪中期摩尼教的传入，给回鹘文化的发展带来了契机。随同摩尼教的传入，回鹘人开始接触较高的文化——粟特文化，同时也接触了用以承载这种高度文化的文字——粟特文。摩尼教的传播，在客观上促进了回鹘文化的发展。

　　唐代回鹘原为游牧民族，文化水平并不很高，直到摩尼教的传入，才第一次接触到了伊朗及地中海地区的先进文明。因为摩尼教综合了诺斯替教（Gnosis）[①]、祆教（Zoroastrians）和佛教的各种因素，加之摩尼教徒往返于唐朝与回鹘汗国之间，不断地将先进的唐文化加以吸收，来自东西方的诸文化与回鹘结合后，又获得了新的发展，融通杂糅而形成回鹘文明的基本特征。同时他们也逐渐接受了来自粟特地区的摩尼师所传播的粟特文，后经过改造创制了回鹘文。

回鹘文形成于8世纪中叶，是以粟特文字母为基础而创制的。遗憾的是，回鹘文在漠北回鹘汗国中行用的证据却甚为稀见，唯一的证据就是20世纪50年代于蒙古国乌布苏省图尔根苏木发现的回鹘文碑铭《乌兰浩木碑》[②] 该碑的时代无法确定，仅知为840年回鹘迁徙之前的遗物，差强可证回鹘文在漠北回鹘汗国时代的使用。

图5-1 最早的回鹘文文献——乌兰浩木碑

---

① 关于诺斯替教（Gnosis），可参见［美］汉斯·约纳斯著，张新樟译《诺斯替宗教——异乡神的信息与基督教的开端》，上海三联书店2006年版；Hans-Joachim Klimkeit, *Gnosis on the Silk Road. Gnosis Texts from Central Asia*, San Francisco 1993。
② 卡哈尔·巴拉提：《多罗郭德回鹘文碑的初步研究》，《新疆大学学报》1982年第4期，第76~78页。

9世纪中叶，回鹘帝国崩溃后，部众大量西徙入河西走廊和新疆，此后，回鹘文才得到了广泛推广。

回鹘文是一种音素文字。11世纪维吾尔族学者麻赫穆德·喀什噶里在其所著《突厥语大词典》中记载说：

> 所有突厥语采用的基本字母有十八个，突厥文（即回鹘文——引者）是由这些字母组成的。①

经过不断地发展，到元朝时期已发展为21个。彭大雅《黑鞑事略》称：

> 鞑人本无字书，然今之所用，则有三种：行于鞑人本国者……行于回回（指回鹘人）者，则用回回字，镇海主之，回回字则有二十一个字母，其余只就偏傍上凑成。

由上可以看出，回鹘文字母数量呈与时俱进之势，先为18个符号，后发展为21个，最后才发展成23个。这是学术界目前通行的说法。而实际上，在早期回鹘文中，其字母数只有15个，依次为：

1. a、ä、n
2. ï、i
3. o、u、ö、ü
4. g、k
5. y
6. q、γ、x
7. b、p
8. s、š
9. t
10. d
11. l
12. m
13. č
14. r

---

① 麻赫默德·喀什噶里著，校仲彝等译：《突厥语大词典》第1卷，民族出版社2002年版，第7页。

15. w[①]

关于这一点，元末明初陶宗仪《书史会要》卷八对回鹘文所作的记述可与之印证：

> 畏吾儿字虽有二十余母，除重名外，止有一十五音。因此，应声代用者多矣。

No.	词首	词中	词末	音标
1				[a]
2				[ä]
3				[ï]、[i]
4				[o]、[u]
5				[ö]、[ü]
6				[b]、[f]
7				[w]
8				[γ]
9				[q]
10				[x]
11				[g]、[k]
12				[d]、[t]
13				[d]
14				[ž]
15				[z]
16				[j]
17				[l]
18				[m]
19				[n]
20				[r]
21				[s]
22				[š]
23				[č]

图5-2 回鹘文字母表

其中，n和g两个字母连写即表示ng，故有学者认为回鹘文字母最初应为16个，"用以表达36种左右突厥音位及其变化。后来字母有所增加，但也不超过20个，应声代用之字甚多。回鹘文字的这些特征，有时会造成回鹘文文献的破读显得非常困难"[②]。这也是可以接受的说法。

在23个字母中，5个用来表示8个元音，18个用来表示21个辅音。字母的写法有字头、字中、字尾之分，形式不一。其写法最初由右向左横书，后可能受汉文的影响而改为自上而下直行竖写。早期回鹘文中的s和š，n和a（在词中），x和q不加区分，只是后来才在相应的字母之左或右加一点或两点以示分别。早期回鹘文文献中的y和w也不加区分。在字体上，回鹘文的形式也比较多，有棱角突出的刻经体，有笔画圆润的写经体，有龙飞凤舞的草书体，也有线条流畅的行书体，更有书写直硬的硬书体和字体

---

① 牛汝极：《维吾尔古文字与古文献导论》，新疆人民出版社1997年版，第86~87页。
② Л·Ю. Тугушева, Экспедиции в Центральную Азию и открытие раннесредневековых тюркских письменных памятников, *Российские экспедиции в Центральную Азию в конце XIX - начале XX века*, СПБ 2008, стр. 49.

紧凑的活字体。[①] 回鹘人用这种文字著述了大量的文学、世俗作品，并翻译了大量的摩尼教、佛教、景教和道教经典。从近、现代的出土文物看，回鹘文一直流行到15世纪，其后虽趋衰亡，但并未立即退出历史舞台，直到16世纪还为吐鲁番、哈密等地的维吾尔人所使用，在甘肃河西走廊更是使用到17世纪后期。

回鹘文字在河西地区得到了相当广泛的使用，这从清人吴广成著《西夏书事》卷十二中可得到印证：

> 元昊既制蕃书，遵为国字，凡国中艺文诰牒尽易蕃书。于是立蕃字、汉字二院，汉习正、草，蕃兼篆、隶，其秩与唐宋翰林等。汉字掌中国往来表奏，中书汉字，旁以蕃书并列。蕃字掌西蕃、回鹘、张掖、交河一切文字，并用新制国字，仍以各国蕃字副之。以国字在诸字之右，故蕃字院特重。

在西夏蕃字院所掌管的文字中，既有藏文（西蕃），也有回鹘文，与二者并列还出现有"张掖、交河一切文字"。张掖是甘州回鹘的国都，交河指的则是高昌回鹘的国都。回鹘文是高昌回鹘最流行的文字，此外是汉文，另外还有摩尼文、福音体文等。汉文归入汉字院；摩尼文自10世纪末以来即随着摩尼教的衰落而少见使用，更未对西夏产生影响；福音体文在回鹘汗国使用不多，而在黑水城出土文献中偶有所见。所以，西夏蕃院所管的"交河"文字，其实主要是指回鹘文。推而论之，"张掖"文字自然主要指的也应是回鹘文。在敦煌出土的汉文写本敦研001＋敦研369＋P.2629《归义军衙府酒破历》中有"案司修甘州文字"（第46行）、"供修甘州文字孔目官"（第85行）等字样，同时又可看到"孔目官修西州文字"（第23行）、"案司修西川（州）文字"（第92行）等内容。[②] 这里的案司，又称"孔目司"，为归义军节度使下属机构，掌文案，其主事者称都孔目官。沙州案司内孔目官所修"甘州文字"、"西州文字"，无疑均指回鹘文。从敦煌等地发现的回鹘文写本中也可看到回鹘文在张掖地区的流行。前引日本京都有邻馆所藏回鹘文佛经印本残片（编号为Fuji Yǔrinkan Uigur No.24）载："愿成就圆满。至正二十一牛年（1361年）三

[①] 牛汝极、杨富学：《敦煌回鹘文书法艺术》，《敦煌吐鲁番学研究论集》，书目文献出版社1996年版，第517~531页。
[②] 唐耕耦、陆宏基编：《敦煌社会经济文献真迹释录》第3辑，全国图书馆文献缩微复制中心1990年版，第271~276页。

月一日于甘州（Qamču）印制。善哉，善哉。"①

图5-3 甘州印回鹘文佛经题记

这一文献表明，及至元朝时期，甘州仍有回鹘文佛经印制，体现了回鹘文字在这一地区的流行，也在一定程度上反映了元代甘州地区回鹘文化的发达。

二 汉文的普遍使用

在甘州回鹘境内，统治者虽为回鹘人，但主要居民仍然是汉人，汉文化如同回鹘文化一样，应为当地文化的主流，汉文在甘州回鹘境内通行是一件很自然的事情。回鹘对汉文的使用由来已久，贞观二十一年（647年），回鹘诸部请求唐太宗给他们派遣"能属文人，使为表疏"。② 此后，回鹘人逐步掌握了汉文。回鹘人对汉文的使用是一以贯之的。前述著名的《九姓回鹘可汗碑》就使用了突厥卢尼文、粟特文和汉文三种文字。如所周知，墓碑是供人瞻仰的，用汉文撰写，自然很能反映回鹘人对汉文字的接受程度。这里不妨再举几例。唐人娄师德曾为回鹘契苾部首领契苾明（650~695年）撰写碑文，今可见者仅有汉文而无他种文字。③ 1973年于西安西郊发现的唐代回鹘王族成员回纥琼（706~760年）的墓志。此人曾任瀚海都督、右将军卫大将军、经略军使等职，也是仅有汉文而无其他。④ 2009年7月，在蒙古国乌兰巴托西北280公里处土拉河东岸又发现了

---

① ペーター・ツイーメ、百济康义：《ウイグル语の观无量寿经》，永田文昌堂1985年版，第31页。
② 《资治通鉴》卷一九八贞观二十一年春正月丙申条。
③ （唐）娄师德：《镇军大将军行左鹰扬大将军兼贺兰州都督上柱国梁国公契苾府君碑铭并序》，《全唐文》卷一八七，上海古籍出版社1990年版，第836~838页。
④ 师小群、王建荣：《西安出土回纥琼、李忠义墓志》，《文博》1990年第1期，第89~91页。

《仆固氏墓志铭》，记述了仆固部金微州第三任都督乙突（635～678年）的生平事迹。①这一传统长期得到延续，即使在回鹘文流行的蒙元时代，回鹘人立碑时仍继续使用汉文，如著名的《重修文殊寺碑》（1326年立）和《亦都护高昌王世勋碑》（1334年立）都是用回鹘文、汉文合璧镌刻的。

敦煌发现的属于甘州回鹘的官方文件甚多，皆用汉文书写，如敦煌P.3931即为其典型代表。P.3931号汉文写卷存有40余件文献，所含内容大致可分为4类：

（1）印度高僧东行之牒文与游记三篇，是五代时期中印文化交往的重要佐证。

（2）十二个月"贺官"书。

（3）各种往来状、启、书札。

（4）甘州回鹘上后唐朝廷之表本。

在这里，特别值得注意的是最后的两件《表本》（即39、40件）。兹录其第一件全文如下：

  表本
    臣闻，开元　圣帝，统有万邦，蓟门贼臣安禄山叛逆，倾陷中国，歼灭贤良，社稷烟灰，銮舆西幸。厶曾祖　圣明，厶官点率部下，铁骑万人，亲往征讨；未及旬月，尽底铲除，上皇及肃宗皇帝却复宫阙。朝廷念以粗有巨功，特降　公主。其于盟好，具载史书。
    自后回鹘与　唐朝代为亲眷，贡输不绝，恩命交驰。一从多事以来，道途榛梗，去光化年初（898～899年前后），　先帝（唐昭宗）远颁册礼，及恩赐无限信币，兼许续降　公主，不替懿亲。初闻銮驾东迁，后知已无宗派。瞻　天望　日，空切愤怀。今者　陛下统御寰瀛，恩沾远迩。去冬剖陈志恳，亦已闻　天。依赖陛下，便同　唐朝天子。用结千秋之愿，将连万代之荣。重重血诚，辄具披写。污渎天听，伏切惭惶。

这是甘州回鹘上给中原王朝的上表，收表人为后唐庄宗，其时据考当

---

① 杨富学：《唐代仆固部世系考——以蒙古国新出仆固氏墓志铭为中心》，《西域研究》2012年第1期，第74～81页。

在同光三年底或四月初（925~926年），或者稍晚一点。① 该表本用汉文撰写，文笔优美，书写体例一同中原地区。其撰写者当为甘州回鹘境内精通汉文官员，而抄本则是由沙州出使甘州的使头或属员所写。② 沙州呈给甘州回鹘的文件也多用汉文书写，如 P. 3633《辛未年（911年）七月沙州耆寿百姓一万人上回鹘天可汗状》、P. 2992(3)《长兴二年（931年）归义军节度使曹议金致甘州顺化可汗书》等，说明汉文在甘州回鹘中是很常用的，不管在民间，还是在官府，乃至皇室均是如此。

《宋史》卷四九〇《回鹘传》载，大中祥符八年（1015年），甘州回鹘"可汗夜落纥上表言宝物公主疾死，以西凉人苏守信劫乱，不时奏闻；又谢恩赐宝钿、银匣、历日及安抚诏书"。这一记载说明，北宋皇帝曾将"历日"赏赐给甘州回鹘。在我国历史上，中原王朝向藩属及地方政权颁赐历日，是常用的羁縻手法之一。这些历日无疑都是用汉文编写的，亦从一个侧面反映了回鹘的汉文水平。

三　吐蕃文的行用

在回鹘文和汉文之外，吐蕃文，即古藏文亦为甘州回鹘所使用。9世纪中叶回鹘西迁时，河西走廊正处于吐蕃统治之下，《新五代史》卷七四《回鹘传》载："回鹘……余众西徙，役属［于］吐蕃。是时吐蕃已陷河西、陇右，乃以回鹘散处之。"吐蕃统治河西达半个多世纪之久，吐蕃语言文字成为河西地区通用的文字之一。848年，张议潮发动起义，吐蕃在沙州的统治被推翻，接着，吐蕃相继失去了在河西地区的统治。有意思的是，在吐蕃结束后相当长的一段时间内，吐蕃语言文字却在河西地区继续流行，充任当时这一地区外交和贸易关系的工具。③

敦煌发现的吐蕃文写卷约达上万件，其中至少有3件是由回鹘人写成的，其中2件即出自甘州回鹘的王室，1件出自甘州回鹘所属的地方官府——肃州。

出自甘州回鹘王室者是两件吐蕃文诏书，其一为 P. T. 1188《天福七

---

① 赵和平：《后唐时代甘州回鹘表本及相关汉文文献的初步研究——以 P. 3931号写本为中心》，《九州学刊》第6卷4期（敦煌学专辑），1995年，第91页。
② 李正宇：《晚唐五代甘州回鹘重要汉文文献之佚存》，《文献》1989年第4期，第182~193页。
③ G. Uray, L'emploi du tibétain dans les chancelleries des États du Kan-sou et de Khotan postérieurs à la domination tibètaine, *Journal Asiatitique* 269, 1981, pp. 81-90（（匈）乌瑞著，耿昇译：《吐蕃统治结束后甘州和于阗官府中使用藏语的情况》，《敦煌译丛》第1辑，甘肃人民出版社1985年版，第212~220页）。

年登里可汗诏书》，有文字21行，其上盖印。字迹相当紊乱，但从中仍可看出它是回鹘登里可汗于天福（原卷作Then-phug）七年（942年）[1]阴金兔年（辛卯）春季正月十五日所颁授予悉董那旺论军功告身的诏令。[2] 登里即回鹘文Tängri之音译，为"天"之意。"天可汗"、"天王"、"天大王"常见于于阗王与回鹘可汗的称号之中。因从未发现于阗王以回鹘自称的先例，再考虑到高昌回鹘初期与吐蕃的长期敌对关系诸因素，笔者认为，这里的登里可汗应为甘州回鹘的可汗。结合甘州回鹘可汗的世系，可以考虑此人应是仁裕（？～960年）。[3] 悉董那原为吐蕃的千夫长，以其先人之功业，而被授予伊难支于迦之职。伊难支，回鹘文作Inanč，常见于回鹘人名、官号之中；于迦（吐蕃文写作vuga），借自回鹘文的Ügä，是典型的回鹘官号。[4]

其二为P.T.1082《登里可汗诏书》，系甘州回鹘登里可汗颁给野（猫川）切巴坡属民之藏文诏书，共40行，卷面多处残损，全文分为六段，内容大意是先向野切巴坡之属民致意，随后叙说社稷大事，并记有回鹘使者下凉州以及有关唐王与京师长安的消息。[5] 遗憾的是，由于文卷残损过甚，文意难以贯通。值得注意的是，其中有用藏文书写的bka'，相当于汉文的"敕"字。[6] 该文献应为10世纪之物。[7]

---

[1] 此天福七年，据乌瑞考证，应为天福八年，这样才能与文中所记干支相合。参见乌瑞著，熊文彬译《藏人使用六十甲子纪年法的早期例证》，《国外藏学研究译文集》第5辑，西藏人民出版社1989年版，第97页。

[2] 王尧、陈践编著：《敦煌吐蕃文书论文集》，四川民族出版社1988年版，第179～185页；G. Uray, New Contributions to Tibetan Documents from the post-Tibetan Tun-huang, *Tibetan Studies*, Müchen 1988, pp. 515-528。

[3] 关于五代时期甘州回鹘可汗的世系，参见孙修身《五代时期甘州回鹘可汗世系考》，《敦煌研究》1990年第3期，第40页。

[4] 王尧、陈践编著：《敦煌吐蕃文书论文集》，四川民族出版社1988年版，第179～185页。

[5] G. Uray, L'emploi du tibètain dans les chancelleries des États du Kan-sou et de Khotan postérieurs à la domination tibètaine, *Journal Asiatitique* 269, 1981, p. 82（（匈）乌瑞著，耿昇译：《吐蕃统治结束后甘州和于阗官府中使用藏语的情况》，《敦煌译丛》第1辑，甘肃人民出版社1985年版，第213页）；王尧、陈践《敦煌吐蕃文献选》，四川民族出版社1983年版，第50～51页。

[6] 武内绍人：《敦煌・トルキスタン出土チベット语手纸文书の研究序说》，山口瑞凤监修：《チベットの佛教と社会》，东京春秋社1986年版，第589～590页。

[7] TAKEUCHI Tsuguhito, Sociolinguistic Implications of the Use of Tibetan in East Turkestan from the End of Tibetan Domination through the Tangut Period (9th–12th c.), *Turfan Revisited-The First Century of Research into the Arts and Cultures of the Silk Road*, Berlin: Dietrich Reimer Verlag, 2004, p. 346, note 23（［日］武内绍人著，杨富学译：《后吐蕃时代藏语文在西域河西西夏的行用与影响》，《敦煌研究》2011年第5期，第112页注5）。

出自甘州回鹘地方官府的文献是《肃州司徒致天大王书》（编号P. T. 1189），计28行，首尾完整，字迹清晰整齐，系肃州司徒给大王的报告，称有贼入肃州骚乱，已捉得二人，请求发落，同时派张安札腊等前往致礼。[1]反映了沙州归义军政权与甘州回鹘所属肃州的关系。

　　那么，甘州回鹘何以用藏文撰写自己的诏书呢？这大概与吐蕃长期统治河西走廊地区，吐蕃文遂成为当地诸民族间外交与贸易关系中的语言工具之一有关。

　　吐蕃于永泰元年（765年）占领凉州，接着用十余年的时间，相继占有甘州、肃州、瓜州、沙州，囊括河西走廊全境。848年，沙州土豪张议潮发动起义，推翻吐蕃在沙州的统治，接着相继收复瓜州、肃州、甘州，最终于咸通二年（861年）规复凉州。吐蕃在河西走廊的统治以敦煌时间最短，历62年（786~848年），在凉州时间最长，将近一个世纪。甘州自大历元年（766年）陷蕃至大中三年（849年）被张议潮收复，历时81年。

　　吐蕃占河西后，大批军队进驻，并设立了"吐蕃北道节度"。842年，吐蕃帝国分崩离析后，住于各地的军队及其随从人员未能撤回本土，都散落于河西各地，自称为"嗢末"，与之并存的还有"凉州六谷部"。这些操藏语的吐蕃遗民，长期居留河西，使用藏文，久而久之，对当地语言产生了影响，以至于在吐蕃对河西走廊和新疆地区的统治结束之后很久，藏文在这一带仍然得到行用。1979年，匈牙利学者乌瑞从敦煌出土文献中搜检出18种后吐蕃时代的古藏文文献，[2]引起了学术界的广泛兴趣与重视。1984年，在乔玛（Csoma de Körös）纪念学术会议上，日本学者武内绍人提交了一组使用特殊格式的书信，也属于吐蕃统治结束以后之物。[3]

---

[1] G. Uray, L'emploi du tibètain dans les chancelleries des États du Kan-sou et de Khotan postérieurs à la domination tibètaine, *Journal Asiatitique* 269, 1981, pp. 83-84（（匈）乌瑞著，耿昇译：《吐蕃统治结束后甘州和于阗官府中使用藏语的情况》，《敦煌译丛》第1辑，甘肃人民出版社1985年版，第214页）；王尧、陈践编著：《敦煌吐蕃文书论文集》，四川民族出版社1988年版，第192~193页。

[2] G. Uray, L'emploi du tibétain dans les chancelleries des États du Kansou et de Khotan postérieurs à la domination tibétaine, *Journal Asiatique* 269, 1981, pp. 81-90（（匈）乌瑞著，耿昇译：《吐蕃统治结束后甘州和于阗官府中使用藏语的情况》，《敦煌译丛》第1辑，甘肃人民出版社1985年版，第212~220页）。

[3] 武内绍人：《敦煌・トルキスタン出土チベット语手纸文书の研究序说》，山口瑞凤监修：《チベットの佛教と社会》，东京春秋社1986年版，第563~602页；Tsuguhito TAKEUCHI, A Group of Old Tibetan Letters written under Kuei-i-chün: A Preliminary Study for the Classification of Old Tibetan Letters, *Acta Orientalia Academiae Scientiarum Hungaricae* 44, no. 1-2, 1990, pp. 175-190。

嗣后，乌瑞继续进行这一问题的探讨，于1988年再撰新文予以总结，将后吐蕃时期的文献数量增至25种。① 在这些研究成果的基础上，武内绍人再经过进一步搜求、考证，确认属于后吐蕃时代的古藏文写本多达57种。② 这些研究可以表明，在吐蕃王朝崩溃并结束对西域、敦煌的统治之后，藏语和藏文继续为当地的非藏族人所使用。甚至在西夏人统治河西很久，勒立于夏仁宗乾祐七年（1176年）的张掖黑水桥上还有用藏汉两种文字对照书写的圣旨——《告黑水河诸神敕》，③ 体现了藏族文化对各民族的深刻影响。

四 梵文和波斯语文的行用

在回鹘、汉、吐蕃文之外，来自印度的梵文和西亚的波斯文在甘州回鹘境内可能在一定范围内也有所行用，文献记载为我们探讨这一问题提供了些许蛛丝马迹。

甘州回鹘时期，中原地区与印度间的佛教联系尚在继续，僧侣往来不断，甘州成为联结中印佛教交流的枢纽之一。这一因素，同时也促进了甘州回鹘佛教的发展，印度的语文，尤其是梵语，在甘州回鹘也有所传播与影响。宋人洪皓《松漠纪闻》在述及河西走廊之回鹘佛教时，曾记载说，当地的回鹘僧人"诵经则衣袈裟，作西竺语"。④ 说明印度梵语在甘、凉、瓜、沙之回鹘佛教寺院中曾得到广泛应用。而用于书写梵语的梵文字母在甘州回鹘中自然应有一定范围的使用，只是今天无更多、更直接的材料加以证实。但从西域出土的回鹘文文献看，梵文在回鹘中的使用是相当广泛的，如在吐鲁番发现的双语文献中，有57件就是用梵文和回鹘文双璧

---

① G. Uray, New Contributions to Tibetan Documents from the post-Tibetan Tun-huang, *Tibetan Studies*, Müchen 1988, pp. 515-528.

② Tsuguhito TAKEUCHI, Sociolinguistic Implications of the Use of Tibetan in East Turkestan from the End of Tibetan Domination through the Tangut Period (9th–12th c.), *Turfan Revisited-The First Century of Research into the Arts and Cultures of the Silk Road*, Berlin： Dietrich Reimer Verlag, 2004, pp. 341-348（［日］武内绍人著，杨富学译：《后吐蕃时代藏语文在西域河西西夏的行用与影响》，《敦煌研究》2011年第5期，第108～116页）。

③ 王尧：《西夏黑水桥碑考补》，《中央民族学院学报》1978年第1期，第51～63页；佐藤贵保、赤木崇敏、坂考彰宏、吴正科：《汉藏合璧〈黑水桥碑〉再考》，《内陆アジア言語の研究》第22卷，大阪中央ユーラシア学研究会2007年版，第1～39页。

④ （宋）洪皓著，翟立伟标注：《松漠纪闻》（长白丛书），吉林文史出版社1986年版，第15页。

合书的，还有1件回鹘语文献中夹杂着梵语词汇。① 考虑到高昌回鹘与河西回鹘佛教文献的一致性，可以推定，甘州回鹘对梵文的行用应与其在西域流行的情形大致相同。

至于波斯语文在甘州回鹘是否行用，因缺乏直接证据，不敢断言。考虑到摩尼教在甘州回鹘中曾得到广泛传播以及回鹘与波斯间历史文化关系的存在，波斯语文在甘州回鹘中有一定行用当是可能的。敦煌出土汉文写本S.1366《归义军宴设司面、破油历》记载：太平兴国六年（981年），有来自甘州回鹘的使者在沙州巡礼莫高窟，同时又有"甘州来波斯僧……纳药"于敦煌归义军官府。② 这一记载说明，在甘州回鹘境内有精通医学的波斯僧侣存在，并曾赴敦煌献药医病。以理度之，他们献的这些药应来自波斯，至少采用的当为波斯配药法，有可能是用波斯语文写成的。

总之，由于境内民族成分不一，加上甘州回鹘地处连接东西方交通孔道——丝绸之路的咽喉地带，宗教与文化交流频繁，这些因素共同作用，导致了多种文字在甘州回鹘境内的行用，同时体现出甘州回鹘文化多样化的色彩。

第二节　服饰

甘州回鹘人的服饰，宋人洪皓《松漠纪闻》记载："妇人类男人，白皙，著青衣，如中国道服，然以薄青纱幂首而见其面。"③ 这种服饰，在河西回鹘中比较流行，但在有关喀喇汗王朝的文献中却未见记载。在新疆吐鲁番、库车及北庭吉木萨尔的众多属于高昌回鹘时代的壁画中，也都未见到，唯在以后的撒里畏吾乃至今天的裕固族（河西回鹘之后裔）中却有痕迹可寻。

除了文字的记载外，回鹘服饰的形象资料在敦煌石窟中也多有出现。曹氏归义军节度使祖孙三代与甘州回鹘结亲，因此，在曹氏家族所

---

① A. von Gabain, *Türkische Turfan-Texte*. Ⅷ: *Texte in Brâhmîschrift*, Berlin, 1954; D. Maue-R. Röhrborn, Ein zweisprachiges Fragment aus Turfan, *Central Asiatic Journal* 20, 1976, S. 208-221; D. Maue, *Alttürkische Handschriften. Teil 1: Documente in Brâhmî und Tibetischer Schrift*. Stuttgart 1996.

② 唐耕耦、陆宏基编：《敦煌社会经济文书真迹释录》第3辑，全国图书馆文献缩微复制中心1990年版，第281~286页。

③ （宋）洪皓著，翟立伟标注：《松漠纪闻》，第15页。

营建的石窟中出现了许多身穿回鹘服饰的回鹘天公主、回鹘仆从的供养人画像。

1. 莫高窟98窟东壁北侧供养人像列向南第一身题名："敕受汧国公主是北方大回鹘国圣天可汗……"① 该窟是曹议金的功德窟，营建于923年至925年。题记中的汧国亦称秦国，即今陕西千阳县。回鹘因助唐平定安史之乱，被唐朝赐姓为李。而唐朝统治者自称陇西李氏之后，曹议金的甘州回鹘夫人也自称"陇西李氏"。天公主头戴桃形凤冠，后垂红结绶，项佩瑟瑟珠，身穿圆领兽纹红袍，此为甘州回鹘妇女的时装，与花蕊夫人《宫词》所说的："回鹘衣装回鹘马，就中偏称小腰身"之语，恰相符合。②

2. 莫高窟第100窟甬道北壁供养人像西列第一身题名："……郡……人汧……圣天可汗的子陇西李氏一心供养。"③ 该窟是曹议金的长子曹元德和曹议金的夫人甘州回鹘天公主为纪念曹议金所建的功德窟，营建于935年至940年。此窟南壁下层绘《曹议金出行图》，北壁绘《回鹘夫人天公主出行图》。《回鹘夫人天公主出行图》虽然大部分已残毁，模糊不清，但回鹘天公主的画像尚依稀可辨。公主骑在一匹白马上，后有侍从婢女随行。天公主身着圆领窄袖回鹘装，头戴遮阳毡笠（或帷帽），手持马鞭。《新五代史》卷七四《回鹘传》亦记载说："妇人总发为髻，高五六寸，以红绢囊之。既嫁，则加毡帽。"《出行图》中的回鹘天公主的这种装束与已出嫁的回鹘天公主身份相符合。

3. 莫高窟第61窟主室东壁门南侧供养人列第一身为曹议金甘州回鹘夫人的供养像，题名曰："故母北方大回鹘国圣天的子敕授秦国天公主陇西李……"④ 该窟是曹议金第三子曹元忠夫妇所建的功德窟，营建于947年至957年。天公主梳高发髻，戴桃形凤冠，上插金钗步摇，后垂红结绶，鬓发包面，脸上赭色晕染，额中和脸上贴有花佃，耳垂耳铛，项饰瑟瑟珠，身穿红色通裾长袍，弧形翻领，窄袖紧口，衣领和袖口处均绣精美凤鸟花纹。天公主双手捧香炉和红带，呈现出虔诚礼佛之状。

---

① 敦煌研究院编：《敦煌莫高窟供养人题记》，第32页。
② 《全唐诗》卷七九八，第8978页。
③ 敦煌研究院编：《敦煌莫高窟供养人题记》，第49页。
④ 同上书，第21页。

图5-4 莫高窟第61窟东壁南侧回鹘天公主像

以上三处题名中的供养人其实均系一人，即天公主。此天公主是甘州回鹘英义可汗的女儿，即曹议金的夫人、曹元忠的母亲。此外，在莫高窟第22窟、55窟、108窟、401窟、408窟及榆林窟第16窟中都可见到此天公主的供养像。这些回鹘公主多佩戴瑟瑟珠。

瑟瑟珠即碧珠，是回鹘妇女喜爱的一种项饰，为唐代以来对青金石的称法，拟音为srjt-srjt。[①]与此有关的矿物质名称在明代编纂的一部汉文—回鹘文对照的分类词汇集《高昌馆杂字》中也有记载。该书《珍宝门类》中载：

[①] 李方桂：《上古音研究》，商务印书馆2001年版，第64页。

汉文	汉文转写	回鹘文
玛瑙	失失儿子	xirxir①

其中的Xirxir是一个外来词，和"瑟瑟"之古读音srjt-srjt之间应存在着某种联系。"瑟瑟"除了青金石以外还指玛瑙和红尖晶。②与《高昌馆杂字》的记载可互相印证。

据宋代洪皓《松漠纪闻》记载，居于秦川一带（泛指今陕西、甘肃、秦岭以北的平原地区）的回鹘人善制首饰，"能以金相瑟瑟为首饰，如钗头形而曲，一二寸，如古之笄状。又善结金线相瑟瑟为珥及巾环。织熟锦、熟绫、注丝、线罗等物。"③ 这里的"相"为镶意，瑟瑟，形容碧色，引申为碧珠之色。"金相瑟瑟"亦即镶金之碧珠。

第三节　习俗与历法

一　婚嫁习俗

关于甘州回鹘的婚嫁习俗，史书没有明确记载，但从甘州回鹘与吐蕃之和亲一事中可以推定，作为游牧民族的甘州回鹘人，当时的婚嫁是以马为聘的，而且聘礼很重，无聘礼即不能成婚。史载：

> 既而唃厮罗欲娶［甘州回鹘］可汗女而无聘财，可汗不许，因为仇敌。④

唃厮罗，又作"罝勒斯赍"，为建立在河湟地区及甘南一带的吐蕃政权，以宗哥城（青海西宁市东平安驿）为都。原与甘州回鹘关系密切，常与之联合以共击西夏。只是因为缺乏聘礼而导致双方失和，进而变友为敌，可见在甘州回鹘人的观念中，聘礼是非常重要的，绝非单纯的财产问题。后来在宋朝的调解下，唃厮罗的另一个首领立遵（又作李立遵）纳马

---

① 胡振华、黄润华整理：《高昌馆杂字——明代汉文回鹘文分类词汇》，民族出版社1984年版，第48页。
② 栾秉王敖：《中国宝石和玉石》，新疆人民出版社1989年版，第133页。
③ （宋）洪皓著，翟立伟标注：《松漠纪闻》（长白丛书），吉林文史出版社1986年版，第15页。
④ 《宋史》卷四九〇《回鹘传》，第14116页。

百匹,为赞普王子求婚,双方才重新和好,纳为姻亲。①

甘州回鹘重聘礼,应是继承漠北时代的传统而来。《魏书》载高车"婚姻用牛马纳聘以为荣"。②至漠北回鹘汗国时期,此风仍然流行,如唐宁国公主、咸安公主和太和公主出嫁时,回鹘可汗先后纳送大量马匹为聘礼,而唐朝公主陪嫁的妆奁则为缯绢。

宋人洪皓《松漠纪闻》载回鹘"居秦川时,女未嫁者,先与汉人通。有生数子年近三十始能配其种类。媒妁来议者,父母则曰:吾女尝与某人某人昵。以多为胜,风俗皆然……今亦有目微深而髯不虬者,盖与汉儿通而生也。"③

二 装束

《新五代史》卷七四《回鹘传》载:"可汗常楼居。妻号天公主……女人总发为髻,高五六寸,以红绢囊之;既嫁,则加毡帽。"这种"总发为髻","以红绢囊之"的发型,亦即史书所记载的"回鹘髻"和"惊鹄髻"。回鹘髻自唐代始即已非常流行,成为贵族妇女中最流行的一种发型,在敦煌石窟壁画和吐鲁番阿斯塔那古墓、西安唐代古墓出土的唐三彩中都有表现。在吐鲁番柏孜克里克石窟高昌回鹘的壁画中常可见到这种发型,说明直到宋代这种发型在回鹘中仍相当流行。

甘州回鹘与西夏地域相连,其装束也传到了西夏。元人马祖常《河西歌》曰:"贺兰山下河西地,女郎十八梳高髻。"④高髻为回鹘妇女的发式。1977年,甘肃武威西郊林场西夏墓葬出土了29幅彩绘木版画,在编号为4的五侍女中有4人即梳高髻,颇类回鹘发式。⑤西夏妇女梳高髻,一定程度上反映了回鹘习俗的影响。

三 礼仪

关于古代回鹘人的礼仪,史书记载绝少,《新五代史·四夷附录》三《回鹘传》载:"其国相媚禄都督见可汗,则去帽披发而入以为礼。"这一记载对认识甘州回鹘的君臣礼仪颇有价值。

---

① 《宋会要辑稿》蕃夷四之六。
② 《魏书》卷一○三《高车传》,第2307页。
③ (宋)洪皓著,翟立伟标注:《松漠纪闻》(长白丛书),吉林文史出版社1986年版,第15~16页。
④ (元)马祖常著,李叔毅、傅瑛点校:《石田先生文集》卷五《河西歌效长吉体》,中国古籍出版社1991年版,第112页。
⑤ 陈炳应:《西夏文物研究》,宁夏人民出版社1985年版,第196~204页。

四 历法

中原的历法，即被引入甘州回鹘。宋真宗大中祥符八年（1015年）九月，甘州回鹘可汗夜落纥（1001～1016年在位）上表："去年十一月中，蒙差通事梁谦赐臣宝钿、银匣、历日及安抚诏书，臣并捧受讫。"[①] 当时西夏统治者李德明不断向甘州扩张，甘州回鹘可汗夜落纥为求自存，积极发展与宋朝的联系；而宋朝也欲借甘州回鹘的势力以牵制李德明，历日的赐受即为二者间密切联系的表现。天圣四年（1026年），宋仁宗赐历甘州回鹘可汗王夜落隔通顺："皇帝舅问甘州回鹘外甥归忠保顺可汗王夜落隔［通顺］：国家奉告上穹，修明旧典，命清太而候气，布元历已授时。卿雄略挺顺，纯诚克茂。控临河塞，就望阙庭，式尊颁朔之规，事洽同文之化，休兹朝奖，只率国章。今赐卿天圣五年历日一卷，至可领也。"[②] 这些记载说明，北宋皇帝曾不止一次将"历日"赏赐给甘州回鹘。在我国历史上，中原王朝向藩属及地方政权颁赐历日，是常用的羁縻手法之一，宋王朝通过历法颁赐确立与包括甘州回鹘在内的周边民族政权的权力关系，每年举行的这一象征性权力仪式强化了这种关系。

[①] 《宋会要辑稿》蕃夷四之六。又见《宋史》卷四九〇《回鹘传》，第14116页。
[②] 《赐甘州回纥天圣五年历日敕书》，司义祖整理：《宋大诏令集》卷二四〇，中华书局1962年版，第944页。

第六章　甘州回鹘与张氏归义军的关系

第一节　归义军政权与回鹘的早期接触

归义军政权的建立者是张议潮（又作张义潮）。大中二年（848年），张议潮领导沙州百姓起义，赶走了吐蕃统治者。接着，张议潮率领蕃汉之军，在短时间内相继收复了瓜州、肃州、甘州、伊州（新疆哈密）、西州（今新疆吐鲁番）等地。河西大部和西域东部沦陷于吐蕃近七十年，至此重归唐朝。甘州回鹘摆脱了吐蕃的统治，积极参加张议潮反对吐蕃的军事活动。张议潮所率的蕃汉之军，其中的"蕃"，即应包括回鹘。大中二年（851年），唐朝于沙州置归义军，以张议潮为节度使，给之以控制沙、瓜、甘、肃、伊、西、鄯、河、兰、岷、廓十一州的节度虚名，但其中并未包括河西重镇凉州。在张议潮于咸通二年（861年）收复凉州以后，势力日增，对唐朝来说，无疑构成一种新的威胁。咸通八年，张议潮在长安留为人质的兄长张议潭因病去世，已经69岁高龄的张议潮毅然离开沙州，"束身归阙"，主动前往长安为质。S.6161＋S.3329＋S.6973＋P.2762＋S.11564《敕河西节度兵部尚书张公德政之碑》载："太保咸通八年归阙之日，河西军务，封章陈款，总委侄男淮深"。[1]唐朝以此方法来加强对归义军的控制。

---

[1] S.6161＋S.3329＋S.6973＋P.2762＋S.11564《敕河西节度兵部尚书张公德政之碑》，荣新江：《敦煌写本〈敕河西节度兵部尚书张公德政之碑〉校考》，《周一良先生八十生日纪念论文集》，中国社会科学出版社1993年版，第210页。

图6-1　莫高窟晚唐第156窟张议潮出行图

在张议潮"束身归阙"后,唐朝并未打算将节度使给予其侄张淮深,而是让张议潮在长安遥领节度。为了得到掌控归义军的实权,张淮深于咸通八年(867年)至光启三年(887年)二十余年间,一直频频遣使,请求唐朝授予旌节,但迟迟得不到唐政府的允准,直到乾符初年(874年)以淮深破回鹘有功,朝廷方才赐以归义军节度使之名。[①] 但张淮深的目的是控制整个河西地区,故在得到归义军节度使之名后,仍不甘心,进一步遣使求授"河西节度"之名,唐朝依旧是迟迟不予允准,一直维持到光启三年(887年)仍未予之。由于没有得到唐朝的声援,加以内乱相继,此后,归义军对河陇乃至西域的控制力逐渐削弱,而河西、西域诸少数民族乘机而起,原归义军属下的许多地方渐渐脱离归义军的统辖。到张氏执政末年时,归义军实际控制的地区不过瓜、沙二州六镇而已。

归义军政权存在期间,周边民族众多,强势政权林立,东有甘州回鹘、嗢末余众,西有高昌回鹘王国与于阗国,南有吐蕃与吐谷浑。此外,在沙、瓜、甘、肃、伊等州还分布着原出焉耆的龙家部落,在沙州以西的楼兰一带,散布着小月氏遗种仲云部,使归义军政权自始至终处于一种

---

① 荣新江:《沙州张淮深与唐中央朝廷之关系》,《敦煌学辑刊》1990年第2期,第1~13页;杨森:《小议张淮深受旌节》,《敦煌研究》1999年第1期,第96~99页。

"四面六蕃围"[1]的复杂境地。在这一状况下，如何处理与周边民族与政权的关系，在一定程度上决定着归义军政权的生死存亡。尤其是同处河西走廊的甘州回鹘，势力强大，长期与归义军政权争夺对河西的控制权，二者间时战时和，对沙州历史的进程产生了极为重大的影响。

840年，漠北回鹘分三支西迁，其中一支投甘州，与原居于当地的回鹘合流，役属于吐蕃，先游牧于焉支山至居延海一带，后逐步发展到甘州一带。而这里地处沙州入唐的孔道，战略地位非常重要。从文献记载看，甘州回鹘与归义军政权间在最初并没有发生过冲突。后来，随着甘州回鹘势力的增长，逐步显露出脱离归义军的倾向。《张淮深变文》中所谓"早向瓜州欺牧守"[2]似乎反映的就是甘州回鹘对归义军政权的态度。《资治通鉴》卷二五二咸通十三年（872年）八月条载："是后，中原多故，朝命不及，回鹘陷甘州，自余诸州隶归义军者多为羌、胡所据。"说明自9世纪70年代始，甘州回鹘的势力至少已渗透到甘州一带（尽管不一定占领甘州城），直接影响了丝绸之路的畅通。不唯如此，在其羽翼丰满后，更是挥戈西向，一度占领了瓜州，严重威胁到张氏归义军政权的生存。

甘州回鹘的发展，除了受归义军政权的制约外，尚受到周边其他多种力量的制约。当时，尽管吐蕃政权被逐出河西，但甘、凉一带仍有大量吐蕃人驻牧，尤其是鄯州（今青海省乐都县）、洛门川（今甘肃陇西县东南）两地，为吐蕃尚婢婢和论恐热的据点，距甘州较近。甘州回鹘处于敌对势力的包围之中，内部组织又不够统一，难以自存。因此，他们东向屡次遣使唐朝请求册封，西向与张议潮联合以共抗吐蕃。P.2962《张义潮变文》（或《张议潮变文》）记载了张议潮与吐蕃的战争：

> 诸川吐蕃兵马还来劫掠沙州。奸人探得事宜，星夜来报仆射："吐浑王集诸川蕃贼欲来侵凌抄掠，其吐蕃至今尚未齐集。"仆射闻吐浑王反乱，即乃点兵，銎凶而出，取西南上把疾路进军。才经信宿，即至西同侧近，便拟交锋。其贼不敢拒敌，即乃奔走。仆射遂号令三军，便须追逐。行经一千里已来，直到退浑国内，方始趁及。仆射即令整理队伍，排比兵戈：展旗帜，动鸣鼙；纵八阵，骋英雄。分

---

[1] S.5516《望江南》，王重民校辑：《敦煌曲子词集》，商务印书馆1954年版，第318页。
[2] 王重民等编：《敦煌变文集》（上集），人民文学出版社1984年版，第122页；潘重规：《敦煌变文集新书》卷五，台北文津出版社1994年版，第942页。图版载上海古籍出版社，法国国家图书馆编：《法藏敦煌西域文献》第20册，上海古籍出版社2002年版，第259页。

兵两道，裹合四边。人持白刃，突骑争先。须臾阵合，昏雾张天。汉军勇猛而乘势，曳戟冲山直进前。蕃戎胆怯奔南北，汉将雄豪百当千处……决战一阵，蕃军大败。其吐浑王怕急，突围便走，登涉高山，把险而住。其宰相三人，当时于阵面上生擒，只向马前，按军令而寸斩。生口、细小等活捉三百余人，收夺得驼马牛羊二千头足，然后唱《大阵乐》而归军幕。①

《张义潮变文》写本首尾俱残，存不足2千字的篇幅，原无标题，据内容拟题，是敦煌艺人直接根据现实题材，约作于大中十一年（857年）或稍后。故事的主人公即张议潮，歌颂了他收复河西的事迹，上述文字记载的就是张议潮击破入侵沙州的吐蕃、吐浑王之故实。当时吐蕃纠集吐谷浑前来劫掠沙州，张议潮闻之，迅即点兵迎敌，战于西同附近。吐蕃大败而逃，张议潮"号令三军，便须追逐"，逐敌于千里之外，活捉吐蕃宰相三人并按军令斩之，另活捉生口、细小等三百余人、驼马牛羊二千头匹。此战，张议潮所率军队大获全胜，奏凯而归。

嗣后，张议潮又率军击败了纳职回鹘势力的侵扰。《张义潮变文》载曰：

敦煌北一千里伊州城西有纳职县，其时回鹘及吐浑居住在彼，频来抄劫伊州，俘虏人物，侵夺畜牧，曾无暂安。仆射乃于大中十年六月六日，亲统甲兵，诣彼击逐伐除。不经旬日中间，即至纳职城。贼等不虞汉兵忽到，都无准备之心。我军遂列乌云之阵，四面急攻。蕃贼摩狂，星分南北；汉军得势，押背便追。不过五十里之间，杀戮横尸遍野处……仆射与犬羊决战一阵，回鹘大败，各自苍黄抛弃鞍马，走投入纳职城，把劳（牢）而守。于是中军举华（画）角，连击铮铮，四面族兵，收夺驼马之类一万头足。我军大胜，疋骑不输，遂即收兵，却望沙州而返。既至本军，遂乃朝朝秣马，日日练兵，以备凶奴，不曾暂暇。②

从中可以看出，在张议潮击退吐蕃的入侵后不久，居住于敦煌西北千

---

① 《敦煌变文集》（上集），第114页；《敦煌变文集新书》卷五，第931页。图版载《法藏敦煌西域文献》第20册，第259页。
② 《敦煌变文集》（上集），第115~116页；《敦煌变文集新书》卷五，第932~933页。图版载《法藏敦煌西域文献》第20册，第259页。

里之外伊州城纳职县之回鹘及吐浑，"频来抄劫伊州，俘虏人物，侵夺畜牧，曾无暂安"。于是，张议潮"乃于大中十年六月六日，亲统甲兵"，予以征讨。当时，回鹘及吐浑皆"不虞汉兵忽到，都无准备之心"，阵势大乱，于是，瓜沙军队"遂列乌云之阵，四面急攻。蕃贼摩狂，星分南北；汉军得势，押背便追。不过五十里之间，杀戮横尸遍野处"。回鹘大败之后，"走投入纳职城，把劳（牢）而守。于是中军举华（画）角，连击铮铮，四面族兵，收夺驼马之类一万头疋。我军大胜，疋骑不输，遂即收兵，却望沙州而返"。经过这次大败，伊州纳职县的吐谷浑及回鹘只能画地为牢，长期不敢觊觎瓜沙地区，直到张淮深时期，战争重开。

大中十载（856年），唐朝使臣王端章等出使安西，"行至雪山南畔，遇逢背逆回鹘一千余骑，当被劫夺国册及诸敕信"。从者"押衙陈元弘走至沙州界内"。张议潮闻言，心生大怒，遂决定兴兵向劫夺唐使王端章的背逆回鹘问罪。《张义潮变文》记载说：

先去大中十载，大唐差册立回鹘使御史中丞王端章持节而赴单于，下有押衙陈元弘走至沙州界内，以（与）游弈使佐承珍相见。承珍忽于旷野之中迥然逢着一人猖狂奔走，遂处分左右领至马前，登时盘诘。陈元弘进步向前，称是"汉朝使命，北入回鹘充册立使，行至雪山南畔，被背乱回鹘劫夺国信，所以各自波逃，信脚而走，得至此间，不是恶人。伏望将军，希垂照察。"承珍知是汉朝使人，与马驮至沙州，即引入参见仆射。陈元弘拜跪起居，具述根由，立在帐前。仆射问陈元弘："使人于何处遇贼？本使伏（复）是何人？"元弘进步向前，启仆射："元弘本使王端章，奉敕持节北入单于，充册立使。行至雪山南畔，遇逢背逆回鹘一千余骑，当被劫夺国册及诸敕信。元弘等出自京华，素未谙野战，彼众我寡，遂落奸虞。"仆射闻言，心生大怒。"这贼争敢辄尔猖狂，恣行凶害！"向陈元弘道："使人且归公馆，便与根寻。"由（犹）未出兵之间，至十一年八月五日，伊州刺史王和清差走马使至，云："有背叛回鹘五百余帐，首领翟都督等将回鹘百姓已到伊州侧。"[①]

文中的雪山，孙楷第先生考证认为即祁连山，该山"在甘凉瓜沙一

---

① 《敦煌变文集》（上集），第116～1117页；《敦煌变文集新书》卷五，第933～934页。图版载《法藏敦煌西域文献》第20册，第259页。

带者通名雪山"。① 然而，祁连山在瓜、甘二州之南，王端章赴安西册封回鹘首领庞特勤，应循驿路而行，不应绕道祁连山，故是说颇有可商榷之处。日本学者森安孝夫则比定为伊州（新疆哈密市）及纳职（今新疆哈密四堡拉布乔克古城）北方之山脉，② 刘美崧先生认为此山在伊州境内，即《元和郡县图志》中"伊州条下"所载折漫罗山。③ 此说当是。《资治通鉴》卷二四九将王端章之西行系于大中十一年十月，文称：

> 王端章册立回鹘可汗，路为黑车子所塞，不至而还。辛卯，贬端章为贺州司马。

黑车子，本为室韦之别种，④ 据会昌三年（843）李德裕奉敕撰《赐黠戛斯书》云："黑车子犹去汉界一千余里，在沙漠之中。"⑤《新五代史》卷七二《四裔附录》引胡峤《陷虏记》云："契丹北有黑车子。"说明黑车子族帐远在天德军之极东北境，去汉界一千里。他们何以在伊州地区阻挠通道，劫夺唐使，殊难理解。依《张义潮变文》，在"雪山南畔"劫夺唐使的为"背逆回鹘"，也就易于理解了。"背逆回鹘"应为西迁回鹘散众之一，当不属于安西庞特勤部。然从"押衙陈元弘走至沙州界内"、"行至雪山南畔"诸语，以及唐使与安西回鹘之使于灵武相遇一事来判断，大中十年十月，灵州西逾河西通达西域的道路已经疏通。时河西重镇凉州尚未光复，唐使北至灵州，只能西逾沙碛沿额济纳河（黑河）至甘州，经肃瓜沙一线而达西域。《张义潮变文》又云，大中十一年八月，有"背叛回鹘五百余帐，首领翟都督等将回鹘百姓已到伊州侧"。⑥ 而从此后的事态发展看，进攻伊州的"背叛回鹘"亦即劫夺使团的"背乱回鹘"。这些回鹘在伊州附近，很可能来自纳职，属于西州回鹘系统。从他们劫夺唐政府册封庞特勤的使团看，此时的西州回鹘确实与安西回鹘不属

---

① 孙楷第：《敦煌写本〈张义潮变文〉跋》，周绍良、白化文编《敦煌变文论文录》下册，上海古籍出版社1982年版，第720页。
② 森安孝夫，"ウイグルと敦煌"，《讲座敦煌2 敦煌の历史》，东京大东出版社1980年版，第301页。
③ 刘美崧：《论归义军节度与回鹘关系中的几个问题》，《中南民族学院学报》1986年第3期，第128页。
④ 王国维：《黑车子室韦考》，《观堂集林》卷十四，中华书局1959年版，第623~628页。
⑤ （唐）李德裕著，傅璇琮、周建国校笺：《李德裕文集校笺》卷六《赐黠戛斯书》，河北教育出版社2000年版，第89页。
⑥ 王重民等编：《敦煌变文集》（上集），人民文学出版社1984年版，第116页。

于同一个系统,①而且相互有敌对倾向。

866年,吐蕃论恐热、尚婢婢部灭亡后,甘州回鹘并未能马上从敌对势力的重压下解脱出来,甘、凉地区的吐谷浑、嗢末等部继续与之为敌。回鹘仍然需要得到唐朝的声援,因而"屡求册命"。乾符元年(874年),唐僖宗"诏遣册立使郗宗莒诣其国。会回鹘为吐谷浑、嗢末部所破,逃遁不知所之"。②第二年九月,"回鹘还至罗川,十一月,遣使者同罗榆禄入贡;[唐]赐拯接绢万匹"。③罗川即今甘肃省西北部和内蒙古自治区西部的河流——额济纳河,又名弱水,为黑河的组成部分,在甘州城北之沙漠草原中。可见,直至张淮深时期,河西回鹘在吐谷浑、嗢末部的压迫下开始衰弱不振。

张议潮克复吐蕃盘踞的甘、凉二州,对回鹘是有利的。因此,回鹘承认张氏政权的盟主地位,协助他对吐蕃作战。张议潮占领甘、凉二州后,派刺史驻防州城,羁縻当地的回鹘、嗢末、吐谷浑等部。

第二节　张淮深对甘州回鹘的平定

唐懿宗咸通八年(867年),张议潮入觐长安,归义军节度使之职权由其侄儿张淮深代理。起初,张淮深与甘州回鹘的关系甚好,后来,甘州回鹘的力量逐步增强,大有逐步取代归义军对河西进行统治,进而控制中西交通命脉——丝绸之路的趋势,这些都是张淮深所无法容忍的。当双方的矛盾发展到通过对话无法调解的时候,战争的爆发也就在所难免了。张淮深一改张议潮时期与甘州回鹘结盟的策略,与旧敌吐蕃及其属部嗢末、亲吐蕃的吐谷浑、龙家相联合,共同夹击甘州回鹘。敦煌文书S.389《肃州防戍都状》载:

> 又今月七日,甘州人杨略奴等五人充使到肃州。称:其甘州吐蕃三百,细小相兼五百余众,及退浑王拨乞狸等十一月一日并往,归入本国。其退浑王拨乞狸,妻则牵馱,夫则遮驱,眷属细小等廿已来随往,极甚苦切,余者百姓、奴、客并不听去。先送崔大夫回鹘九

---

① 李军:《关于晚唐西州回鹘的几个问题》,《西北第二民族学院学报》2007年第2期,第23页。
② 《资治通鉴》卷二五二乾符元年十二月条。
③ 《资治通鉴》卷二五二乾符二年九月条。

人，内七人便随后寻吐蕃踪亦（迹）往向南。二人牵柅嘉麟，报去甘州共回鹘和断事由。其回鹘王称：须得龙王弟及十五家只（质），便和为定。其龙王弟不听充只（质），若发遣我回鹘内入只（质），奈可（何）自死。缘弟不听，龙王更发使一件。其弟推患风疾，不堪充只（质）。更有迤次弟一人及儿二人。内堪者发遣一人及十五家只（质），得不得，取可汗处分。其使今即未回。

其龙王衷私，发遣僧一人，于凉州嗢末首令（领）边充使。将文书称：我龙家共回鹘和定已后，恐被回鹘侵凌，甘州事须发遣嗢末三百家已来，同住甘州，似将牢古（固）。如若不来，我甘州便共回鹘为一家，讨你嗢末，莫道不报。

其吐蕃入国去后，龙家三百众衙商量，城内绝无粮用者。拣得龙家丁壮及细小壹伯（佰）玖人，退浑、达票、拱榆、昔达票、阿吴等细小共柒拾贰人，旧通颇肆拾人，羌大小叁拾柒人，共计贰百伍拾柒（捌）人。今月九日并用肃州，且令逐粮居。（后残）①

这是归义军肃州防戍都写给张淮深的一份报告，其中"龙家"原为焉耆王族，国亡后流散居住于伊、瓜、沙、肃等州，龙王与吐蕃关系密切。② 嗢末先为吐蕃属部，这时已俨然成为一股独立的势力。③ 从上文的内容看，他们已经占据凉州。这份报告书的口气，明显倾向于龙家、退浑和吐蕃，而且归义军所属的甘州城正由吐蕃、龙家、退浑的奴客及归义军的百姓坚守着。但由于吐蕃、龙家和退浑已在与甘州回鹘的交战中败北，吐蕃和退浑已退归本国，龙家则与回鹘媾和。而在龙家丢失甘州前夕，龙王曾致信凉州嗢末，以与回鹘共同讨伐嗢末作为威胁其派兵戍守甘州的手段。不久，龙王以甘州缺粮为借口，率领部分细小入肃州求粮，获肃州允准而入城。从报告的内容看，对吐蕃、退浑、龙家和嗢末去攻击甘州回鹘一事，张淮深采取的是纵容态度，此举与张议潮的做法则大相径庭。

---

① 唐耕耦、陆宏基编：《敦煌社会经济文献真迹释录》第4辑，第487~488页；中国社会科学院历史研究所等编：《英藏敦煌文献（汉文佛经以外部分）》第1册，四川人民出版社1990年版，第179页；郝春文编著：《英藏敦煌社会历史文献释录》第2卷，社会科学文献出版社2003年版，第250~251页。
② 荣新江：《龙家考》，《中亚学刊》第4辑，中华书局1995年版，第144~160页；黄盛璋：《敦煌汉文与于阗文书中龙家及其相关问题》，《全国敦煌学研讨会论文集》，中正大学印行1995年版，第57~84页。
③ 陆庆夫：《唐宋之际的凉州嗢末》，郑炳林主编：《敦煌归义军史专题研究续编》，兰州大学出版社2003年版，第505~516页。

此事发生于何年？敦煌文献 S. 2589《中和四年（884）十一月一日肃州防戍都营田康使君县丞张胜君等状》为都营田康使君和县丞张胜君等上沙州归义军节度衙门的一篇状文，内云：

> （前略）其草贼黄巢被尚让共黄巢弟二人，煞却于西川进头。皇帝回驾，取今年十月七日□□长安……其甘州共回鹘和断未定，二百回鹘常在甘州左右捉道劫掠。甘州自胡进达去后，更无人来往。白永吉、宋润盈、阴清儿各有状一封，并同封角内，专差官健康清奴驰状通报，一一谨具如前，谨录状上。
>
> 牒件状如前，谨牒
>
> （中和四年十一月一日肃州防戍都营田康使君县丞胜君等状[①]）

由此可知，张淮深纵容吐蕃等进攻甘州回鹘之时间当在中和四年（884年）。结合 S. 389 和 S. 2589 两件内容相连的《肃州防戍都状》可以得出这样的结论，即中和四年十一月初，占据甘州的是龙家，但回鹘人不时"在甘州左右捉道劫掠"。于是，龙家与回鹘进行谈判，并讨价还价。至同年十一月九日，龙家和退浑、羌及其他部落，以"缺粮"为借口而决定放弃甘州，迁入肃州逐粮。甘州遂为回鹘所占。

龙家退出甘州，表面原因是缺粮，深层原因则为回鹘的"捉道劫掠"。龙家等势力在沙州归义军的支持下从回鹘手中夺取了甘州，终因无力固守，不得不放弃。[②] 这是张淮深所不能接受的，于是便进一步加紧从事对甘州回鹘的颠覆活动。敦煌出土的一份于阗文写本《丁阗使臣奏稿》（P.2741）记载说：

> 我们在仲云中走了十天，按照仲云大国的习惯，必须执行（纳税礼）。当我们到达沙州的第三天，司空张尚书来文说：你们必须立即往甘州……甘州情况很乱，前汗王已经死去，现由突厥拔野古（Türk Bayarku）和娑温于浹扶立了新汗，每三十个达头人（Tardüs）有一于迦和一梅录夜间看着他，所以他不能逃往突厥，甘州城中处于恐怖状态之中，贱臣于冬月第三月（汉历十一月）二十八日从沙州出发

[①] 唐耕耦、陆宏基编：《敦煌社会经济文献真迹释录》第4辑，第486页；中国社会科学院历史研究所等编：《英藏敦煌文献（汉文佛经以外部分）》第4册，四川人民出版社1991年版，第111页。

[②] 邓文宽：《张淮深平定甘州回鹘史事钩沉》，《北京大学学报》1986年第5期，第86～87页。

往甘州，第四月（汉历十二月）十五日到达甘州，第三天他们引我们见汗，按礼节程序将财物献汗，次晨又将诏令与礼物送给迦……春季第二月第一日，他们发一指令交由我的梅录转说：现在七位于迦，乌古斯于迦与巴尔斯于迦及五位其他人走了，七位梅录和玉门的沙州人组织一政府……春季第三月末尾，沙州的军队来了，二十五于迦带领二千仲云人与二百达恒人同来。他们进入甘州的第三天，毗伽可汗及其妻与二女被杀。第八天军队就离开，远至山丹（Samdamä），他们不敢在突厥冒险就回去了，于是仲云都火了。他们说：这是回鹘人和沙州人玩的手段……沙州人占了甘州城，第六天突厥拔野古的军队来了，在第一个时刻（地点），回鹘的军队、乌古斯于迦的军队和 Berakä Attimä 于迦及其他人也来了……此时沙州来了一封信给贱臣说，七个被护送的王子和往牛首山的使臣们都到了……这里有一封信来自沙州张大庆（Cai taya khi）和其他人。这位使臣仅停留很短时间就和两位党项（Tanguts）使臣逃掉了，穿经突厥中。①

在甘州回鹘可汗去世后，突厥拔野古和娑温扶立了新汗，局势很乱，甘州城中处于恐怖之中。其下又有内容接言，于阗使臣在甘州被困达三个月之久。目前这座城池虽由龙家人据守，但已被回鹘人所围困。甘州回鹘的可汗还是一个幼童，毫无权势。在一个深夜，回鹘人哈里克于迦（Caraihi uga）、毗伽娑温（Bilga sagun）等从黑山地区前来，涌进甘州，将于阗使团护送到了沙州。

从这件于阗文文书看，张淮深插手于甘州回鹘内部的分裂活动，扶植乌古斯于迦等人在沙州另外成立了一个回鹘政权，并且借助于沙州以西、罗布泊东南的仲云和黄头鞑靼的兵力，与归义军一起进兵甘州，攻下城池，并向甘州回鹘的重城山丹进军。由于甘州回鹘得到了拔野古等部的援助，归义军撤退，因而引起了仲云人的愤怒。这场颠覆破坏活动，导致了毗伽可汗的惨死，甘州回鹘不得不拥立一位幼童为可汗。

这次战乱发生于何时？从敦煌写本 S.367《沙州伊州地志》残卷的纪年题记中，可以找到些许蛛丝马迹：

光启元年（885年）十二月廿五日，张大庆自灵州安尉（慰）使

---

① H. W. Bailey, Saka Documents：Text Volume, London 1968, pp. 64-67. 汉译文参见黄盛璋《敦煌于阗文 P.2741、Ch.00296、P.2790 号文书疏证》，《西北民族研究》1989 年第 2 期，第 42~44 页。

嗣大夫等来至州，于嗣使边写得此文书讫。

（光启元年十二月廿五日张大庆等书①）

题记中的张大庆可见于上引于阗文《于阗使臣奏稿》中。光启元年即885年，是年，唐朝的安慰使嗣大夫等正好来到沙州，此事也清楚地记录在上件于阗文文书中。因此，这场战乱无疑发生于光启元年。

战争的爆发过程，史书未予记载，但众多敦煌出土的汉文文书对此却有较多反映，如文中提到，张淮深曾组织力量，对甘州回鹘进行了有力的反击。综合各种记载，可以看出，当时张淮深在两年之间曾二度反击甘州回鹘的进攻。第一次战役，归义军兵锋曾至甘州城下，以火攻城，使张掖一片狼烟。为了抵挡归义军的进攻，回鹘自己也"放火烧然"。此役甘州回鹘战败。

张淮深于中和四年（884年）纵容吐蕃等进攻甘州回鹘事在S.2589《中和四年（884）十一月一日肃州防戍都营田康使君县丞张胜君等状》中也有反映。该文献对这一历史是这样描述的：

其甘州共回鹘和断未定，二百回鹘常在甘州左右捉道劫掠。甘州自胡进达去后，更无人往来。白永吉、宋闰盈、阴清儿各有状一封，并同封在内。专差官康清奴驰状通报。

牒件状如前，谨牒

（中和四年十一月一日肃州防戍都营田康使君县丞张胜君等状②）

从中可以看出，张淮深时期，河西重镇张掖确为回鹘人占有，而且先后两次率兵西进，进攻沙州的归义军政权，甚至攻到瓜州，逼至沙州城下，可见其势力是不小的。

两次大战对甘州回鹘打击甚大，使之实力大损。此后，双方的关系又有所缓和，而且还互有使者往来。S.389《肃州防戍都状》云：

肃州防戍都状上：右当都两军军将及百姓，并平善提备，一切仍旧……其副使索仁安今月六日往向东，随从将廿人，称于回鹘王边

---

① 郑炳林：《敦煌地理文书汇辑校注》，甘肃教育出版社1989年版，第69页。
② 唐耕耦、陆宏基编：《敦煌社会经济文献真迹释录》第4辑，全国图书馆文献缩微复制中心1990年版，第486页；中国社会科学院历史研究所等编：《英藏敦煌文献（汉文佛经以外部分）》第4册，四川人民出版社1991年版，第111页。

充使,将赤骠父马一匹,白鹰一联,上与回鹘王……其肃州印,崔大夫称不将与凉州防御使,去不得,其索仁安临发之时,且称将去,发后,其印避崔大夫,衷私在氾建立边留下。①

从该卷不难看出,当时沙州归义军政权与甘州回鹘的关系应是比较友好的。除了该卷所述肃州军将索仁安出使回鹘部外,光启元年(885年)十二月,又有灵州安慰使顺利地通过甘州到达沙州;光启二年(886年),张淮深所遣高再盛、张文彻等求节使臣也顺利通过甘州抵达中原。光启三年(887年)十一月,沙州也迎来了甘州回鹘的使臣。回鹘使臣的外交出使活动,说明甘州回鹘政权确已建立,而且得到了归义军政权的承认。

大顺元年(890年),沙州归义军政权发生变故,归义军节度使张淮深及其夫人、六子同时被杀。至于事变过程与原因,《张淮深墓志铭》、《陇西李府君再修功德碑》等虽有提及,但都语焉不详,讲得非常隐晦,以致学界出现了各种不同的猜测。其中一种意见认为P.4640《大唐宗子陇西李氏再修功德记碑》中所谓"内外肃清"之说,②暗示了张淮深之死,应是内外势力相勾结的结果。所谓内部势力,自应来自归义军内部;而外部力量很可能指的是甘州回鹘。③笔者认为这一推测是不无道理的。因为事变的发生,上距张淮深的二度征伐甘州回鹘仅有六年左右,二者之间的深刻矛盾尚未化解;另一方面,经过数年的休养生息,甘州回鹘势力恢复并得到加强,在这种情况下发动对张淮深的战争,以报前仇,亦当情理中事,况且,当时在河西一带,有能力发动战争,打败归义军政权,并参与杀死张淮深的,恐怕也只有甘州回鹘了。

第三节 《张淮深变文》所载回鹘非来自甘州辨

P.3451《张淮深变文》曾记张淮深有平定回鹘事。该文献前部内容残

---

① 唐耕耦、陆宏基编:《敦煌社会经济文献真迹释录》第4辑,全国图书馆文献缩微复制中心1990年版,第487~488页;中国社会科学院历史研究所等编:《英藏敦煌文献(汉文佛经以外部分)》第1册,四川人民出版社1990年版,第179页;郝春文编著:《英藏敦煌社会历史文献释录》第2卷,社会科学文献出版社2003年版,第250~251页。
② 郑炳林:《敦煌碑铭赞辑释》,甘肃教育出版社1992年版,第42页。
③ 孙修身:《试论甘州回鹘在中西交通中的作用》,《北方文化研究——中国古代北方民族文化论文集》第2集,黑龙江教育出版社1989年版,第508~509页。

损，残存部分记载了两次反击回鹘进军的史事，填补了传世文献记载的空白，对回鹘史及回鹘与沙州归义军关系史的研究具有非常重要的意义。其中提到：

> 尚书既擒回鹘，即处分左右马步都虞候，并令囚系……天使既发，分袂东西，尚书感皇帝之深恩，喜朝廷之天遇。应是生降回鹘，尽放叛（归）回。首领苍遑，咸称万岁。岂料蜂虿有毒，豺性难驯，天使才过酒泉，回鹘王子，领兵西来，犯我疆场。潜于西桐海畔，蚁聚云屯，远侦烽烟，即拟为寇。先锋游弈使白通吉，探知有贼，当即申上。尚书既闻回鹘□□，□诸将点锐精兵，将讨匈奴。参谋张大庆越班启曰："金□□□，兵不可妄动。季秋西行，兵家所忌。"尚书谓诸将曰："回鹘失信，来此窥［门内加俞］。《军志》有言：'兵有事不获而行之。'□□□事不获矣！但持金以压王相，此时必须剪除。"言讫，□□□军，誓其众曰："回鹘新受诏命，今又背恩，此所谓□□，理合扑灭，以雪朝廷之愤。将士勉怀尽节，共扫櫼抢（枪）！"传令既讫，当即胤（引）兵，凿凶门而出。风驰雾卷，不逾信宿，已近西桐。贼且依海而住，控险为势，已（以）拒官军。尚书乃处分诸将，尽令卧鼓倒戈，人马衔枚。东风猎猎，微动尘埃；六龙才过，誓不空回。先锋远探，后骑相催，铁衣千队，战马云飞。分兵十道，齐突穹庐。鞞鼓大振，白刃交麾，匈奴丧胆，獐窜周诸。头随剑落，满路僵尸。回鹘大败。①

这一记载反映的是沙州归义军节度使张淮深在西桐击败入侵沙州的"破残回鹘"之事。关于文献的时代，孙楷第先生称："以其事推之，至晚不得在中和四年之后，或当在乾符中，未可知也。"② 郑炳林先生认为张淮深破西桐"破残回鹘"的战争应为两次，第一次发生在咸通十五年（乾符元年，874年），第二次发生在乾符元年九月至二年正月间。③ 近年荣新江教授根据《张淮深碑》记张议潮于咸通八年（867年）"束身归阙"后，"官授司徒"，于咸通十三年卒后"诏赠太保"等因素，结

---

① 王重民等编：《敦煌变文集》（上集），人民文学出版社1984年版，第121~127页；上海古籍出版社、法国国家图书馆编：《法国国家图书馆藏敦煌西域文献》第24册，上海古籍出版社2002年版，第250~254页。
② 孙楷第：《敦煌写本张淮深变文跋》，《中央研究院历史语言研究所集刊》第七本第三分，1937年，第386页。
③ 郑炳林：《敦煌本〈张淮深变文〉研究》，《西北民族研究》1994年第1期，第150页。

合《张淮深变文》尾部之唱词"自从司徒归阙后，有我尚书独进奏"，将文献所述尚书张淮深破西桐回鹘事推定在咸通八年至咸通十三年间。[①]后来，进一步将回鹘散众进犯瓜州，被张淮深击败事定于咸通十年（869年），而把"破残回鹘"犯沙州而在西桐海畔被张淮深击败的时间系于咸通十一年。[②]可以信从。

另，《张淮深变文》开首有"尚书既擒回鹘，即处分左右马步都虞候，并令囚系……天使既发，分袂东西，尚书感皇帝之深恩，喜朝廷之天遇。应是生降回鹘，尽放皈（归）回。首领苍惶，咸称万岁。岂料蜂虿有毒，豺性难驯，天使才过酒泉，回鹘王子，领兵西来，犯我疆场。"这一段说明，就在回鹘王子"季秋"领兵来犯之前不久，还发生过一次入侵行为，此次是被"尚书"生擒了首领的，恰逢"天使"传谕之喜，得以放归，不想刚刚千恩万谢归去，"天使才过酒泉"，即引兵再次来犯。故郑炳林先生提出的战争发生两次之说是值得采纳的。考虑到《张淮深变文》有"季秋西行，兵家所忌"之语，可以把张淮深出兵的时间进一步精确至咸通十一年九月，则第一次战争在当年稍前时间，间隔不会很长。

文中多次出现的"猃狁"、"匈奴"等称号，指代的均为入侵沙州的"破残回鹘"。至于这些回鹘人的来源，文献未作明确交代，学界人言言殊，形成了西来说和东来说两种截然相反的观点。早在70多年前，孙楷第先生在研究《张淮深变文》时就非常注意这个问题，认为这支回鹘应来自安西，即庞特勤所部。理由如下：

> 此本第十二行尚存"安西"二字，且记用兵在沙州以西也。西桐地名，《张义潮变文》记义潮征吐浑吐蕃，亦经此地，云取西南疾路，信宿即至。此本云回鹘王子领兵西来，尚书传令出兵，不迂信宿，已近西桐，敌且依海而住。知西桐在沙州西，地有泽泊，且近敦煌不甚远。[③]

孙先生此说既出，学界半个世纪来多因循之，认为张淮深平定的是安西回鹘。邓文宽则提出不同观点，认为张淮深两次降服的均是甘州回鹘。

---

① 荣新江：《沙州归义军历任节度使称号研究（修订稿）》，《敦煌学》第19辑，1992年版，第28页。
② 荣新江：《归义军史研究——唐宋时代敦煌历史考索》，上海古籍出版社1996年版，第7页。
③ 孙楷第：《敦煌写本张淮深变文跋》，第385页。

他列举了两条主要证据，其一，《变文》所载张淮深第一次平定回鹘之后，唐天子曾遣使到敦煌封赐慰问，在沙州球场举行了隆重的庆功仪式。张淮深接读诏书，感激涕零：

> 尚书（张淮深）既睹丝纶诰，蹈舞怀惭感圣聪。微臣幸遇陶唐化，得复燕山献御容。

张淮深收复的"燕山"，其实就是燕支山，即今甘肃张掖市山丹县和武威市永昌县之间的焉支山，这里在唐末已成为甘州回鹘的辖地。

邓先生的第二条证据为《变文》记述回鹘第二次入侵归义军的一段文字：

> ……天使既发，分袂东西，尚书感皇帝之深恩，喜朝廷之天遇。应是生降回鹘，尽放畈（归）回。首领苍遑，咸称万岁。岂料蜂虿有毒，豺性难驯，天使才过酒泉，回鹘王子，领兵西来，犯我疆场。

邓先生认为第二次进军沙州的回鹘仍是此前被张淮深"生降"又放归的那支，而非别一支。《变文》称回鹘再次前来，张淮深得报后说："回鹘新受诏命，今又背恩。"即证明此说之不误。这一次回鹘对沙州的侵扰是由"回鹘王子，领兵西来"的。按照邓先生的理解，若是安西回鹘前来，安西居于敦煌之"西"，那么《变文》作者站在沙州归义军立场上，就应说"领兵东来"。可是《变文》却明确记载是"领兵西来"，清楚无误，表明此一回鹘居于沙州之东。由此反推，亦可看出，张淮深第一次将其"生降"并放归时，回鹘的去向是由西而东。否则，甫放归回，便又前来，无论如何也不能说"领兵西来"。从而认定这些回鹘应居于沙州之东，是甘州回鹘。①

对于以上两种观点，笔者不敢苟同。先说安西回鹘说。孙先生所谓"此本第十二行尚存'安西'二字"之说有可怀疑之处。揆诸原卷，第12行仅存8字："业，累致逃亡，使安西"。"西"字以下残缺，故不能确定这里的"安西"是否为地名。变文明言侵入归义军政权境内的回鹘为"破残回鹘"，系"失乡沦落众"，而张淮深平定他们的地方在西桐海畔，孙先生由此而认定入侵者来自西方，是正确的，但把这支回鹘比定为

---

① 邓文宽：《张淮深平定甘州回鹘史事钩沉》，《北京大学学报》1986年第5期，第86~87页。

安西回鹘则有些于理不通。如所周知，回鹘西迁发生于840年，史载：

> 有回鹘相馺职者，拥外甥庞特勤及男鹿并遏粉等兄弟五人、一十五部西奔葛逻禄，一支投吐蕃，一支投安西。①

这里的安西指的是唐代安西都护府的辖境。安西回鹘在庞特勤的率领下，有众二十万，势力强盛，不久即以焉耆为中心建立了地方政权。《新唐书》卷二一五《突厥传》载：

> 及其破灭（指漠北回鹘汗国溃败），有特庞勒居焉耆者，称叶护，余部保金莎领，众至二十万。

文中的"特庞勒"显系"庞特勤"之误。当时特庞勒虽势力强大，但由于南迁的回鹘可汗乌介未亡，所以特庞勒（勤）仅自称"叶护"而不称可汗。会昌六年（846年），乌介可汗被杀，其弟遏捻被部众拥立为汗。遏捻可汗亲率余众依附于室韦。大中二年（848年），遏捻可汗仅率妻、子等九骑夜逃，不知所终，于是，"其别部庞勒（即庞特勤）先在安西，亦自称可汗"。② 可汗所在，代表着回鹘的正统。所以说，"安西回鹘"是不能被称作"破残回鹘"的，更不能被称作"失乡沦落众"。

这里再说第二种观点，即甘州回鹘说。此说论据之一建立在对燕山即燕支山（焉支山）的比定上。这一比定本身是成立的，况且自唐末始，燕山一带已成为回鹘的辖地，隔断了唐与归义军政权间的联系，长期是归义军政权的大患，故张淮深在表忠心时言称要"得复燕山献御容"是情理所致，并不能由此而证明张淮深所击一定为甘州回鹘，况且变文中的燕山不一定为实指。此说的第二个论据是"回鹘王子，领兵西来"一语，笔者认为既称西来，必为由东向西。其实未必。古往今来，"西来"二字，既有由西而东之意，也有自东向西之意。前者如唐人希运《黄檗断际禅师宛陵录》云："达摩西来，无风起浪；世尊拈花，一场败缺。"③ 再如元代中峰禅师《怀净土诗》云："弥陀西住祖西来，念佛参禅共体裁；积劫疑团如打破，心华同是一般开。"④ 后者如岑参《碛中作》"走马西来欲到

---

① 《旧唐书》卷一九五《回纥传》，第5213页。
② 《资治通鉴》卷二四八大中二年正月条。
③ 《大正藏》第48卷，No.2012B，页387b。
④ 《续藏经》第70卷，No.1402，页747a。

天"。① 晋王李存勖于天祐九年（后唐乾化二年，912年）讨刘守光于幽州，赵行实上策言："老贼在东，别将西来，尚可从容画策。"② 显然也是由东向西意。看来，"西来"具体含义的确定，须揆文而别，不可一概而论。相较而言，以第一种用法似乎更为普遍。易言之，西桐回鹘东来之说尚缺乏证据。

要解决张淮深所破回鹘之来源问题，最重要的证据应从西桐海地理位置的确立入手。关于西桐海的所在，学界存在着不同的说法，大体有沙州西、沙州西北、沙州西南三说。据李正宇、李并成先生考证，不约而同地得出结论：其地应为今敦煌西南阿克塞哈萨克自治县的苏干湖。③ 今从之。《张淮深变文》有言："参谋张大庆越班启曰：'金□□□，兵不可妄动。季秋西行，兵家所忌。'"可见，当时张淮深用兵的方向也是沙州之西。

其地既在沙州以西，不管正西、西北或西南，都不支持回鹘来自甘州之说。据《张淮深碑》等文献记载，张议潮大中二年（848年）收复瓜沙二州，三年收复甘肃二州，四年收复伊州（不包括纳职），咸通二年（861年）收复凉州，取得"西尽伊吾，东接灵武；得地四千余里，户口百万之家；六郡山河，宛然而归"的辉煌战绩。反观张氏归义军时期的回鹘，其势力是非常弱小的，各种史籍及敦煌文献都不见反映。如P.3720（7）《张淮深造窟记》为咸通八年至十三年间张淮深建造莫高窟第94窟的功德记，其中颂扬其功德时曰："加以河西异族狡杂，羌、龙、嗢末、退浑，数十万众，驰诚奉质，愿效军锋。"乾符三年（876年）以前任瓜州刺史的阎英达在《申报河西政情状》（S.5697）中也中述"河西诸州，蕃、浑、嗢末、羌、龙狡杂，极难调服"。二者都没有提到回鹘。中和二年（882年）勒立的《敕河西节度兵部尚书张公德政之碑》，在颂扬张淮深之武功时，亦言："河西创复，犹杂蕃、浑，言音不同，羌、龙、嗢末，雷威慑伏。"④ 同样无回鹘踪影。这些都说明，在张氏归义军统治的河西地区，回鹘还没有形成真正能够对归义军政权构成威胁的势力。退一

---

① （唐）岑参著，陈铁民等校注：《岑参集校注》卷二，上海古籍出版社2004年版，第110页。
② 《册府元龟》卷三六七《将帅部·机略第七》，第4370页。
③ 详见李正宇：《西同考——附论六龙地望》，《敦煌研究》1997年第4期，第110~120页；李并成：《"西桐"地望考——附论明安定卫城》，《西北民族研究》1998年第1期，第45~50页。
④ 荣新江：《敦煌写本〈敕河西节度兵部尚书张公德政之碑〉校考》，《周一良先生八十生日纪念论文集》，中国社会科学出版社1993年版，第206~216页。

步说，即使真有游牧于甘州地区的回鹘人入侵瓜沙二州，也应该先攻西行的必经之地肃州和玉门军，而不应直接攻打瓜州，更不会绕到敦煌西南的西桐海。[1]

既然安西回鹘与甘州回鹘之说都不成立，那么这些回鹘应来自何处？由于变文称入侵归义军境内的回鹘为"破残回鹘"或"失乡沦落众"，荣新江先生推测，"这些回鹘是从漠北逃亡而来的回鹘散部。"[2] 此说还可得到变文中"帝谓群臣"之语的支持：

□□□□□表奏，获捷匈奴千余人，絷于图圄。朕念□□□□□旧懑，曩日曾效赤诚：今以子孙流落□□河西，不能坚守诚盟，信任诸下，辄此猖狂。朕闻往古，义不伐乱，匈奴今岂（其）谓矣！

文中的"匈奴"指的就是回鹘。看来，张淮深所平定的是回鹘散部之说是可以成立的。但这里的散部究为何指，尚不明确。吾人固知，回鹘汗国亡于840年，残众纷纷外逃。《旧唐书》卷一九五《回纥传》载：

有回鹘相馺职者，拥外甥庞特勤及男鹿并遏粉等兄弟五人、一十五部西奔葛逻禄，一支投吐蕃，一支投安西。又有近可汗牙十三部，以特勤乌介为可汗，南来附汉。

既有西迁的，也有南下的。即使西迁的，也是四分五裂，一支"西奔葛逻禄，一支投吐蕃，一支投安西"，各部不相统属，都可称作"回鹘散部"。揆荣先生之意，应指此三支西迁回鹘之外的逃亡者。如果接受此说，那就不好理解P.2570《毛诗卷第九》的有关记载了。在该卷子背面书写有小字一行，云：

咸通拾陆年正月十五日，官吏待西同大却回鹘至。[3]

咸通十六年即唐僖宗乾符二年（875年）。咸通是唐懿宗年号，仅使

---

[1] 郑炳林：《敦煌本〈张淮深变文〉研究》，《西北民族研究》1994年第1期，第152页。
[2] 荣新江：《归义军史研究——唐宋时代敦煌历史考索》，上海古籍出版社1996年版，第300页。
[3] 池田温：《中国古代写本识语集录》，东京大学东洋文化研究所1990年版，第402页。

用了十五年。咸通十四年"七月辛巳，皇帝崩于咸宁殿"。[①]咸通十五年十一月初五日冬至，改元乾符元年。然而由于敦煌地域偏僻，消息闭塞，不知中原年号已改，在两个月之后仍在继续使用咸通年号，属于正常现象。咸通十六年距离张淮深870年攻打西桐回鹘已过5年，回鹘仍有能力入侵归义军政权，并且能够再入西桐，显然有向归义军寻衅或复仇的意味。他们虽然再次被固守于那里的归义军将士所击败，但足以证明这批回鹘人是颇具一些实力的，很顽强，非一般散兵游勇所可为。据《张淮深变文》记载，张淮深征西桐，战斗是很激烈的：

　　[归义军]先锋远探，后骑相催，铁衣千队，战马云飞。分兵十道，齐突穹庐。鞞鼓大振，白刃交麾，匈奴丧胆，獐窜周诸。头随剑落，满路僵尸。

归义军有"铁衣千队"，被"分兵十道"，由是以观，当时回鹘兵力当不在少数。尽管他们在西桐曾败于张淮深，但实力尚存，数年之后，仍有力量入侵沙州。

张淮深所击"破残回鹘"既非来自安西，又非甘州，究由何来呢？郑炳林先生认为"张淮深征伐之西桐回鹘只能来自于西州回鹘系统，属西州回鹘"。[②]笔者基本同意这一观点。更具体一点说，他们很可能是西州回鹘系统，居于伊州附近的纳职回鹘。按《新唐书》卷二一七《回鹘传下》载：

　　懿宗时，大酋仆固俊自北庭击吐蕃，斩论尚热，尽取西州、轮台等城，使达干米怀玉朝，且献俘，因请命，诏可。其后，王室乱，贡会不常，史亡其传。

仆固俊时期，西州回鹘力量强大，曾在北庭打败吐蕃，从其手中收复了西州、轮台等地。但其后不久，仆固部王室丧乱，部属分离，互不统属。犯沙州西桐之回鹘，当为仆固俊旧部，其居地当距沙州不远。这支回鹘人曾于869年至875年间曾屡犯瓜沙二州，考虑到P.2962《张议潮变文》所记大中十年（856年）在沙州西劫夺唐政府册封庞特勤的使团的回鹘来

---

① 《新唐书》卷九《懿宗纪》，第262页。
② 郑炳林：《敦煌本〈张淮深变文〉研究》，《西北民族研究》1994年第1期，第155页。

自伊州附近之纳职这一因素看，张淮深时期侵入沙州西桐的回鹘亦应来自纳职，而非通常所谓的甘州。

第四节　甘州回鹘与张承奉政权之和战

张淮深死后，其位由张淮鼎继承。据学者研究，此人很可能就是大顺元年（890年）二月杀害张淮深的凶手。但他在位时间不长，至迟在景福元年（892年）去世，死前托孤于索勋，而索勋就在这一年自称为归义军节度使。乾宁元年（894年），索勋被杀，其位由张议潮孙张承奉继承。

在张承奉执政的最初几年中，归义军与甘州回鹘保持了比较正常的关系。写于乾宁六年（899年）的P.4044（2）《归义军节度使帖》称：

> 使帖甘州使头某甲、兵马使曹某、更某人数。右奉处分，汝甘州充使，亦要结耗（好）和同，所过砦堡州城，各须存其礼法，但取使头言教，不得乱话是非。沿路比此回还，仍须收自本分，如有拗东揿西，兼浪言狂语者，使头记名，将来到州，重当刑法者。某年月日帖。①

此帖反映了张承奉当政之初双方的友好关系。二者都有"结好和同"的意愿，互有使者往来。② 这种和平共处的局面，在敦煌文献中多有反映，如P.4640背《归义军军资库司布纸破用历》记有：庚申年（900年）三月七日，"支与甘州押衙宋彦晖画纸贰拾张"；九月五日，"奉判，支与押衙张保山画纸叁拾张"；辛酉年（901年）三月六日，"支与甘州押衙王保安细纸肆帖"等。③ 此外，P.3633《辛未年（911年）七月沙州百姓一万人上回鹘大圣天可汗状》亦可为证：

> 中间遇天可汗居住张掖，事同一家，更无贰心，东路开通，天使

---

① 上海古籍出版社、法国国家图书馆编：《法藏敦煌西域文献》第31册，上海古籍出版社2005年版，第30页。
② 陆庆夫：《金山国与甘州回鹘关系考论》，《兰州大学学报》1998年第3期，第73～79页。
③ 池田温：《中国古代籍帐研究》，东京大学东洋文化研究所1979年版，第609页。

不绝,此则可汗威力所置。百姓□甚感荷,不是不知。[①]

这些文献都凸显出张承奉执政之初与甘州回鹘的友好关系。但是,这种友好局面持续的时间并不长,就在甘州押衙王保安出使沙州数月后,两地之间即起战端。S. 3905《天复元年辛酉岁(901年)闰月十八日金光明寺造窟上梁文》称:"猃狁狼心犯塞,焚烧香阁摧残。合寺同心再造,来生共结良缘。"反映的就是天复元年(901年)七月甘州回鹘对沙州的侵犯。此后直到金山国建立,双方敌对情绪一直很浓烈。

众所周知,张承奉执归义军牛耳之际,归义军真正控制的地区不过瓜、沙二州之地,而且"四面六蕃围",[②]处境不利。但雄心勃勃的张承奉不甘于此,试图恢复乃祖乃父时期在河西的霸业,志在"东取河兰广武城,西取天山瀚海军,北扫燕然葱岭镇,南尽戎羌罗莎平"。[③]张承奉弃归义军称号而改建金山国,就是受这一思想驱使的结果。

天复三年(904年)春正月,朱温引兵至长安,迫唐昭宗和百官迁往洛阳,同时废京都长安。"毁长安宫室百司及民间庐舍,取其材,浮渭沿河而下,长安自此遂丘墟矣"。[④]长安作为国都的历史于是结束,中原王朝的政治中心从此东移洛阳。同时,归义军与中央王朝的联系也更为渺茫了。天复三年,是唐王朝实际灭亡的一年。唐昭宗痛感于此,在赴洛途中,泣谓夹道迎送的百姓说:"勿呼万岁,朕不复为汝主矣!"[⑤]同年朱温弑昭宗,立其13岁子李柷为昭宣帝。天祐二年(905年),朱温杀昭宗子九人,将小皇帝幽闭于宫中,"诏敕皆出其手",朱温的篡立只是时间问题了。天祐四年,朱温见废帝灭唐时机已到,便先将唐朝朝臣全部杀光,接着又废哀帝为济阴王,自己做皇帝,建国号"大梁",史称"后梁",改元"开平"。 归义军本为唐朝藩镇之一,但又与其他藩镇叛唐割据性质不同。在唐朝尚存一息时,归义军始终忠于皇室。至天祐

---

① 王重民:《金山国坠事零拾》,《国立北平图书馆馆刊》第9卷第6号,1935年,第18～19页;池田温:《中国古代籍帐研究》,东京大学东洋文化研究所1979年版,第613～614页;唐耕耦、陆宏基:《敦煌社会经济文书真迹释录》第4辑,全国图书馆文献缩微复制中心1990年版,第395～396页。

② P. 3128《敦煌曲子词·望江南》,见任半塘《敦煌歌辞总编》(上册),上海古籍出版社2006年版,第445页;上海古籍出版社、法国国家图书馆编:《法藏敦煌西域文献》第21册,上海古籍出版社2002年版,第352页。

③ P. 3633《龙泉神剑歌》,徐俊纂辑:《敦煌诗集残卷辑考》,中华书局2000年版,第808页。

④ 《资治通鉴》卷二六四天祐元年正月条。

⑤ 同上。

三年（906年），张承奉仍自称归义军节度使，奉唐正朔，一直使用唐昭宗"天复"年号。这种情况与河东、四川相似，因二地对朱温的擅权及对唐宗室的诛杀不满，拒绝使用新年号，而仍用"天复"。

眼见唐朝大势已去，张承奉遂于天祐三年五月至十一月之间在沙州宣布独立，建西汉金山国，自称白衣天子，仍沿用唐昭宗年号天复，以示对唐忠贞不二，而与朱梁王朝分庭抗礼。① 张承奉的这一举措，无疑会激起朱温的不满与愤怒，在客观上促成了朱梁王朝与甘州回鹘的结盟。甘州回鹘需要借助中原王朝的力量以独霸河西，控制丝绸之路；后梁亦需得到甘州回鹘的支持以制约沙州张氏政权。

后梁的支持，促成了甘州回鹘对夙敌金山国战争的爆发。甘州回鹘与金山国的第一次战争发生在张承奉称帝之初的金秋季节，即906年初秋。对这次战争，P.3633《龙泉神剑歌》有生动描述，兹摘引如下：

> 祁连山下留名迹，破却甘州必不迟。
> 金风初动虏兵来，点龊干戈会将台。
> 战马铁衣铺雁翅，金河东岸阵云开。
> 募良将，拣人材，出天入地选良牧。
> 先锋委付浑鹞子，须向将军剑下摧。
> 左右冲突搏虏尘，匹马单枪阴舍人。
> 前冲虏阵浑穿透，一段英雄远近闻。
> 前日城东出战场，马步相兼一万强。
> 我皇亲换黄金甲，周遭尽布阴沉枪。
> 着甲匈奴活捉得，退去丑竖剑下亡。②

《龙泉神剑歌》见于敦煌写本P.3633，首尾完整，有文字42行。在最后1行之后，又有7行，系七言诗3首，大约系作者拟补入《龙泉神剑歌》而又未及补入者，内容可与《龙泉神剑歌》互相补充：

> 超□犹□吕万盈，部署韬钤按一兵，有心不怕忘身首，愿遂微躯留一名。

---

① 关于金山国建立的时间，学术界存在着不同意见，有905年、906年、908年、910年等多种说法，兹取907年说，见李正宇《关于金山国和敦煌国建国的几个问题》，《西北史地》1987年第2期，第66页。

② 徐俊纂辑：《敦煌诗集残卷辑考》，中华书局2000年版，第808页。

郑坞栗子两堡兵，义郎神祐选能精。压背西冲回鹘阵，毅勇番生罗俊诚。

匈奴初到绕原泉，白马将军最出先。慕容胆壮拔山力，突出生插至马前。问情款，说由缘，然后□□□三段，发使西奔上进笺。

该诗原题署作："谨撰龙泉神剑歌一首　大宰相江东吏部尚书臣张厶乙撰进。"其中，"大宰相江东"系添加在第三行者。"张厶乙"，王重民早年撰《金山国坠事零拾》，以"厶乙"为省代之字而非本名，故径作空阙处理，录作"吏部尚书张　撰进"，① 是。但后来在出版《敦煌遗书论文集》时，将此文撰者改作"张全"，② 应系校改之误或印刷之误。李正宇先生考为张文彻，③ 可以信从。张文彻生年不详，据S.1156《沙州进奏院状上》所载，知其早在光启三年（887年）已奉使长安，为张淮深请节使团之要员，后任金山国宰相兼御史大夫。《龙泉神剑歌》写成于辛未年（911年）七月二十五日。其时，金山国在与甘州回鹘的战争中形势紧迫，张文彻为鼓舞金山国君臣上下之士气，于是写此长歌。

将《龙泉神剑歌》与其后所付三诗结合起来观察，可以得出如下结论：诗中的"祁连山"、"甘州"，指代的无疑是甘州回鹘；战争发生的时间在"金风初动"之际，亦即初秋时节；初战地点在金河（今甘肃省酒泉市讨来河）。当时金山国参战文武人员有浑鹞子、阴舍人、宋中丞、吕万盈、慕容氏等。甘州回鹘步步进逼，通过瓜州的原泉（即今甘肃瓜州县东四道沟布隆吉一带的"渊泉"，系避李渊讳而改）而将战线推进到敦煌城郊，在城东千渠、郑坞、栗子一带及城北的无穷渠、城西的宜秋渠等地与金山国展开激战。在紧要关头，白衣天子张承奉亲自披挂上阵，率领一万马步军出城增援，文臣宋中丞、张舍人也参加了战斗，经过浴血奋战，才击退了来犯的回鹘军队。④

张承奉对甘州回鹘的战争，开头虽略有小胜，击退了来犯者，而且还收复了四座小城，但甘州回鹘军队并未受到重创。而连年战乱却使归义军统治区的社会经济遭到巨大的破坏，人丁的过多消耗，使其难以支持长期

---

① 王重民：《金山国坠事零拾》，《国立北平图书馆馆刊》第9卷第6号，1935年，第14页。
② 王重民：《敦煌遗书论文集》，中华书局1984年版，第95页。
③ 李正宇：《敦煌文学杂考二题》，《敦煌语言文学研究》，北京大学出版社1988年版，第97页。
④ 杨秀清：《敦煌西汉金山国史》，甘肃人民出版社1999年版，第113页。

的、大规模的战争。故而,在金山国对甘州回鹘的突袭取得小胜之后,形势便急转直下。不久,甘州回鹘又反扑过来。《龙泉神剑歌》在写完金河之战后接写道:

> 今年回鹘数侵疆,直到便桥列战场。
> 当锋直入阴仁贵,不使锃解用枪。
> 堪赏给,早商量,宠拜金吾超上将,急要名声贯帝乡。
> 军都日日更英雄,□由东行大漠中。
> 短兵自有张西豹,遮收遏后与罗公。
> 番汉精兵一万强,打却甘州坐五凉。

诗中简略地描写了甘州回鹘与金山国的第二次战争。战斗发生地点在便桥。此桥当在沙州城东,沟通党河东西;参与战斗的金山国将领有阴仁贵、张西豹、罗通达等人。由于金山国的殊死抵抗,甘州回鹘被迫退兵。此后数年间,金山国与甘州回鹘间的关系史无明载,P.2991B《敦煌社人平诎子一十人创于宕泉建龛一所功德记》云:

> 今则有邑人义社某公等十人,至慕空王,情求出离,发菩提之心,俱拔樊笼之绊,乃于兹地,创建一龛……社众等修建之岁,正遇艰难,造窟之年,兵戎未息。于是资家为国,创建此龛。铁石为心,俱无日延。则手为功德已毕,庆赞营斋,赞咏斯文,将传千载。①

该文撰者为"西汉金山国头厅大宰相清河张公撰",此张公,据考,亦应为金山国宰相张文彻。②从中不难看出,金山国时期,与甘州回鹘间的战争似乎一直没有停息过。及至911年,决定性战役终于爆发了。这年七月,回鹘可汗之子狄银率兵围攻沙州城。张承奉势弱,难以守御,遂派宰相罗通达南下求救于吐蕃,但吐蕃援兵未至,张承奉无力对抗,不得不由地方耆旧出面,向甘州回鹘求和,并且"设盟文状,便到甘州",将求降书呈送给甘州回鹘可汗,从而议结城下之盟。敦煌写本P.3633《辛未年

---

① 上海古籍出版社,法国国家图书馆编:《法藏敦煌西域文献》第20册,上海古籍出版社2002年版,第356页。
② 李正宇:《敦煌文学杂考二题》,《敦煌语言文学研究》,北京大学出版社1988年版,第97页;参见颜廷亮:《敦煌西汉金山国文学考述》,甘肃人民出版社2009年版,第183~184页。

（911年）七月沙州百姓一万人上回鹘大圣天可汗状》记载说：

> （上缺）等一万人献状，上回鹘大圣天可汗金帐：
> ……
> 今月廿六日，狄银领兵，又到管内，两刃交锋，各有伤损。口云索和，此亦切要。遂令宰相、大德、僧人，兼将顿递，迎接跪拜、言语却总□□。狄银令天子出拜，即与言约。城隍耆寿百姓再三商量，可汗是父，天子是子，和断若定，此即差大宰相、僧中大德、敦煌贵族耆寿，赍持国信，设盟文状，便到甘州。函书发日，天子面东拜跪。因是本事，不敢虚诳。岂有未拜其耶（爷），先拜其子，恰似不顺公格。①

该文的作者，据考，也是金山国宰相张文彻。② 文书中的"狄银"，当是甘州回鹘可汗之子，这可从"岂有未拜其耶（爷），先拜其子，恰似不顺公格"，而"其耶（爷）"又与"天可汗"一词的写法相同，抬头另起一行，可知文书中的"天可汗"，无疑是甘州回鹘可汗仁美，辽朝称为"乌母主"，后唐庄宗册封他为"英义可汗"。文书写于"辛未年"，相当于梁太祖乾化元年（911年）。当甘州回鹘直指沙州城下时，归义军势弱，敌之无力，又无退路，不得不与甘州回鹘议结城下之盟，二者结为"父子之国"，甘州回鹘可汗为父，西汉金山国皇帝张承奉为"子"，改西汉金山国名为敦煌国，降皇帝称号为王，改行后梁年号。这样，张氏所谓的"敦煌国"便成了甘州回鹘的附庸。甘州回鹘完成了对河西走廊的统一，成为河西与丝绸之路的主宰。

张承奉的失败不是偶然的。在后梁与甘州回鹘结盟以对付归义军时，张承奉采取的对策是西结于阗，南联吐蕃、吐谷浑部。沙州与于阗的联系始自851年于阗独立之时，双方互通婚姻，于阗王称沙州张氏为舅。但于阗与沙州道路悬远，且隔以砂碛，因此，承奉在抗击回鹘时，主要依靠与之相邻的吐蕃、吐浑部的支援。而事实证明，联合吐蕃不足以抗拒回鹘。当时，吐蕃人在陇右、河西地区的力量主要为嗢末、六谷部，都集中在凉

---

① 唐耕耦、陆宏基编：《敦煌社会经济文献真迹释录》第4辑，全国图书馆文献缩微复制中心1990年版，第377~380页；上海古籍出版社，法国国家图书馆编：《法藏敦煌西域文献》第26册，上海古籍出版社2002年版，第156~158页。
② 李正宇：《敦煌文学杂考二题》，《敦煌语言文学研究》，北京大学出版社1988年版，第98页。

州（甘肃武威市）一带，中隔甘州（甘肃张掖市），难以赴援。而其他吐蕃人则散居各地，力量分散，不可能给沙州政权以有力支持。因此，在911年沙州归义军政权与甘州回鹘鏖战时，吐蕃援兵未到，而回鹘已兵临城下，张承奉只有投降。

当然，张承奉的失败还有更重要的原因，那就是归义军政权自身的衰弱。沙、瓜地区在张承奉执政时期屡遭兵燹，社会生产遭受严重破坏。在张议潮和张淮深时期，战争主要在远离瓜、沙的伊州和甘、凉一带进行，即使在战争年间，瓜、沙还可以进行水利建设和正常的农牧业生产。而金山国时期，回鹘的包围圈日益缩小，瓜、沙地区直接成为战场，人民"分离异土"，"沿路州镇，迤逦破散"，势必会严重影响正常农业生产活动的进行。仅仅五六年时间，沙州政权就难以维持下去了。于是，张承奉不得不屈膝投降，完全放弃称雄河西的企图和名义上河西主宰者的地位，臣事甘州回鹘以求生存。《辛未年（911）七月沙州百姓一万人上回鹘大圣天可汗状》真实地记录了这一历史事件。

城下之盟的签订，对金山国政权来说，无疑是噩梦一场。张承奉先辈经过多年浴血奋战，以巨大牺牲和苦难换取的成果转瞬即逝，自然会引起当地人民的强烈愤慨。正如上引《辛未年（911）七月沙州百姓一万人上回鹘大圣天可汗状》中所说的那样："死者骨埋□□，生者分离异土，号哭之声不绝，怨恨之气冲天。"在吐蕃占领的多半个世纪中，沙州百姓曾饱尝异族压迫之苦难，经过殊死拼搏，始获得独立，但因张承奉的失误举措而引致的战败，使其斗争成果迅速化为乌有，再次对异族俯首称臣。从《辛未年（911）七月沙州百姓一万人上回鹘大圣天可汗状》的字里行间，不难感觉到沙州民众满腔的哀怨凄婉之情。

张承奉对甘州回鹘之战的失败，给此后沙州归义军政权的统治者曹议金提供了深刻的教训，促使其在对外政策方面采取了比较灵活的方略，即一方面加强与于阗国的结盟，同时臣事甘州回鹘、高昌回鹘以维持和平局面和丝路的畅通，重新打通并加强与中原王朝的臣属关系和经济联系。这一策略使曹氏汉人政权能够以瓜、沙二州之地继续存在了百余年之久，更促进了西北地区各族人民的团结和发展。

第七章　甘州回鹘与曹氏归义军政权的关系

第一节　曹议金与甘州回鹘的和亲

后梁乾化四年（914年），张承奉薨亡。因其无后，曹议金遂以长史身份代掌归义军政权，从此，瓜、沙二州的历史进入一个新的阶段，即曹氏归义军时期。

曹议金（？～935年），名仁贵，以字行。唐末沙州五代人，归义军节度使索勋婿，张议潮外孙婿。曹议金继位之初，汲取张承奉因称王建制而致失败的惨痛教训，恢复归义军节度使的旧称，奉中原王朝正朔，积极向中原王朝靠拢，以期得到中原王朝的承认。长兴二年（931年），曹议金号称"令公"、"拓西大王"，归义军成为独立王国。

敦煌，本为"四面六蕃围"之地，[①] 长期处于回鹘、吐蕃、吐谷浑、羌、龙家等民族的包围之中，民族关系极为复杂，特别是金山国败于甘州回鹘之后，归义军政权的生存危机更是迫在眉睫。为了自存，接替张承奉而执归义军牛耳的曹议金积极与中原王朝靠拢，此外还采取了一系列与周边民族缓和矛盾、发展友好关系的措施。在西边，积极发展与于阗国的关系。934年，曹议金嫁女给于阗国王李圣天（Visa Sambhava）。此后，两地保持着姻亲关系，双方的使者往来不断。莫高窟第98窟内列于阗国王李圣天与曹氏女的供养画像，题名为"大朝大于阗国大政大明天册全封至孝天皇后曹氏一心供养"。[②] 曹氏家族通过这种联姻的方式，与于阗王国保持极为友好的政治关系与频繁的经济文化往来，以致在丝绸之路上形成"于阗使人，往来无滞"的局面。[③] 这种友好关系一直存在到1006年于阗

[①] P. 3128、P. 2809、P. 3911《敦煌曲子词·望江南》，任半塘：《敦煌歌辞总编》，上海古籍出版社2006年版，第445页。

[②] 敦煌研究院编：《敦煌莫高窟供养人题记》，文物出版社1986年版，第32页。

[③] P. 2704《后唐长兴四年至五年曹议金回向疏》，唐耕耦、陆宏基编：《敦煌社会经济文献真迹释录》第3辑，全国图书馆文献缩微复制中心1990年版，第85页。

图7-1 榆林窟第16窟曹议金供养像

国被喀喇汗王朝所灭。

在东边,努力通过和亲等手法缓和与甘州回鹘的紧张关系。曹议金曾娶甘州回鹘可汗之女天公主为夫人。至于结亲的时间,学界有不同意见,一种认为其时当在贞明四年(918年)以前。[1] 另一种意见认为是在天复四年(904年)以前,为天睦可汗之女。[2] 后一种意见的主要依据是敦煌写本S.1137和P.2915《天兵文》。兹录S.1137如下:

> 为谁施作?则有我河西节度使尚书,先奉为龙天八部,雍(拥)护疆场;四天大王,加威神力。次为国安人泰,万姓咸欢。尚书应

---

[1] 荣新江:《归义军史研究——唐宋时代敦煌历史考索》,上海古籍出版社1996年版,第310页。
[2] 徐晓丽:《曹议金与甘州回鹘天公主结亲时间考——以P.2915卷为中心》,《敦煌研究》2001年第4期,第112~118页。

灵，延长保（宝）祚。洪水摄伏，莫伤害人；蝗飞军兵，永散他国。霜雹莫降，随四季而及时；外寇狼烟，自参差而星散。公主吉庆，无［闻］怨切之音。夫人贵颜，共寿（受）千春之美。郎君、娘子，同花萼而芬芳。左右官寮，尽忠而清政，谷麦丰熟，疫疾消除；四塞廓清，歌谣乐业诸之福会也……又持胜福，次用庄严公主、夫人贵位：伏愿体花永曜，质貌恒春；娘子、郎君琼词宝锷，永受千秋之宠，长居万代之荣。①

这里所谓的《天兵文》，学界存在不同看法，有人称为曹议金时期的释门杂文。②存此待考。《天兵文》在P.2915中位列第10篇，值得注意的是，在该写卷的中部题有"天复四年甲子岁二月二十三日诸杂斋文一卷"字样，由此可定该《天兵文》写成于天复四年（904年）。考虑到曹议金称尚书的时间在914年至919年（或920年），③故其中的"河西节度使尚书"当指张承奉而非曹议金。职是之故，学界将"公主"解释为回鹘天公主，将"夫人"解释为曹议金的原配夫人宋氏之说是占不住脚的。况且，按照中国传统，原配夫人应在前，其他夫人则按序依次排列。故曹议金与甘州回鹘天公主结亲的时间当以第一种意见为准。

曹议金先娶甘州回鹘公主为妻，与英义可汗结为翁婿关系；同时，又嫁女给英义可汗之孙仁裕。这种关系，在敦煌莫高窟、西千佛洞、瓜州榆林窟的供养人题名中有真实的反映。如曹议金在莫高窟所开"功德窟"（第98窟）主室东壁北侧画有题名为"敕授汧国公主是北方大回鹘国圣天可汗（下缺）"④的女供养人，头戴桃形式凤冠，身着圆领窄袖式长衣，下摆落地，项饰瑟瑟珠，与花蕊夫人《宫词》所说的："回鹘衣装回鹘马，就中偏称小腰身"⑤之语，恰相符合，是证其为回鹘可汗女无疑。在曹议金之子、归义军节度使曹元德所开洞窟（第100窟）甬道北壁，画有回鹘装女供养人，题名为"……郡……人汧……圣天可汗的子陇西李氏一心供养"。⑥主室南北壁的下方，还分别绘有曹议金与此公主的出行图。

---

① 黄征、吴伟编校：《敦煌愿文集》，岳麓书社1995年版，第604页；中国社会科学院历史研究所等编：《英藏敦煌文献（汉文佛经以外部分）》第2册，四川人民出版社1990年版，第235～236页。
② 郑炳林：《敦煌碑铭赞辑释》，甘肃教育出版社1992年版，第378页。
③ 荣新江：《沙州归义军历任节度使称号研究（修订稿）》，《敦煌学》第19辑，1992年，第41页。
④ 敦煌研究院编：《敦煌莫高窟供养人题记》，第32页。
⑤ 《全唐诗》卷七九八，中华书局1985年版，第8978页。
⑥ 敦煌研究院编：《敦煌莫高窟供养人题记》，第49页。

图7-2 莫高窟第100窟北壁回鹘天公主出行图

在曹元忠及夫人浔阳翟氏所开"功德窟"（第61窟）主室东壁南侧，亦绘有回鹘女供养人，题名结衔为："故母北方大回鹘国圣天的子敕授秦国天公主陇西李（下缺）"。①这些题名揭示出如下一种关系：英义可汗为曹议金岳父；曹议金是顺化可汗仁裕的岳父；仁裕是英义可汗之孙。这种错综复杂的姻亲关系的存在，必然有利于化解两政权之间的矛盾。

和亲关系的存在与维系，直接促进了沙州归义军政权与甘州回鹘之通好。曹议金非常注意发展与甘州回鹘的通贡关系，尊重甘州回鹘在丝绸之路上的既得利益。北京大学图书馆藏敦煌写本102号《佛说八阳神咒经》题记：

> 甲戌年七月三日，清信佛弟子兵马使李吉顺、兵马使康奴子二人，奉命充使甘州，久坐多时，发心写此《八阳神咒》一卷，一为先亡父母，神生净土；二为吉顺等一行，无之灾彰（鄣），病患得差；愿早回戈（国），流传信士。②

据考，该文献当写于914年。③说明曹议金上任伊始，即派使节出使甘州回鹘。李吉顺等在甘州逗留多时，可推测双方的交涉并不容易成功；而他们带着这卷写经顺利返乡，表明甘沙二州之间也还有着正

---

① 同上书，第21页。
② 张玉范：《北京大学图书馆藏敦煌遗书目录》，《敦煌吐鲁番文献研究论集》第5辑，北京大学出版社1990年版，第537页。
③ 池田温：《中国古代写本识语集录》，东京大学东洋文化研究所1990年版，第457页。

常的交往。①

P.2945抄有8件《归义军节度兵马留后使状》，其中最后一件是曹议金于后梁贞明四年（918年）写给灵州令公和凉州仆射的书信抄本，文曰：

> 今者使臣回辙，当军兼差使人，路次经过大蕃，岂敢辄无状达。前载得可汗旨教，始差朝贡专人。不蒙仆射恩泽，中路被温末（嗢末）剽劫。今乃共使臣同往，望仆射以作周旋，得达前程，往回平善，此之恩得（德），何憨（敢）忘焉。②

这两件文献都证明，曹议金两次遣使入朝，都曾得到甘州回鹘的准许，③也体现了二者之间关系的正常与平等。

第二节　曹议金对甘州回鹘的征伐

贞明六年（920年），甘州回鹘发生内乱。S.5139v《乙酉年六月凉州节院使押衙刘少晏刘少晏状抄》载：

> 右伏以少晏等，当初总是沙州本体骨肉。自从张太保□上（？）政直（整治），河西道路安太（泰），弟（递）牒便统帅兵马。总是本州之人，放首（防守）凉州，业已经年。前般老人，总以（已）不残，只残后辈男女，首（守）此本府州城，至今不须（许）失城池。经（年？）余以外（来），甘州回鹘兵强马装（壮），不放凉州使人拜奉沙州。昨从回鹘三、五年来，自乱计作三朋，兼及土粪（吐蕃），二人会兵劫取凉州。今经三、五年来，沙州骨子，心儿屈铁，不放下余城惶（隍），至今全得好在安乐。后便直（值）太保阿郎政直（整治），开以河西老道，使人内外，亟归进奉来朝。以此凉府之人，总是沙州百姓之人，数奉佫蕃人教（交）乱劫剥，政此不放，

---

① 荣新江：《甘州回鹘与曹氏归义军》，《西北民族研究》1993年第2期，第61页。
② 李正宇：《曹仁贵归奉后梁的一组新资料》，《魏晋南北朝隋唐史资料》第11辑，1991年，第274～281页；上海古籍出版社，法国国家图书馆编：《法藏敦煌西域文献》第20册，上海古籍出版社2002年版，第189页。
③ 李正宇：《曹仁贵归奉后梁的一组新资料》，《魏晋南北朝隋唐史资料》第11辑，1991年，第274～281页。

大受饥馑，良（粮）用不充，人民教（叫）穷。伏乞太保阿郎仁恩照察，凉府□□之人，赐乞（乞赐）候良（粮粮）、帖兵，及余二色，不敢不申。伏请公凭表不处分，牒状如前，谨牒。乙酉年六月日凉州节院使押衙刘少晏状。①

因为文书末尾出现"乙酉年"字样，故唐长孺先生将其时代推定为同光三年（925年），其中的张太保指张议潮，而太保阿郎则指当时任归义军节度使的曹议金。②此说甚是。荣新江亦同意此说，并进一步证明此说之不误。③也有学者考证认为"乙酉"乃"己酉"之误抄，遂将文书推断为文德二年（889年）之物。④此说难以成立，因为文德二年，在位者为张淮深，而文中的"太保"一称，张淮深从未使用过。故不能将"乙酉"改为"己酉"。

该文献写于乙酉年（925年）六月，上推三至五年，即为贞明四至六年（920～923年），文书表明，此时甘州发生了内乱，分裂为三派势力。敦煌出土的于阗文文书中也有这一时期甘州回鹘内部发生内讧的记载。在此之前，甘州回鹘已断绝了凉州和沙州之间的往来，自然地，归义军与中原王朝的关系也因此受阻，这是归义军所不能接受的。

归义军经过十年的休养生息，生产得到恢复与发展，政治走向稳定，军事力量也随之得到了加强，为了重霸河西，打开中西交通的通道，曹议金遂于同光三年（925年）派军出征。S.5448《浑子盈貌真赞》比较全面地反映了这次战争的经过：

<blockquote>
唐故河西归义军节度押衙兼右二将头银青光禄大夫检校国子祭酒兼御史中丞上柱国浑厶甲貌真赞并序。

府君讳子盈，字英进。门传鼎族，历代名家。行播人间，神聪膺世。弱冠入士（仕），处苦先登。每精六艺之词，身负六端之美。
</blockquote>

---

① 邓文宽：《〈凉州节院使押衙刘少晏状〉新探》，《敦煌学辑刊》1987年第2期，第62～63页；中国社会科学院历史研究所等编：《英藏敦煌文献（汉文佛经以外部分）》第7册，四川人民出版社1992年版，第25页。

② 唐长孺：《关于归义军节度的几种资料跋》，《中华文史论丛》第1辑，1962年，第293～294页。

③ 荣新江：《归义军史研究——唐宋时代敦煌历史考索》，上海古籍出版社1996年版，第76页。

④ 邓文宽：《〈凉州节院使押衙刘少晏状〉新探》，《敦煌学辑刊》1987年第2期，第64页；黄盛璋：《汉于阗吐蕃文献所见"龙家"考》，郑炳林、樊锦诗、杨富学主编：《丝绸之路民族古文字与文化学术讨论会文集》，三秦出版社2007年版，第257～258页。

英才雅智，独出众于敦煌。德业日新，振佳声于乡里。念兹公干，给赐节度押衙，兼百人将务。更能奉公清谨，葺练不厌于晨昏。教训军戎，士卒骁雄而捷勇。妙闲弓剑，历任辕门，习黄公三略之才，蕴韩白六韬之术。眠霜卧碛，经百战于沙场。匹马单枪，几播主于莲府。明闲礼则，传戎音，得顺君情。美舌甜唇，译蕃语，羌浑叹美。东南奉使，突厥见者而趋迎。西北输忠，南山闻之而献顿。啼猿神妙，不亏庆忌之功。泣雁高踪，共比由基之妙。遂使于家孝悌，晨昏定省而不移。昆季之情，让枣推梨而无阙。方欲尽忠竭节，向主公勤。何期宿业来缠，桑榆竞逼。肃州城下，报君主之深恩。白刃相交，乃魂亡于阵下。三军恋惜，九族悲啼。二男洒泪于千行，雏女哀号而满路。恩奉邀命，自愧不才，略述芳名，而为赞曰：间生杰俊，国下英贤。三端出众，六艺俱全。幼而从仕，勇猛贞坚。弓开泣雁，矢发啼猿。荣迁将务，治理周旋。东收张掖，左入右穿。玉门破敌，血满平田。明闲轨则，传译蕃言。能降突厥，押伏南山。肃州城下，擐甲冲先。天何不祐，魂归逝川。男女哀喧，泣泪潺潺。邈题真影，芳名永传。厶年厶月厶日题记。①

浑子盈有可能即为金山国文献《白雀歌》（P. 2594背、P. 2864背）中"按剑先登"的浑舍人。②据《浑子盈貌真赞》序末尾的"恩奉邀命"一语，可知该赞的作者是杨继恩，此人还撰有《阴善雄邈真赞》和《罗盈达貌真赞》，前者题衔为"节度押衙知上司孔目官"，后者为"节度内亲从都头知管内诸司都勾押孔目官兼御史中丞"，并有纪年"大晋天福八年癸卯岁九月朔十五日"，可知他是943年前后掌管归义军文案的主要官员。杨继恩未在赞文题目后署名，恐是其官位未显时的作品。据标题的"唐"字，推测应写于后唐初年。其中记录了浑子盈以节度押衙兼右二将头的身份，率所属百人从征甘州（张掖），曾破敌于玉门，但最终战死于肃州（酒泉）城下。③

P. 3518（现编号为Pelliot Sogdien 7）《大唐河西归义军节度使左马步

---

① 郑炳林：《敦煌碑铭赞辑释》，甘肃教育出版社1992年版，第343页；姜伯勤、项楚、荣新江：《敦煌邈真赞校录并研究》，台北新文丰出版公司1994年版，第425～426页；中国社会科学院历史研究所等编：《英藏敦煌文献（汉文佛经以外部分）》第7册，四川人民出版社1992年版，第95～96页。
② 王重民：《金山国坠事零拾》，《敦煌遗书论文集》，中华书局1984年版，第90页。
③ 荣新江：《曹议金征甘州回鹘史事表微》，《敦煌研究》1991年第2期，第1～2页。

都押衙银青光禄大夫检校右散骑常侍御史大夫上柱国故张府君邈真赞》载：

> 大唐河西归义军节度左马步都押衙银青光禄大夫检校右（左）散骑常侍兼御史大夫上柱国故张府君邈真赞并序。
> 　　夫禀道怀志，庄周岂叹于西驰。孰为奇仁，鲁父轸词于东逝。况我公讳保山，字（原空）。雄门之将，性本奇聪。三端别秀于人伦，六艺每彰于西裔。弯弧伏兽，细柳未比于今时。举矢猿啼，箭动傅空而雁泣。故得文深墨宝，诗书缀玉而成章。笔彩龙飞，触锋七分而入木。智周五郡，不改始终。言以安人，谦谦守道。侍历两政，谨专一途。金王会临，超先拔选。东陲大镇，最是要关。公之量宽，佥然委任。新城固守。已历星霜。兹镇清平，人歌邵（绍）泰。堰都河而清流不泛，浚沟洫而湍涌泛波。五谷积山，东皋是望。贮功廪什（实），抚备边城，效壮节得顺君情，念衣冠而入贡。路无阻滞，亲入九重。上悦帝心，转加宠秩，得授左散骑常侍兼御史大夫。回骑西还，荐兹劳绩，当金左马步都虞候。一从注辖，五载有余。内外告泰安之声，图圄止讹斜（邪）之遗。冰清月皎，六街无奸盗之非。防险虑虞，百坊叹长年之庆。
> 　　谯公秉节，头（倾）慕忠良。公之英奇，颇能携荐。辕门指拓（挥），须凭盛族之良。军府杞材，仍藉有功之士，转迁右马步都押衙。公干当世，韬钳（钤）满怀。胆气出群，辛勤百战。不辞寝甲，皓首提戈。常进智谋，再收张掖。洪军霸战，四路传声。要达皇王，刻名玉案。公之猛列（烈），不顾艰险。又至天廷，所论不阙。慕公忠赤，报以前勋，乃荐左都押衙。于是大纵龙韬，布雄芒于陇上。顿置横纲，截十角之胸襟。方期岳镇，舒廉牧之长材。俄示云亡，不展平生之志。呜呼！
> 　　天何降坠，倏忽遐终。敦煌则宝剑停飞今世，七郡则卞璧不现。五子号叫，二女咸悲。六亲哽噎于临丧，邻里停舂而扣泪。厶宗奉执手，付嘱再三，命撰高（稿）文，希申数字，枉为颂曰……①

---

① 郑炳林：《敦煌碑铭赞辑释》，甘肃教育出版社1992年版，第506~507页；姜伯勤、项楚、荣新江：《敦煌邈真赞校录并研究》，台北新文丰出版公司1994年版，第294~295页；上海古籍出版社、法国国家图书馆编：《法藏敦煌西域文献》第25册，上海古籍出版社2002年版，第138~139页。

这里的"谯王",指的就是归义军节度使曹议金;"张府君"即金山国旧将张保山。早在张承奉任节度时,张保山就是节度押衙,见P.4640背《归义军军资库司布纸破用历》庚申年(900年)九月五日条:"奉判,支与押衙张保山画纸叁拾张。"① 据赞文,金山国时,他任职于沙州东部的边镇新城。罗福苌编《沙州文录补》收有《封书样》两条,均系"节度押衙充新城镇遏使张宝山状"的封面。张宝山应即张保山,所任之职为新城镇使。至曹氏掌权后,张保山迁任右马步都押衙是东征张掖的重要军事统帅之一。他在曹议金征甘州之役中立有战功,战后,他又充使到中原王朝,先后"五回奉使"后唐,因功进升左都押衙。②

值得注意的是,P.3718(1)《张明集写真赞》所涉随曹太保出征之事,也可能与曹议金对甘州回鹘的征伐有关。兹引其文如下:

  唐故归义军节度押衙银青光禄大夫检校国子祭酒兼御史中丞上柱国南阳郡张公写真赞并序

  郎君讳明集,字富子,即今河西节度曹太保亲外甥也,都头知内亲从张中丞长子矣。公以门传轩冕之宗,莲府琼枝,家承阀阅之贵。少如习礼,顿无吐凤之才;长具三端,早备六全之艺。英明守孝,七岁怀橘而将归;特达持忠,十二历危而许国。故得弯孤掌内,云雁愁以悲空;指矢临弦,猿泣鸣而泪血。南山偷路,公乃先行;对阵临锋,前荡后出。凶奴胆辙(慑),波迸星流。因慈(兹)雄名声震,美播寰中。太保酬劳,赏迁重叠。去载,大军开路,公常佐在台前,昼夜不离,谏陈异计。张掖城下,效勇非轻,左旋右抽,曾何介意。临机变策,过良将之深谋;洞达英筹,透韬铃(钤)之武略。居高当势,意下心低。礼法趋走将,无闻乖失。可谓铿钱(笺铿)寿老,岂藉于延龄;颜子早终,谁思而速逝。缠眠(绵)疴疾,万计寻师;累月医料(疗),千万进药。天命有限,难舍去留。临终之日,别父母,永谢长辞。遗叔姊妹弟兄,千万无因再睹。二亲号天泣血,倚门相望儿不来。小娘子叫地摧(捶)胸,我兄何往而不见。隋珠坠水,赵壁(璧)沉泉。余拙寡文,聊为颂曰:奇哉郎君,越众超郡(群)。魁伟美貌,笔写难真。走将走将济济,礼不轻人。长怀喜色,永不曾嗔。孝家中(忠)国。纳力殷勤。割已赈下,扶济孤贫。

---

① 池田温:《中国古代籍帐研究·录文》,东京大学东洋文化研究所1979年版,第609页。
② 荣新江:《曹议金征甘州回鹘史事表微》,《敦煌研究》1991年第2期,第3~4页。

箭调四羽，弯弧六钧。武中绝妙，文学日新。太保爱惜，何藉珍珠。两骥虽杰，不俟一麟。图刑（形）锦账，伤悼二亲。三时奠谒，万固（古）长春。

（于时月在林钟蕞生拾叶题记[①]）

由于本赞题记不记年份，故无法判定文中的"去载"是指何年。但文中称曹议金为"太保"，而曹议金称太保时当925—928年之间，据此可定该文时代当在此期间。易言之，张明集辅佐曹议金攻甘州回鹘，必在928年以前。[②]

经过六年的征战，曹议金先后剪除了"三朋"中的其余二朋——狄银（924～926年在位）和阿咄欲（926？～927年在位），并力助其婿——顺化可汗夺取并稳固了汗位（927？～960年在位）。[③]

参与曹议金征甘州之役的还有常乐县令阴善雄，杨继恩撰《阴善雄邈真赞》（P.2970）有载：

唐故河西归义军节度使内亲从都头守常乐县令武威郡阴府君邈真赞并序

节度押衙知上司孔目官杨继恩述

府君讳善雄，字良勇。门承钟鼎，代袭簪缨。族美圭璋，懿联侯室。公之禀质，异世英奇。幼年粗晓于三端，弱冠别彰于六艺。谦谦守直，真可君子之风流；得众宽弘，不失先贤之轨范。功庸罕比，毅勇难俦。出言而山岳无移，发语而千金不易。曹王秉节，挺赤心而膺昌期；苦处先登，效忠贞而能定国。久陪军幕，作我主之腹心；百战沙场，几潘生于龙塞。常乐贵县，国之要冲。睹公良能，荐迁莅职。故得仁风载扇，政风远闻。驱鸡之善不遗，弹琴之名无怠。猛虎负子，人无告劳。临危而畏若秋霜，抚众而爱同春雨。扶倾济弱，遣富留贫。行五□以恤黎民，避四知而存清洁。城邑创饰，寺观重修。一

[①] 郑炳林：《敦煌碑铭赞辑释》，第414～415页；姜伯勤、项楚、荣新江：《敦煌邈真赞校录并研究》，台北新文丰出版公司1994年版，第301～302页；上海古籍出版社，法国国家图书馆编：《法藏敦煌西域文献》第27册，上海古籍出版社2002年版，第95页。

[②] 荣新江：《归义军史研究——唐宋时代敦煌历史考索》，上海古籍出版社1996年版，第315页。

[③] 孙修身：《试论瓜沙曹氏与甘州回鹘之关系》，《1990年敦煌学国际研讨会文集·史地语文编》，辽宁美术出版社1995年版，第101～106页；荣新江：《归义军史研究——唐宋时代敦煌历史考索》，上海古籍出版社1996年版，第309～327页。

县敬仰于神明，万类遵承于父母。达怛犯塞，拔拒交锋。统领军兵，临机变策。立丈夫儿之志节，一人独勇而当千。星散云飞，异类横尸而遍野。东收七郡，意气侔矾（樊）哙之功。西定六蕃，用军有烧牛之策。雄豪无敌，不顾微躯；下壁拔城，累彰臣节。通申内外，不恋货财；摄念冰清，宛然公道。将谓岳石齐固，抱壮智以佐君威；何乃天降妖灾，逐风灯而沉逝路。明王恋惜，举郡伤嗟，一道泣血而声哀，九族攀号而僻踊。继恩谨奉上命，难免固辞。驻笔含悲，乃为颂曰：英灵神恃，世上难逢。百艺晓览，乃有我公。谦谦守直，量比贞松。三端独步，六顺具通。曹王秉节，抱赤扶忠。沙场静塞，苦处先登。常乐治县，改俗移风，每施政令，化美一同。戎冠屏迹，外贼无踪。张掖再复，独立殊庸。酒泉郡下，直截横冲。威传四境，名透九重。将谓永寿，岳石长隆。何兮逝逼，水火皆空。甘泉早竭，良木先崩。黄云暗惨，天戴愁容。一郡废业，坊巷停春。六亲无望，洒泪连郁。千秋之后，永播高功。①

文中的"曹王"指的就是曹议金，"唐"，则指后唐。按后唐亡于936年，而曹议金之称王始自931年，该文献大致应写于这一时段。《邈真赞》称他英勇善战，"酒泉郡下，直截横冲。威传四境，名透九重"。当时，阴善雄身为常乐县令，随曹议金东征甘州，对"张掖再复"，立有特殊功勋。文中所追述战事，亦为曹议金于同光三年（925年）对甘州的征伐。

此外，参与平甘州之役的还有如下诸人：

薛善通，事见 P. 3718(16)《薛善通邈真赞》："府君讳善通，字良达……伏自曹王秉政，收复甘、肃二州。公乃战效勇于沙场，纳忠勤于柳境。初任节度押衙，守常乐县令。主辖当人，安边定塞。"②该赞写成于辛丑年（941年）二月二十四日，薛善通因此战功而被任命为常乐县令。

李绍宗，事见 P. 3718(17)《李绍宗邈真赞》："府君讳绍宗（原卷旁注：润晟），字继祖。即前河西一十一州节度使张太保孙使持节墨厘军诸军事守瓜州刺史银青光禄大夫检校散骑常侍兼御史大夫李公之长子矣……年芳小俊而出群，弱冠东征而西敌。加以挥戈塞表，为国纳效于沙场；提剑军前，拔帜当锋而独立。破南山，公托隘寇，众赖沾功；扫羌戎，白刃

---

① 《敦煌碑铭赞辑释》，第475~476页；《敦煌邈真赞校录并研究》，第250~251页；《法藏敦煌西域文献》第20册，第282页。
② 《敦煌碑铭赞辑释》，第646页；《敦煌邈真赞校录并研究》，第306页。

相交，不贪躯命。后乃张掖城下，立万载之高名；酒泉郡前，播雄声于千古。念兹劳绩，金奖荣班。一举节度押衙，兼迁敦煌乡务。"①该赞写成于天福七年（942年）五月十四日。李绍宗是张议潮之重外孙，即张议潮女婿李明振次子李弘定的儿子。他以参加平定甘州、肃州之役有功而升任节度押衙兼敦煌乡务。

罗盈达，事见P.2484(2)《罗盈达邈真赞》："府君讳盈达，字胜迁……塞上之雄豪无敌，沙场之猛气过人。誉播衙庭，兼受极任。紫亭贵镇，葺理边城。抚育疲徒，如同父母。又迁上品，委任马步都权。统领洪军，共收河西陇右。而乃名标三杰，功盖八元。"②该赞写成于天福八年（943年），作为曹议金的妹夫，罗盈达当时担任的是内外诸司马步军都指挥使一职，其权位仅次于节度使。

庆德，事见P.3556(7)《庆德邈真赞》："府君讳庆德，字忧公……后迁紫亭镇将，数年而控扼南番。恒以廉洁奉公，累载讨除北虏。重金步卒元帅，又选兵马都权。职位崇隆，荣超极品。运张良之计，东静金河；立韩信之谋，北清玉塞。单枪匹马，舍躯命而张掖河边；仗剑轮刀，建功勋于燕脂山下。再举衙内师长，兼任亲从行班。"③本抄件既无题名，亦无纪年，但所记事应与归义军征伐甘州有关。

曹议金对甘州回鹘的征伐，在敦煌傩歌《儿郎伟》中也有所见，④如敦煌文书P.3270《儿郎伟》称：

盖闻二仪交运，故制四序奔驰。若说迎新送故，兼及近代是□，总交青龙步（部）领，送过葱岭海隅。敦煌神砂福地，贤圣助于天威。灾病永无侵遶（娆），千门保愿安居。皆是太保位分，八方俱伏同知。河西是汉家旧地，中隔狢犹安居。数年闭塞东路，恰如小水之鱼。今遇明王利化，再开河陇道衢。太保神威发愤，遂便点缉兵衣。略点精兵十万，各各尽擐铁衣。直至甘州城下，回鹘藏举（弄）无知。走入楼上乞命，逆者入火愤（焚）尸。大股披发报告，放命安于城除（池），已后勿愁东路，便是舜日尧时，内使亲降西塞，天子尉曲名师。向西直至于阗，纳供献玉琉璃，四方总皆跪伏，只是不绝汉

---

① 《敦煌碑铭赞辑释》，第466页；《敦煌邈真赞校录并研究》，第306页。
② 《敦煌碑铭赞辑释》，第485页；《敦煌邈真赞校录并研究》，第316~317页。
③ 《敦煌碑铭赞辑释》，第392页；《敦煌邈真赞校录并研究》，第316~317页。
④ 周绍良：《敦煌文学"儿郎伟"并跋》，《出土文献研究》，文物出版社1985年版，第175~183页。

仪。太保保信三保（宝），寿命彭祖同时。①

P.4011所载另一件《儿郎伟》则言：

……甘州数年作贼，直拟欺负侵凌。去载阿郎发愤，点集兵钾（甲）军人。亲领精兵十万，围绕张掖狼烟。未及张弓拔剑，他自放火烧然（燃）。一齐投（披）发归伏，献纳金钱城川。遂便安邦定国，永世款伏承前，不经一岁未尽，他急逆礼无边。准拟再觅寸境，便共龙家相煎。又动太保心竟（境），破（叵）耐欺负仁贤，缉练精兵十万，如同铁石心肝。党（当）便充（冲）山进跨，活捉猃犹狼烟。未至酒泉小□，他是魂胆不残。便献飞龙白马，兼及绫罗数般。王子再相□□，散发纳境相传。因兹太保息怒，善神护我川原，河西一道清泰，天子尉（慰）曲西边。六蕃总来归伏，一似舜日尧年……②

歌中的"太保"，一种意见认为指张淮深，但张淮深不曾有"太保"之称，故此"太保"与"阿郎"一样，都是沙州人对曹议金的敬称和爱称。"猃犹"指代甘州回鹘。从上列两篇《儿郎伟》来看，曹议金对甘州回鹘的战争不止一次，前后历时三年以上。

以上八件邈真赞与《儿郎伟》反映的都是曹议金征甘州事，从中可以看到，瓜沙军当时兵临甘州城下，而且还对甘州回鹘辖下的酒泉城进行过攻击。虽未攻入甘州城，但对回鹘势力的打击却是很沉重的，从此以后，瓜沙通中原的道路得以重新开通，沙州派往中原的使者也得以通行无阻。P.3448背《辛卯年（931年）董善通张宝善雇驼契》记有："辛卯年九月廿日，百姓［董］善通、张善保二人往入京（后略）。"③ 二人之入京有可能是追随归义军的使者而往的。《册府元龟》卷九七二《外臣部·朝贡门》亦载："长兴三年（932年）正月……沙州进马七十五匹、玉三十六

---

① 黄征、吴伟编校：《敦煌愿文集》，岳麓书社1995年版，第951页；《法藏敦煌西域文献》第22册，第333页。
② 黄征、吴伟编校《敦煌愿文集》，岳麓书社1995年版，第959～960页；《法藏敦煌西域文献》第30册，第342页。
③ T. Yamamoto-O. Ikeda, *Tun-huang and Turfan Documents concerning Social and Economic History*, III, Contracts (B), Tokyo 1987, pp.123-124, No. 396；《法藏敦煌西域文献》第24册，第234页。

团。"① 此后，归义军政权又于清泰元年（934年）正月再遣使入后唐朝贡，同行者有甘州回鹘可汗仁美派遣的使者。② 可见，曹议金在位晚期，沙州与甘州间的关系呈良性发展状态。

长兴二年（931年），曹议金号称"拓西大王"，使归义军成为独立王国。在此之前的头一年，曹议金曾亲赴甘州，与回鹘顺化可汗"面对商议"。此事见于敦煌写本P.2992v(3)《曹议金致回鹘顺化可汗状》，兹录全文如下：

> 季夏极热，伏惟弟顺化可汗天子，尊体动止万福，即日兄大王蒙恩，不审近日尊体何似，伏惟顺时，倍加保重。远诚可（所）望。已前西头所有世界事宜，每有般次去日，累曾申陈，计应上达。自去年兄大王当便亲到甘州，所有社稷久远之事，共弟天子面对商议，平稳已讫，兄大王当便发遣一伴般次入京。昨五月初，其天使以（与）沙州本道使平善达到甘州，弟天子遣突律伙都督往沙州通报衷私，无意之人稍有些些言语。天使以（与）本道使蒙赐馆驿看待，兼改头并不减损，允过西来。昨六月十二日，使臣以（与）当道［使］平善到府，兼赍持衣赐信物，并加兄大王官号者，皆是弟顺化可汗天子惠施周备。圣泽曲临，以（与）弟天子同增欢庆。今遣内亲从都头价荣实等谢贺，轻信上好燕脂、表（镶）玉壹团重捌斤、白绵绫伍疋、安西绁两疋、立机细绁拾捌疋、官布陆拾疋，以前物等，到，垂检容。更有怀，并在贾都头口申陈子细。谨状。③

文中的"兄大王"为曹议金的自称，甘州回鹘顺化可汗则被称为弟。文献云"去年兄大王当便亲到甘州，所有社稷久远之事，共弟天子面对商议，平稳已讫"，接言朝廷遣沙州的"天使"五月至甘州，备受礼遇，六月十二日道归义军府"加兄大王官号"。《旧五代史·明帝纪》载：后唐

---

① 《册府元龟》卷九七二《外臣部·朝贡五》，中华书局1960年版，第11423页。
② 同上。
③ 录文见陈祚龙《敦煌学园零拾》（上），台湾商务印书馆1986年版，第347～349页；苏哲：《伯二九九二号文书三通五代状文的研究》，《敦煌吐鲁番文献研究论集》第5辑，北京大学出版社1990年版，第463～465页；唐耕耦、陆宏基编：《敦煌社会经济文书真迹释录》第4辑，全国图书馆文献缩微复制中心1990年版，第395～396页；孙修身：《敦煌遗书P.2992号卷〈沙州上甘州回鹘可汗状〉有关问题考》，《西北史地》1985年第4期，第80～85页；上海古籍出版社，法国国家图书馆编：《法藏敦煌西域文献》第20册，上海古籍出版社2002年版，第361页。

长兴二年正月,敕令加曹议金兼中书令,此年当时书信撰年。那么,曹议金曾亲访甘州之时即应为长兴元年。①

值得注意的是,敦煌写本P.2968《沙州归义军致甘州状稿》似亦与此事有关。P.2968仅一纸,无书题与尾题,其文曰:

> 早者拜别,每切瞻思,徒倾攀鱼之私,莫假旦昏之内。特遇专介,忽沭缄题,兼惠信仪,倍深感佩。切(窃)知行李并在甘州,进奉之人尚有阻碍。伏布司徒司空早设奇计,速觅道途,得面天颜,别迎恩宠。其当道进奉一行,切望偏垂管领。又王孔目等,并总催趁发送,其他数件申来言道,交关未了,续后发去。谨修状起居咨闻。伏惟照察,谨状。②

观句首内容"早者拜别,每切瞻思",似与P.2992v(3)《曹议金致回鹘顺化可汗状》所谓"自去年兄大王当便亲到甘州,所有社稷久远之事,共弟天子面对商议,平稳已讫,兄大王当便发遣一般次入京"所述之事有关。这份状文的发件人应为曹议金,所遣使臣为进京"别迎恩宠"的使者,且在途中受阻。当时河西走廊地区民族纷争激烈,除归义军、甘州回鹘外,还有吐蕃、龙家、鞑靼、嗢末等族活动,劫杀使者、掠夺财物的现象时有发生,故曹议金致书甘州回鹘,望其"当道进奉一行,切望偏垂管领"。该文献平阙之式甚严,当系书状之录副者,属于文范之特殊形式。

第三节　甘州回鹘与曹元德政权之关系

清泰二年(934年)二月十日,曹议金卒,其位由长子曹元德继承。后唐朔方军节度使张希崇遂派康太傅护送天使和三州使人至灵州,并由灵州派专使通报甘州回鹘可汗要其派兵迎送天使和三州使人。事见P.2992v(2)《朔方军节度使检校太傅兼御史大夫张状》:

---

① 苏哲:《伯二九九二号文书三通五代状文的研究》,《敦煌吐鲁番文献研究论集》第5辑,北京大学出版社1990年版,第466页。
② 赵和平辑校《敦煌表状笺启书仪辑校》,江苏古籍出版社1997年版,第299~301页;上海古籍出版社、法国国家图书馆编:《法藏敦煌西域文献》第20册,上海古籍出版社2002年版,第280页。

道途阻僻，信使多乖，每于瞻企之余，莫尽笺毫之内。方深渴仰，猥辱缄封，备详词周奖之仁，深积感铭之恳。所示入守众贡人使，具委来情；况接疆场，莫不专切（功）。今则前邠州康太傅及庆州符太保承奉圣旨，部领大军援送贡奉使人，及有天使去。八月廿一日得军前大（太）傅书牒，云：与都监牛司空，已于八月十六日到方渠镇，与都监商量，定取丹慊（慊）。近者，九月五日发离方渠，于六日平明至土桥子，应接者当道。至八月廿二日专差军将袁知敏却赍书牒往方渠镇，咨报军前太傅，已依此时日应副讫。见（现）亦点猇兵士，取九月三日发赴土桥子接迎，于九日到府次。伏况般次行止，已及方渠，兼得军前文书，合具子（仔）细，披启。令差都头白行丰与居密已下同行，持状咨闻，便请可汗斟酌，差兵迎取。冀因人使备情仪，但缘走马径行，不具分外驰礼。虽有微言，别状披伸，幸望眷私尽书照察，谨状。

朔方军节度使、检校太傅兼御史大夫张。①

文书中"前邠州康太傅"即前邠州节度使康福；"庆州符太保"即庆州刺史符卿彦；都监牛司空即邠州节度使属下将军牛知柔；"朔方军节度使检校太傅兼御史大夫张"即灵州节度使张希崇。此信大约写于清泰元年（934年）十月。回鹘使团返蕃，七月已巳颁诏，大约八月始行，八月十六日抵达方渠镇（即宋初之环州）。八月二十一日朔方军节度使张希崇接到前邠州节度使康福书，据说与牛知柔商定取近道而行，九月五日离开方渠，九月三日灵州方面派兵士出发，六日使团抵达土桥子，后即由灵州接迎者护送，九月九日回鹘使团被送迎至灵州。从长安至灵州的整个行程约为一个月，途中停留日期甚长，从方渠至灵州的实际距离仅有五天时间，即方渠至土桥为一日，至灵州士兵从灵州至土桥，再从土桥接使团至灵州行程均为四日。

同卷《曹元德致回鹘众宰相书》亦载，在清泰二年（935年）二月十日曹议金卒时，这路使人尚未到达沙州：

---

① 苏哲：《伯二九九二号文书三通五代状文的研究》，《敦煌吐鲁番文献研究论集》第5辑，北京大学出版社1990年版，第463~465页；唐耕耦、陆宏基编：《敦煌社会经济文书真迹释录》第4辑，全国图书馆文献缩微复制中心1990年版，第393~394页；上海古籍出版社，法藏国家图书馆编：《法藏敦煌西域文献》第20册，上海古籍出版社2002年版，第361页。

（上缺）众宰相念以两地社稷无二，途路一家，人使到日，允许西回，即是恩幸。伏且朝庭路次甘州，两地岂不是此件行李，久后亦要往来。其天使般次，希垂放过西来，近见远闻，岂不是痛热之名幸矣。今遣释门僧政庆福、都头王通信等一行，结欢通好。众宰相各附白花绵绫壹拾疋，白牒壹疋，以充父大王留念，到日　检领。况众宰相先次大王结为父子之分，今者纵然大王奄世，痛热情义，不可断绝。善咨申可汗天子，所有世界之事，并今允就，即是众宰相周旋之力，不宣。谨状。

（二月　日归义军节度兵马留后使检校司徒兼御史大夫曹。①）

在曹议金去世的前夕，即清泰二年闰正月，沙州朝贡使梁幸德由后唐起程回返，被擢为左散骑常侍。《册府元龟》卷九七六记载后唐闵帝应顺元年（934年）闰正月，"沙州入贡梁行通……等辞，各赐锦袍银带物有差"。《新五代史·闵帝纪》亦载："应顺元年，沙州、瓜州遣使者来。"指的应为同一件事，其中的"梁行通"即梁幸德。P. 3718(12)《梁幸德邈真赞》载：

于是贤臣降世，应节以顺君情。奉贡东朝，不辞路间之苦。乃遇睿慈合允，累对频宣。封赐衣冠而难量，恩诏西陲而准奏。面迁左散骑常侍，兼使臣七十余人，意（衣）着珠珍，不可筹度。一行匡泰，逍遥往回还。回程届此鬼方，忽值奸邪之略。西瞻本府，不期透达烽烟……后进京洛，累朝圣天。恩宣常侍，内使陲边。路隘张掖，犹猃侵缠。翔鸾值网，难免升干。倏加凑疾，掩世俄然。闻之伤切，睹者潺湲。亲罗哽咽，预写生前。余以寡识，聊表他年。

（于时清泰二年乙未岁四月九日题记②）

从中可以看出，这次入贡者多达70余人，以梁幸德官位最高，而被擢为左散骑常侍。然而在返回沙州的途中，"路隘张掖，犹猃侵缠"，即在张掖一带受到回鹘人的劫掠，而身亡时在清泰二年（934年）四月以前。P. 3016v《厶乙上沙州曹议金书状》对梁幸德之遇害有着更为确切的记载：

---

① 苏哲：《伯二九九二号文书三通五代状文的研究》，第438~439页；唐耕耦、陆宏基编：《敦煌社会经济文书真迹释录》第4辑，第391~392页。
② 《敦煌碑铭赞辑释》，第450~451页；《敦煌邈真赞校录并研究》，第285~286页；《法藏敦煌西域文献》第27册，第103~104页。

第七章 甘州回鹘与曹氏归义军政权的关系

厶乙偶（？）自总权军务，里（理）政遐戎。旋差星骑使人呈述边沙情恳，结托通和之事。伏蒙令公尊兄鸿慈，念以菰（孤）军绝漠，烽燧相连，假以崇威，许为昆季。情深之分，自此往来出入，实谓偏沐恩知。唯望百载欢荣，愿承门栏大荫，仰凭台化，安恤边军，每仗英威，恃赖提挈，交欢之次，不绝通流。非期被人暗生斗乱，误惑上情，致有两地以阻艰，盖是下人之佞僭，因兹乃有疑。此即伏望明鉴，察悉卑情。自前载当军，遂差都押衙厶乙等两行人使入京奏事，遂达天廷。回赴西归之时，路上被回鹘煞（杀）却，安千箱不知有何仇隙。其般次平善到于贵府之日，寻蒙大王推问根元（源），猜泥（疑）沙州使人张保山同知谋煞（杀）。却绿（缘）张保山以（与）梁幸德都不知闻，遂有少吏张员进以（与）甘州回鹘副使作为朝定，因此稍说情由，略知些些事故。况张员进既被回鹘透（诱）说，便合奏令公，不合隐藏事。且张员进缘是晓（小）辈，不曾历涉驱驰，为不谙会国礼，公乃至此，有亏大犯。昨得甘州可汗书示，远闻张员进为同谋安千箱事，固身乃归于暗路。某乙闻此消息，尚自不可审明，伏望令公尊兄慈造，特念为此小瑕，不可断于万年之道路。死者已殁，难复再生，昆季通交，千载莫绝。即（下阙）[①]

这是梁幸德被害后厶乙的申报状，时间应在清泰二年（934年）。另外，从状中可知，梁幸德一行当时并没有全部遇害，[②] 还有人生还沙州，P.3197《书函一通》载：

文□等恐，仲春渐喧，伏惟司空尊体已居万福，即日厶乙等蒙恩，不审近日，伏惟候赐，文兆等伏限边使，社租生灵，下情□怀，不获随使拜贺台庭，伏□攀恋之至，□□□□，起居，不宣，□□□□□□状上司空衙。右厶乙奉使甘州已作留滞，去正月命押衙泛春弘等三人至，伏蒙司空□赐委曲存□，文端□□□等九孩生尽，无任沾恩，感恩荷戴。况两地□界事章并先知，□□□达，去时谨闻，伏

[①] 图版见上海古籍出版社、法国国家图书馆合编《法国国家图书馆藏西域敦煌文献》第21册，上海古籍出版社2002年版，第62页。录文见唐耕耦、陆宏基编《敦煌社会经济文献真迹释录》第4辑，第409~410页。本录文采用杨宝玉、吴丽娱《P.3016v〈厶乙致令公状〉考释》，《敦煌研究》2006年第3期，第100~101页。该文认为"安千想"，应作"安千箱"。

[②] 杨宝玉、吴丽娱认为，被害者是安千箱（想）而非梁幸德，"本次出使梁幸德是平安回到沙州的"。见其所著《P.3016v〈厶乙致令公状〉考释》，第102页。伏

行上达。自后两地世息仇，旧平善，去十月廿日便到成，即启般次入奏，回同□□消息□无异化。后至正月十五日回鹘宰相□智颇大兵攻击竹虏、嗢末，去来有廿有余却回，军兵盈□。二月八日□等面奉可汗处分，前后所残沙州人使，并许西回，通和两地途路。其月十一日于阗有一伴人到沙州，□于阗兵马，向甘州作贼□屯，文端等又得回归，久有世□，征□事理，并事人泛春弘等□申□足而贡谨□记。

在历任曹氏归义军节度使中，曾被称作"司空"的有曹议金（924～925年）、曹元德（935～939年）、曹元深（940～941？年）、曹元忠（949年）。[①] 结合《梁幸德邈真赞》看，此"司空"指的应是曹元德。"前后所残沙州人使，并许西回"，指的应是梁幸德使团的遭劫使人。

此外，P.3564《莫高窟功德记》、P.2621《张怀义卖身契》和《梁幸德卖身契》也都记录了这一史实。

第四节　甘州回鹘与曹元忠政权之关系

天福四年（939年）冬，曹元德病逝，不久，其弟曹元深接掌归义军政权。然而，时间不长，便于天福九年（944年）三月去世。弟曹元忠嗣其位。

曹元忠在位之初，瓜沙地区时常面临着甘州回鹘小股势力的窜扰，对此，曹元忠保持了克制，最后通过政治渠道予以有理有节的斗争，不仅使问题得到了妥善解决，而且促成了二者之间肃州会盟的形成。这在敦煌文献中有着具体的反映。

P.2155卷背有曹元忠致甘州回鹘可汗书二件。其一写于某年六月：

元忠辄有少（小）事，须合咨闻。伏希仁私，必须从允。早者，当道差亲从都头曹延定往贵道复礼。况是两地一家，并无疑阻，使人去后，只务宽快，并不提防。去五月廿七日，从向东有贼出来，于雍归镇下，煞却一人，又打将马三两足，却往东去，运后奔送问讯，言道趁逃人来。又至六月四日，悬泉城贼下，假作往来使人，从大道，一半乘骑，一半步行，直至城门，捉将作极小口五人，亦乃奔趁相竞。其贼一十八人及前件雍归镇下，并是回鹘，亦称趁逃人来。自前

[①] 荣新江：《归义军史研究——唐宋时代敦煌历史考索》，上海古籍出版社1996年版，第131页。

或有逃人经过，只是有般次行时发书寻问，不曾队队作贼偷劫。如今道途开泰，共保一家，不期如此打劫，是何名价……况且兄弟才敦恩义，永契岁寒，有此恶弱之人，不要两地世界。到日，伏希兄可汗天子细与寻问，勾当发遣，即是久无之恩幸。今因肃州人去，谨修状起居咨闻，伏惟照察，谨状。

（六月　日弟归义军节度使特进检校太傅兼中书令曹元忠状。①）

另一件写于第二年的三月：

忽奉芳缄，特形华翰。备认王程之忧迫，预知朝骑以有期。希望眷私，特宽尊念。缅惟程限，起发不遥。比至四月上旬，必是稳便。谨修状咨闻，伏惟照察。谨状。

（三月　日归义军节度使特进检校太傅中书令曹元忠状。②）

这两件文书均署"归义军节度使特进检校太傅中书令曹元忠"，而敦煌文书显示，曹元忠称太傅令公是961～962年间。③ 故可将第一件《曹元忠致甘州回鹘可汗书》推定为建隆二年（961年）六月，相应地，第二件书信可推定为建隆三年三月。

与上述文书内容相关的还有P.3272《丁卯年正月廿四日甘州使头阎物成去时书本》：

丁卯年正月廿四日甘州使头阎物成去时书本。

早者因为有少贼行，已专咨启。近蒙兼惠厚仪，无任感铭之至。华翰所云："令宰相密六往肃州，再设咒誓，自今已后，若有贼行，当部族内，随处除剪。"闻此嘉言，倍深感仰。况厶忝为眷爱，实惬衷诚。永敦久远之情，固保始终之契。又云在此三五人往贵道偷来之事。况在此因为西州离乱，恶弱之人极多到来，拘召诸处贫下，并总偷身向贵道偷劫去，厶并不知闻。近者示及，方知子细，当时尽总捉

---

① 陈祚龙：《敦煌学园零拾》（上），台湾商务印书馆1986年版，第354～355页；唐耕耦、陆宏基编：《敦煌社会经济文书真迹释录》第4辑，第401～402页；《法藏敦煌西域文献》第7册，第131页。
② 唐耕耦、陆宏基编：《敦煌社会经济文献真迹释录》第4辑，第403页；《法藏敦煌西域文献》第7册，第132页。
③ 荣新江：《归义军史研究——唐宋时代敦煌历史考索》，上海古籍出版社1996年版，第130页。

道枙禁讫，使人并总眼见。即便发遣文帖与诸处小镇：自今已后，若有一人往甘州偷去，逐（随）处官人，必当刑宪。又去年入京使，到凉州界尽遭劫夺，人总迸散。贵道与凉州接连封境，切望□□，比至凉州寻问，即是（后缺）[1]

通观P.2155卷背第一件《曹元忠致甘州回鹘可汗书》及P.3272《丁卯年甘州使头阎物成牒》，可以勾勒出事情的大致经过：曹元德在位之初，甘沙二州关系良好，"两地一家，并无疑碍"。但后来却常有来自甘州的回鹘劫贼袭扰沙州，甚至窜至雍归镇、悬泉城一带杀人越货，引起了曹元德的关注与不满。于是于建隆二年（961年）六月遣使甘州，致信可汗，请求其"细与寻问，勾当发遣"，对劫贼进行处理。甘州回鹘可汗接信后，十分重视，特遣宰相密六亲往与归义军接壤的肃州，与当地部族设盟誓，禁止抄掠归义军领地。与此同时，甘州回鹘可汗也告知有三五一伙的贼人往甘州回鹘境内偷劫。曹元忠告知贼人乃来自离乱的西州回鹘，并且已发出文告，命所属诸镇，禁人往甘州偷劫。最后，曹元忠希望通过甘州回鹘可汗，了解上年沙州入京使在凉州被劫一事，由于文书残损，结果不得而知。从P.2155卷背第二件《曹元忠致甘州回鹘可汗书》看，甘州回鹘可汗在接到曹元忠的书信后，又回函要求曹元忠阻止劫掠甘州，信于建隆三年（962年）三月到达沙州，曹元忠遂回函，保证至四月中旬即可使道路"稳便"。通过肃州会盟，甘沙二州间友好而正常的关系得到了进一步巩固。

曹元忠时期，与甘州回鹘间常有使节往来，S.3728《乙卯年归义军知柴场司安祐成牒》载：

[二月]廿七日，看甘州使，付设司柴两束……[三月]二日……看甘州使，付设司柽刺两束，三日看南山，付设司壹束，看甘州使，付设司柽刺两束……十八日，迎甘州使，付设司柽刺参束。下檐，付设司柴两束，就驿，柴两束。十九日，东园祭拜，付设司柴两束，看甘州使，付设司柴壹束，甘州使比（？）料，帖下柴参束。[2]

---

[1] 陈祚龙：《敦煌学园零拾》（上），台湾商务印书馆1986年版，第278页；唐耕耦、陆宏基编：《敦煌社会经济文书真迹释录》第4辑，第411页；《法藏敦煌西域文献》第22册，第3361页。

[2] 唐耕耦、陆宏基编：《敦煌社会经济文书真迹释录》第3辑，第618～620页；中国社会科学院历史研究所等编：《英藏敦煌文献（汉文佛经以外部分）》第5册，四川人民出版社1992年版，第152页。

其中的乙卯年，艾丽白依据牒后的简式鸟型画押，推定为955年。[①]文书中的安祐成又见于S.1898《归义军时期队中士兵装备簿》中，[②]而同一文书的张威贤，又见于S.1285《后唐清泰三年（936年）扬忽律哺卖宅舍契》中。[③]这一记载可间接证明艾丽白推测之可信。[④]由此可见，在乙卯年二三月，来自甘州的使人，在沙州曾多次受到归义军官府的款待。

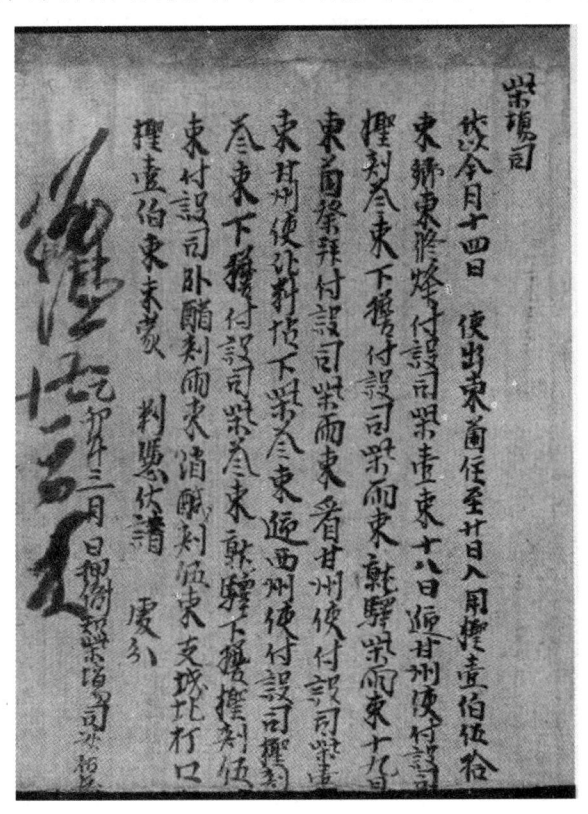

图7-3　S.3728《乙卯年（955年）归义军知柴场司安祐成牒》

[①] D. Eliasberg, Les signature en forme d'oiseau dans les manuscrits chinois de Touen-Houang, Contributions aus etudes sur Touen-houang (1), Geneva 1979, p. 32（［法］艾丽白著，耿昇译《敦煌汉文写本的鸟型押》，《敦煌译丛》第1辑，甘肃人民出版社1985年版，第194页）。

[②] 中国社会科学院历史研究所资料室编：《敦煌资料》第1辑，中华书局1961年版，第207页。唐耕耦、陆宏基编：《敦煌社会经济文书真迹释录》第4辑收录此文书，但未录出"十将安祐成"五字（第505~506页）。

[③] 中国社会科学院历史研究所资料室编：《敦煌资料》第1辑，中华书局1961年版，第312~313页。

[④] 张广达、荣新江：《关于敦煌出土于阗文献的年代及其相关问题》，《纪念陈寅恪先生诞辰百年学术论文集》，北京大学出版社1889年版，第293页。

综观百余年来甘州回鹘与沙州汉人归义军政权的关系，可以看出，二者的关系时好时坏。在张氏归义军及金山国时期，双方关系比较紧张，彼此都力图使对方成为自己的藩属，故而战事不断，互有胜负，双方损失都很大。曹议金上任以后，汲取前代教训，注意改善与甘州回鹘的关系。这一政策，在后继者中长期得到继承，确保了二者友好关系的发展与延伸。由于甘州地处沙州通往中原的交通要道上，故甘州回鹘在与沙州的交往中常能处于主动地位，沙州不得不默认甘州的优势，否则，甘州一旦切断沙州通往中原的道路，就会严重阻碍沙州与中原的贡使往来与经济贸易。

第八章　甘州回鹘与中原王朝的关系

甘州回鹘地处丝绸之路的咽喉，地理位置非常重要。途经甘州回鹘的往来使臣、商旅、宗教人士等络绎不绝，既有中原派往西方者，更有来自欧洲、西亚、南亚的各色人士，他们不远万里，往来穿梭于丝绸之路上，或从事政治活动，或进行朝贡贸易，或致力于宗教、文化活动。以是之故，甘州回鹘在其存在的一百多年间，承担起沟通东西方联系的桥梁作用。与此同时，他们又凭借地利之便，积极发展与周边地区诸政权、诸民族之间的政治、经济、文化关系。

在甘州回鹘对外交往的链条中，与中原王朝的关系首当其冲。甘州回鹘与中原五代及北宋各王朝的关系都很密切，经常派遣使者朝贡，接受其册封和回赠，同时也通过"朝贡"的名义和方式，进行贸易活动。史载："当五代之际，有居甘州、西州者尝见中国，而甘州回鹘数至，犹呼中国为舅，中国答以诏书，亦呼为甥。"[1] 因此之故，这里先就回鹘与中原王朝的关系问题略作述论。

必须说明的一点是，汉文史书对甘州回鹘历史的记载虽多，但极为零散，而且混乱、错讹之处甚多，故有必要对这些文献进行系统的梳理与研究，从而探寻甘州回鹘与中原王朝关系的历史进程及其意义。同时，还应看到，汉文史书对回鹘的记载，既有甘州回鹘，又有西州回鹘、龟兹回鹘、阿萨兰回鹘，还有沙州回鹘、秦州回鹘等多种名目。有时分开叙述，有时又概而言之，难究其实。为不致张冠李戴，本文仅选录其中可确定为甘州回鹘的文献，按时代的先后依次叙述。

---

[1] 《新五代史》卷七四《四夷附录三·回鹘》，中华书局1974年版，第916页。

第一节　甘州回鹘与五代的关系

一　甘州回鹘与后梁的关系

回鹘西迁河西后，由于力量大衰，与唐王朝的联系比漠北时代要少得多。天复二年（902年），唐昭宗被劫往凤翔，"灵州节度使韩逊，表回鹘请率兵赴难"。① 但未获允准。这里的回鹘，很可能即甘州回鹘。

天祐二年（907年），唐朝被后梁（907~923年）所取代。其后不久，回鹘便与之建立了联系。

史书关于中原王朝与回鹘贡使关系的记载，最早见于后梁太祖开平三年（909年）。《册府元龟·外臣部·朝贡五》载，是年"五月，赐回纥朝贡使阿福引分物"。② 两年以后，回鹘再次遣都督周易言等入后梁朝贡。"梁拜易言等官爵，遣左监门卫上将军杨沼押领还蕃"。③《册府元龟》亦载："[梁太祖]乾化元年（911年）十一月，丙午，以回鹘都督周易言为右监门大将军同正，地略李麦之、石寿儿、石论思并左千牛卫将军同正，李屋列殊、安盐山并为右千牛将军同正……癸未，回鹘入朝僧凝卢、宜李思、宜延钱等并赐紫衣还蕃。"④ 类似的记载又为敦煌出土文献所证实，见于P.3913(39)《表本》的记载：

> 臣闻：开元圣帝，统有万邦，蓟门贼安禄山叛逆，倾陷中国，殄灭贤良，社稷烟灭，銮舆西幸。某曾祖圣明，某官点率部下铁骑万人，亲往征讨；未及旬月，尽底划除。上皇及肃宗皇帝却复官闱。朝廷念以粗有巨功，特降公主；其于盟好，具载史书。自后，回鹘与唐朝代为亲眷，贡输不绝，恩命交驰。一从多事以来，道途榛梗。去光化年初，先帝远颁册礼，及恩赐无限信币，兼许续降公主，不替懿亲。初闻銮驾东迁，后知已无宗派。瞻天望日，空切愤怀。今者陛下统御寰瀛，恩沾远迩。去冬剖陈志恳，亦已闻天。依赖陛下，便同唐朝天子。用结千秋之愿，将连万代之荣。种种血诚，辄具披写，污渎

---

① 《新唐书》卷二一七下《回鹘传下》，中华书局1975年版，第6134页。
② 《册府元龟》卷九七二《外臣部·朝贡五》，中华书局1960年版，第11420页。
③ 《新五代史》卷七四《四夷附录三·回鹘》，第916页。
④ 《册府元龟》卷九七六《外臣部·降附》，第11467页。

天听。伏切渐惶。

上文所述的回鹘是否就是甘州回鹘呢？史书未予明确记载。孙修身先生此前曾做过这样的推测。①但囿于史料，未能做进一步的论证。后来，杨秀清顺着这一条线索，结合P.3913号文献的记载，以论证这次使后梁的回鹘就是甘州回鹘。②P.3913内包含多种信息，其中，从第13页背第9行至第15页背第2行为两种表本。据考，二者系由甘州回鹘上呈中原王朝的。土肥义和认为是在同光二年（924年）上给后唐庄宗的。③李正宇先生则认为是上给后梁朝廷的。④由于二人的解释均与文献所反映的某些内容有矛盾，赵和平先生经过进一步研究，认为二表"的确是甘州回鹘所上，而时间则是在同光三年底或四年初（925～926年），或者再稍晚一点"。⑤笔者非常赞同这一观点。

那么，如何理解回鹘的这次朝贡呢？先看《旧五代史》的记载：

[乾化元年十月]，己巳，帝御朝元门，以回鹘、吐蕃二大国首领入觐故也。⑥

其中的"十月，己巳"，在《新五代史》卷二中作"十一月，乙未"。《册府元龟》卷九七六及《旧五代史》卷一三八则均作"十一月"。故应以十一月为准。记载显示，回鹘与吐蕃应是一道同往的。就地域言，吐蕃与甘州回鹘毗邻，而与高昌回鹘、喀剌汗王朝相距较远。推而论之，这里的回鹘似乎更可能为甘州回鹘。笔者之所以做出这样的推论，是因为史书上记有类似的例证。如，《新五代史·明宗纪》曾载："天成二年（928年）十二月己丑，回鹘、西界吐蕃遣使者来。"⑦其中，回鹘的遣使者，在《册府元龟》卷九二七、《旧五代史》卷一三八中明确记载

---

① 孙修身：《五代时期甘州回鹘和中原王朝的交通》，《敦煌研究》1989年第3期，第51页。
② 杨秀清：《敦煌西汉金山国史》，甘肃人民出版社1999年版，第121～123页。
③ 土肥义和著，刘方译：《敦煌发现唐回鹘交易关系汉文文书残片考》，《西北民族研究》1989年第2期，第201～202页。
④ 李正宇：《晚唐五代甘州回鹘重要汉文文献之佚存》，《文献》1989年第4期，第182～193页。
⑤ 赵和平：《后唐五代甘州回鹘表本及相关汉文文献的初步研究——以P.3913号写本为中心》，《九州学刊》第6卷第4期（敦煌学专辑），1995年，第91页。
⑥ 《旧五代史》卷六《太祖纪》，中华书局1976年版，第98页。
⑦ 《新五代史》卷六《明宗纪》，第59页。

为甘州回鹘权知可汗仁裕。

自910年张承奉建西汉金山国始,甘州回鹘即与之发生了旷日持久的战争。起初,金山国略占上风。但后来情况就发生了逆转,甘州回鹘逐步掌握了战争的主动权,以致于乾化元年(911年)七月,甘州回鹘可汗仁美遣其子狄银率兵包围了沙州城。面对兵临城下的甘州回鹘,金山国无力抵抗,不得不与之签订城下之盟,承认甘州回鹘可汗是父,自己是子,双方结为父子之国。①

何以会发生如此巨大的骤变呢?究其原因,应与甘州回鹘曾得到中原地区后梁王朝的支持不无关系。

后梁是唐将朱温于907年取代唐朝而建立的。904年,朱温引兵至长安,强迫昭宗迁都洛阳,改年号"天复"为"天祐"。对朱温篡唐之举,张氏归义军政权及后来的金山国采取了不予承认的态度,故一直拒绝使用"天祐"年号而维持旧年号。从史书的记载看,亦罕见张氏归义军、金山国与后梁有多少往来。故而可以推想,沙州与后梁的关系当属一般甚或敌对。

开平三年(909年),正处于甘州回鹘与金山国交战之前夕。此时甘州回鹘向后梁朝贡,在一定意义上当带有寻求盟友和支持者的意图。而甘州回鹘政权对后梁来说,亦同样是不可小觑的力量,这一共同需求,为双方关系的进一步发展奠定了基础。

乾化元年(911年)十二月,甘州回鹘可汗曾致书后梁。《册府元龟》卷九八〇《外臣部·通好》载:"鄜州以回纥可汗所与书来上,制以左监门卫上将军杨沼为右骁卫上将军,押领回纥等还蕃。又,河中奏回纥宣慰谕使杨沼押领二蕃酋长一百二十人归本国事。"此事,在《册府元龟》之外,《旧五代史》卷一三八《回鹘传》、《新五代史》卷二《梁太祖纪下》及《五代会要》卷二八也都有记载。其时恰在甘州回鹘打败西汉金山国,二者签订城下之盟后不久。此时,回鹘前来朝贡,当有向后梁汇报战果、答谢并巩固联盟等目的。考虑到开平年朝贡事,可以认为,甘州回鹘之所以能够打败西汉金山国,盖与后梁的支持密不可分,至少在其与第三国交战时,后梁未成为其掣肘之累。值得注意的是,在史书记录后梁遣使入贡时,用了一个"仍"字,足见杨沼出使甘州不止一次。此人甚至有可能曾参与谋划过甘州回鹘击败西汉金山国的作战事宜。

---

① 王重民:《金山国坠事零拾》,《国立北平图书馆馆刊》第9卷第6号,1936年,第21~22页;荣新江:《归义军史研究——唐宋时代敦煌历史考索》,上海古籍出版社1996年版,第222~227页。

二 甘州回鹘与后唐的关系

923年，后梁为后唐所取代。后唐立国虽短暂，仅有12年（923～934年），但与甘州回鹘的交往却极为频繁。

后唐立国之初，甘州回鹘首领权知可汗便遣使朝贡。史载："唐庄宗时，王仁美遣使者来贡玉、马，自称'权知可汗'。"① 后唐庄宗同光二年（924年）"四月，回鹘都督李引释迦、副使田铁林、都监杨福安等六十六人陈方物，称本国权知可汗仁美，在甘州差贡善马九匹、白玉一团。是月，沙州曹义金进玉三团、硇砂、羚羊角、波斯锦、茸、褐、白氍、生黄、金星矾等"。② 后唐册封仁美为"英义可汗"。③ 这是甘州回鹘政权与五代诸王朝发生关系的最早而明确的记载。

同年冬，仁美卒，因其有女无男，汗位为弟狄银继承。《新五代史》载："庄宗遣司农卿郑绩持节册仁美为英义可汗。是岁，仁美卒，其弟狄银立，遣都督安千想等来。"④ 狄银继位后，亦遣使朝贡，得到中原王朝的册封。史载："［同光］三年（925年）二月，命使册回鹘权知可汗仁秘（秘当系裕之误）为顺化可汗。"⑤ 翌年，"正月丙戌，回鹘可汗阿咄欲遣史贡良马"。⑥ "天成三年（928年）二月，其权知可汗仁裕遣都督李阿山等一百二十人入贡，明宗召对于崇元殿，赐物有差。其年三月，命史册仁裕为顺化可汗"。⑦ 此事在《新五代史·明宗纪》中被系于"天成二年十二月"。综合《册府元龟》和新、旧《五代史》的多种记载，可以看出，这批回鹘使者在后唐的活动时间经历了半年之久。他们于天成二年十二月抵京，翌年正月，其使都督米里等四人获封归德将军，三月，明宗封仁裕为顺化可汗，五月降命，回鹘使者各获赏赐后辞归，六月正式命使西行，颁赐诏命。

是年八月"癸亥，北京奏，葬摩尼和尚"。⑧ 这里的摩尼和尚，无疑为当时回鹘国教——摩尼教的高僧。此人仙逝于北京（今太原）一带，体

---

① 《新五代史》卷七四《四夷附录三·回鹘》，第916页。
② 《册府元龟》卷九七二《外臣部·朝贡五》，第11420页。
③ 《册府元龟》卷九七六《外臣部·封册三》，第11355页。
④ 《新五代史》卷七四《四夷附录三·回鹘》，第916页。
⑤ 《册府元龟》卷九六五《外臣部·封册三》，第11355页。同书卷九六七写作明宗天成三年，《旧五代史》卷一三八《回鹘传》亦谓在明宗时。考虑到《册府元龟》卷九六五专记册封四裔之事者，当更为可信。
⑥ 《旧五代史》卷三四《庄宗纪》，第468页。
⑦ 《旧五代史》卷一三八《回鹘传》，第1842页。
⑧ 《册府元龟》卷九七六《外臣部·褒异三》，第11468页。

现了回鹘与后唐间密切的宗教联系。

天成四年（929年），甘州回鹘"又遣都督掣拨等五人来朝，授掣拨等怀化司戈，遣令还蕃"。①

长兴元年（930年）"五月，回鹘孽栗祖等来朝贡。回鹘国使安黑连来朝贡。又，回鹘可汗仁裕遣使来贡方物"。② 这里记载的似乎为三路回鹘使者，仁裕所遣，只是其中之一。一月之内，有三路回鹘使者同时到达后唐京城，不免又让人生疑。是巧合？还是三路使人同行？抑或本为一国之使，而史书记载有误？未敢遽断。以笔者所见，当时高昌回鹘国虽已建立，但与后唐尚未建立联系；中亚的喀喇汗王朝尚未正式立国，也谈不上朝贡事。故笔者认为，这里的三路使者其实都来自甘州回鹘，乃当时甘州回鹘国内乱，被分为"三朋"，为了得到中原王朝的承认，他们争先恐后各派其使。于是就有了这样的巧合。

长兴三年（932年）正月，"回鹘可汗仁美遣都督石海金来朝，贡良马百驷、白玉百团，谢册命也"。三月，以"回鹘朝贡使都督拽祝为怀化将军，副使印安勤为怀化郎将，监使美梨怀化司侯，判官裴连儿怀化司阶"。③ 此前一年（931年），中原王朝后唐使节到达敦煌。敦煌遗书P.2992v(3)《曹议金致回鹘顺化可汗状》记载曰：

……昨五月初，其天使以（与）沙州本道使平善达到甘州，弟天子遣突律伩都督往沙州通报衷私，无意之人稍有些些语言。天使以（与）本道使蒙赐馆驿看待，兼改（？）头并不减损，允过西来。昨六月十二日，使臣以（与）当道［使］平善到府，兼赍持衣赐信物，并加兄大王官号者，皆是弟顺化天子惠施周备。圣泽曲临，以（与）弟天子同增欢庆。今遣内亲从都头价荣实等谢贺，轻信上好燕脂、表（镶）玉壹团重捌斤、白绵绫伍疋、安西绁两疋、立机细绁拾捌疋、官布陆拾疋，以前物等，到，垂检容。更有怀，并在贾都头口申陈子细。谨状。④

---

① 《旧五代史》卷一三八《回鹘传》，第1842页。
② 《册府元龟》卷九七二《外臣部·朝贡三》，第11422页。
③ 《册府元龟》卷九七六《外臣部·褒异三》，第11469页。
④ 录文见陈祚龙《敦煌学园零拾》（上），台湾商务印书馆1986年版，第347~349页；苏哲《伯二九九二号文书三通五代状文的研究》，《敦煌吐鲁番文献研究论集》第5辑，北京大学出版社1990年版，第463~465页；唐耕耦、陆宏基编《敦煌社会经济文书真迹释录》第4辑，全国图书馆文献缩微复制中心1990年版，第395~396页；孙修身《敦煌遗书P. 2992号卷〈沙州上甘州回鹘可汗状〉有关问题考》，《西北史地》1985年第4期，第80~85页；上海古籍出版社，法国国家图书馆编《法藏敦煌西域文献》第20册，上海古籍出版社2002年版，第361页。

说明"天使"邢德昭等到达甘州的时间是五月。然后继续西行,于六月十二日抵沙州。P. 2032《净土寺诸色入破历算会稿》称八月,邢德昭等曾在沙州游佛寺设斋,反映的应为同一件事。至第二年正月,"回鹘可汗仁美遣都督石海金来朝,贡良马百驷、白玉百团,谢册命也"。① 显然是对后唐之使的回应。

是年七月,回鹘向后唐出售劣马,"飞龙使奏,回纥所卖马瘦弱,不堪估价。帝曰:'远夷交市,不可轻阻,可以中等估之。'"②

长兴四年(933年)七月,"[甘州回鹘]复遣都督李末等三十人入朝,进白鹘一联。明帝复召对于广寿殿,厚加锡赉,仍命解放其鹘"。③"鹘"是回鹘人所崇奉的一种图腾,④以之进贡,有尊重对方之意。

闵帝应顺元年(废帝清泰元年,934年)正月,"回鹘可汗仁美遣使献故可汗仁裕遗留贡物、鞍马、器械。仁美献马二、玉团、秋罾、硇砂、羚羊角、波斯宝绁、玉带"。⑤ 同月,闵帝"赐回鹘入朝摩尼八人物有差……回鹘朝贡安摩诃等辞,各赐锦袍、银带物有差"。⑥ 同年七月癸丑,"简校刑部尚书、瓜州刺史慕容归盈转简校尚书左仆射。时瓜、沙附回鹘来朝贡,令使归,故有斯命"。⑦

废帝清泰二年(935年)"七月,回鹘可汗仁美遣都督陈福海而下七十八人献马三百六十四、玉二十团、白氎、斜褐、牦牛尾、绿野马皮、野驼峰"。⑧ 后唐则册封回鹘朝贡使陈福海为怀化郎将,副使达奚相温为怀化司阶,监使屈密禄阿拨为归德司戈,判官安均为怀化司戈。⑨ 甘州回鹘的这次出使活动,在敦煌遗书中有较为清晰的反映。如P. 2992v(1)《曹元德致回鹘众宰相书》:

> (上缺)众宰相念以两地社稷无二,途路一家,人使到日,允许西回,即是恩幸。伏且朝庭路次甘州,两地岂不是此件行使,久后亦要往来。其天使般次,希垂放过西来,近见远闻,岂不是痛热之名幸

---

① 《册府元龟》卷九七二《外臣部·朝贡三》,第11424页。
② 《册府元龟》卷九九九《外臣部·互市》,第11728页。
③ (宋)王溥:《五代会要》卷二八《回鹘》,上海古籍出版社1978年版,第449页。
④ 杨富学:《回鹘文献与回鹘文化》,民族出版社2003年版,第168~169页。
⑤ 《册府元龟》卷九七二《外臣部·朝贡三》,第11423页。
⑥ 《册府元龟》卷九七六《外臣部·褒异三》,第11469页。
⑦ 《册府元龟》卷九六五《外臣部·封册三》,第11355页。
⑧ 《册府元龟》卷九七二《外臣部·朝贡三》,第11423页。
⑨ 《五代会要》卷二八《回鹘》,第449页。

矣。今遣释门僧政庆福、都头王通信等一行，结欢通好。众宰相各附白花绵绫壹拾疋，白牒壹疋，以充父大王留念，到日　检领。况众宰相先次大王结为父子之分，今者纵然大王奄世，痛热情义，不可断绝。善咨申可汗天子，所有世界之事，并今允就，即是众宰相周旋之力，不宣。谨状。

（二月　日归义军节度兵马留后使检校司徒兼御史大夫曹①）

据P. 3016v《厶乙上沙州曹议金书状》等文献记载，与甘州回鹘同行者，尚有来自沙州、瓜州的使者。②他们于七月己巳辞归，离开洛阳，途次邠州（陕西彬县）、灵州（宁夏回族自治区灵武县）至甘凉交界处，但遭到了劫掠，使者被杀，未能顺利到达甘州。③

自同光二年（924年）始，至清泰三年（936年）后唐为后晋取代止，甘州回鹘几乎每年都向中原派遣使者，体现了二者间密切的政治联系。

三　甘州回鹘与后晋的关系

后晋（936～947年）建立后，绳继后唐传统，亦与甘州回鹘保持着密切的关系。天福三年（938年）三月，"[甘州回鹘]可汗回鹘王仁美进野马、独峰驼、玉辔头、大雕砂、硇砂、腽肭脐、金刚钻、羚羊角、白貂鼠皮、安西丝、白氎布、牦牛尾、野驼峰等物"。④据《新五代史》载，其使为翟全福。⑤二月后，这批使者归国，后晋"赐鞍马、银器、缯帛有差"。⑥同年九月，"回鹘可汗又遣使李万金进马一百匹、驼十二头"。⑦

天福四年（939年）三月，后晋册仁美为奉化可汗。"制曰：'回鹘

---

① 苏哲：《伯二九九二号文书三通五代状文的研究》，《敦煌吐鲁番文献研究论集》第5辑，北京大学出版社1990年版，第438～439页；唐耕耦、陆宏基编：《敦煌社会经济文书真迹释录》第4辑，全国图书馆文献缩微复制中心，1990年，第391～392页；上海古籍出版社、法国国家图书馆编：《法藏敦煌西域文献》第20册，上海古籍出版社2002年版，第360页。
② 郑炳林、梁志胜：《〈梁幸德逸真赞〉与梁愿清〈莫高窟功德记〉》，《敦煌研究》1992年第2期，第67页。
③ 孙修身：《跋敦煌遗书伯2992号卷背几件文书》，《新疆文物》1988年第4期，第51～52页；郑炳林：《敦煌碑铭赞辑释》，甘肃教育出版社1992年版，第455～456页。
④ 《册府元龟》卷九七二《外臣部·朝贡三》，第11424页。
⑤ 《新五代史》卷八《晋高祖纪》，第82页。
⑥ 《册府元龟》卷九七六《外臣部·褒异三》，第11470页。
⑦ 《册府元龟》卷九七二《外臣部·朝贡三》，第11424页。

可汗仁美雄临朔野，虔奉中朝。一方之烽燧蔑闻，万里之梯航继至，自当开创，益效倾输，备睹尊奖之心，爰降册封之命。宜封为奉化可汗。择日备礼册命。'遣卫尉卿邢德昭持节使之"。①

天福七年（942年）十二月，"己巳，回鹘进奉使密里等各授怀化归德大将军、将军郎将，放还蕃……丙子，于阗、回鹘皆遣使贡方物"。②这批使者，在第二年正月遣还。

开运二年（945年）"二月，回鹘可汗进玉团、狮子、玉鞍、硇砂、红盐、野驼峰、安西白氎、腽肭脐、大鹏砂、羚羊角、牦牛尾、貂鼠等物"。③这次贡使不见于其他文献，而且所列物品与天福三年贡物几乎全同，疑为同一件事。

开运三年（946年）二月，丙子，"回鹘遣使贡方物"。④

四　甘州回鹘与后汉、后周的关系

后汉于乾祐元年（948年）取代后晋，是年五月，"回鹘可汗遣使入贡，献马一百二十匹，玉鞍辔、玉团七十三、白氎百二十七、貂鼠皮二百二十六、牦牛尾百四十八、玉靼鞢三百三十四，又羚羊角、硇砂诸药"。⑤后汉"以回鹘入朝贡使李握为归德大将军，副使安铁山、监使未（末）相温并为归德将军，判官翟毛哥为怀化将军"。⑥

后汉立国仅三年便让位于后周（951～960年）。后周与回鹘继续保持着密切的联系，"显德二年（955年），甘州可汗、沙州节度观察留后曹元忠，各遣使进方物"。⑦

显德六年（959年），"二月，又遣使朝贡，献玉并硇砂等物，皆不纳，所入马量给价钱。时世宗以玉虽称宝，无益国用，故因而却之"。⑧那么，遣使者为谁呢？《新五代史》对此事是这样记载的：

[显德六年]三月，己酉，甘州回鹘来献玉，却之。⑨

---

① 《册府元龟》卷九六五《外臣部·封册三》，第11355页。
② 《旧五代史》卷八一《晋少帝纪》，第1074页。
③ 《册府元龟》卷九七二《外臣部·朝贡五》，第11424页。
④ 《旧五代史》卷八四《晋少帝纪》，第1114页。
⑤ 《册府元龟》卷九七二《外臣部·朝贡三》，第11424页。
⑥ 《册府元龟》卷九七六《外臣部·褒异三》，第11470页。
⑦ （宋）乐史撰，王文楚等点校：《太平寰宇记》卷一五三《沙州》，中华书局2007年版，第2955页。
⑧ 《旧五代史》卷一三八《回鹘传》，第1843页。
⑨ 《新五代史》卷十二《世宗纪》，第123页。

这一记载虽简单，但却明白无误地表明，其遣使者是甘州回鹘。

综括《旧五代史》、《新五代史》、《册府元龟》、《五代会要》、《太平寰宇记》等文献的记载，可以看出在五代政权存在的50余年间，甘州回鹘曾前往朝贡达30余次。考虑到史书的记载会有遗漏，再加上其他形式的小规模交易，可以推想，差不多每年都应有来自甘州回鹘的使者及其他人员逗留中原地区。这种频繁密切的朝贡关系，除了继承李唐与回鹘甥舅关系之余续这一因素外，更主要的是使得甘州回鹘获得了更多的经济利益和政治支持，有利于维持其在河西地区诸政权中的强势地位。

第二节　甘州回鹘与北宋的贡使往来

960年北宋王朝建立。甘州回鹘同北宋的关系在五代的基础上又有所发展。北宋建立的第二年（961年），甘州回鹘即遣使朝宋，直至11世纪初贡道为西夏阻断时止，甘州回鹘可汗几乎每年都向宋朝派遣使臣。诚如《山堂考索后集·四夷方贡》所言：甘州回鹘可汗"景琼建隆二年（961年）十二月壬辰遣使贡物，自是甘州回鹘贡良马、美玉、珊瑚、琥珀之类不绝。"[1] 这里将文献中所载的、能够确定为甘州回鹘入朝通贡的记录罗列如下：

上引建隆二年甘州回鹘可汗景琼入贡物。

乾德三年（965年）"十二月，戊午，甘州回鹘可汗、于阗国王等遣使来朝，进马千匹、橐驼五百头、玉团五百、琥珀五百斤"。[2]

开宝元年（968年）十一月，甘州回鹘"宰相鞠仙越亦遣使来贡马"。[3]

太平兴国二年（977年）冬，北宋"遣殿直张璨赍诏谕甘、沙州回鹘可汗外甥，赐以器币，招致名马、美玉，以备车骑琮璜之用"。[4]

太平兴国五年（980年）"闰三月二十六日，甘、沙州回鹘［可汗夜落纥密礼遏］遣使裴溢的名似等来贡橐驼、名马、珊瑚、琥珀、良

---

[1] （宋）章如愚：《山堂考索后集》卷六四《四夷方贡》，中华书局1992年版，第870页。
[2] 《宋史》卷二《太祖纪二》，中华书局1974年版，第23页。
[3] 《宋会要辑稿》蕃夷四之二。
[4] 《宋史》卷四九〇《回鹘传》，第14114页。

第八章　甘州回鹘与中原王朝的关系　199

玉"。①

"咸平元年（998年）四月，甘州回鹘可汗王遣僧法胜等来贡。"②

"景德元年（1004年）闰九月，己未，甘州夜落纥遣进奉大使、宣教大师宝藏、副使李绪、判官都监将军、回纥引领进奉充都总管结诺等百二十九人来贡。"③

景德三年（1006年）"冬十月，庚午，朔，以赵德明为定难节度使、封西平王，给俸如内地。又录德明誓表，令渭州遣人赍至西凉府，晓谕诸蕃转告甘、沙州首领"。④

第二年九月，丁亥，"边臣言赵德明谋劫西凉，袭回鹘。上以六谷、甘州久推忠顺，恩抚宁之。乃遣使谕斯铎督，令援结回鹘为备"。⑤

同年十月，戊午，"甘州回鹘可汗夜落纥遣尼法仙等来朝，献马十匹。寻又遣僧翟大秦来，贡马十五匹"。⑥

大中祥符元年（1008年）十一月，己巳，"夜落纥、宝物公主及没孤公主、婆（娑）温宰相各遣使来贡。东封礼成，以可汗王进奉使姚进为宁远将军，宝物公主进奉曹进为安化郎将，赐以袍笏。又赐夜落纥介胄"。⑦

大中祥符三年（1010年）十一月二十日，"甘州回鹘遣左温宰相何居禄越、枢密使翟守荣来贡"。⑧

大中祥符四年（1011年）"二月，辛酉，甘州回鹘、蒲端、三麻兰、勿巡、蒲婆罗、大食国、吐蕃诸族并遣使来贡"。⑨

同年，"八月，辛亥，甘州回鹘可汗王夜落纥遣使奉表诣阙"。⑩

同年十一月，"夜落纥遣使康延美王言，败赵德明蕃寇立功首领，望

---

① 《宋会要辑稿》蕃夷七之一〇。
② 《宋会要辑稿》蕃夷四之二。又见章如愚：《山堂考索后集》卷六四《四夷方贡》，中华书局1992年版，第870页。
③ 《宋会要辑稿》蕃夷四之三。又见《山堂考索后集》卷六四《四夷方贡》，第870页。
④ （宋）李焘：《续资治通鉴长编》卷六四，中华书局1980年版，第1428页。
⑤ （元）马端临：《文献通考·四夷十二·吐蕃》，中华书局1986年版，第2629页。（宋）李焘：《续资治通鉴长编》卷六六，中华书局1980年版，第1490页有同载。
⑥ 《山堂考索后集》卷六四《四夷方贡》，第870页。
⑦ 《宋史》卷四九〇《回鹘传》，第14116页。又见《山堂考索后集》卷六四《四夷方贡》，第870页。
⑧ 《宋会要辑稿》蕃夷七之一八，第7848页。又见《山堂考索后集》卷六四《四夷方贡》，第870页。
⑨ （宋）章如愚：《山堂考索后集》卷六四《四夷方贡》，第870页。
⑩ 《宋史》卷八《真宗纪三》，第149页。

赐酬赏。诏付空名司戈、司阶、郎将,官告十道,使承制补署"。①

大中祥符五年（1012年）"五月八日,夜落纥、宝物公主遣使以宝货、橐驼、马来贡。十四日,甘州使安进献玉一团、马三匹。回纥白进献马一匹"。②

大中祥符六年（1013年）八月,"龟兹国进贡于宋,来假道。先是甘州与德明接战,夜落纥贡于宋者多为夏人钞夺,至是,龟兹国进奉使李延庆等三十六人献名马、弓箭等于宋,复道夏国"。③

同年（1013年）"十二月庚申,甘州可汗王夜落隔归化遣使入贡"。④

大中祥符八年（1015年）,"［甘州回鹘］可汗夜落隔上表言宝物公主疾死,以西凉人苏守信劫乱,不时奏闻；又谢恩赐宝钿、银匣、历日及安抚诏书,仍乞慰谕宗哥,使开朝贡之路"。⑤

大中祥符九年（1016年）"十二月,甘州回鹘可汗夜落隔归化及宝物公主、宰相索温守贵等,遣使都督翟福等来贡马及玉、香药,赐衣冠、器币、缗钱有差"。⑥

天禧元年（1017年）三月,"以夜落隔归化为怀宁顺化可汗王,赐紫衣、金带、器币、鞍勒马"。⑦

天禧二年（1018年）"二月,甘州可汗王夜落隔归花（化）遣都督安信等入贡"。⑧

天禧四年（1020年）"三月九日,夜落隔归化遣使来贡方物。二十一日,令甘州回鹘进奉自今并于秦州路出入"。⑨

"天禧四年十二月丁亥,龟兹可汗王智海、甘州回鹘各遣使来贡,智海仍贡大尾羊二"。⑩

天禧五年（1021年）七月,"殿直白万进上言,昨龟兹使延福等皆诈为外使,邀冀恩赏,及乞赐经藏、金像等物。诏秦州曹玮诘问延福,具万

---

① 《宋会要辑稿》蕃夷四之五。
② 《宋会要辑稿》蕃夷四之五。又见《山堂考索后集》卷六四《四夷方贡》,第870页。
③ （清）戴锡章著,罗矛昆校点：《西夏纪》卷五,宁夏人民出版社1988年版,第123页。
④ 《山堂考索后集》卷六四《四夷方贡》,第870页。
⑤ 《宋史》卷四九〇《回鹘传》,第14116页。
⑥ 《宋会要辑稿》蕃夷四之七。
⑦ 《宋会要辑稿》蕃夷四之八。
⑧ 《宋会要辑稿》蕃夷七之二一。又见《山堂考索后集》卷六四《四夷方贡》（第870页）,但系于正月。
⑨ 《宋会要辑稿》蕃夷四之八。
⑩ （宋）章如愚：《山堂考索后集》卷六四《四夷方贡》,第870页。

进所陈，诏免罪，所赐物纳官。自今西州、甘、沙州进奉人使，更一二年不许赴阙"。①

天圣元年（1023年）五月二十九日，"甘州可汗王夜落隔［通顺］遣使副王阿葛支、王文贵贡方物"。②

天圣二年（1024年）五月，"［甘州回鹘可汗王］遣使都督翟信等十四人来贡马及黄湖锦、细白氎"。③

天圣三年（1025年）四月，"［甘州回鹘］可汗王、公主及宰相撒温讹进马、乳香。赐银器、金带、衣着、晕锦、旋襴有差"。④

天圣五年（1027年）"八月，甘州可汗王宝国夜落隔使安万东等一十四人来贡方物"。⑤

天圣六年（1028年）"二月十五日，甘州可汗王宝国夜落隔遣使副都督贡玉、琥珀、乳香"。⑥

根据以上列出的甘州回鹘的入贡情况，按频次分析可以发现，以大中祥符三年（1010年）为分水岭，这之前50年内入贡11次，平均每四年半一次；而自大中祥符三年迄天圣六年（1028年）的29年间，入贡次数达17次之多，平均每三年就有两次还多，甚至有一年之内入贡三次的。

这里的统计数字并非是绝对的，是忽略样本数的绝对值，仅就现有数据做出的一个相对的判断，但其中所反映的现象却足以与当时的政治军事形势相契合。从咸平四年（辽圣宗统和十九年，1001年）至大中祥符三年（辽圣宗统和二十八年，1010年），甘州回鹘由于应付辽朝的用兵和西夏的进攻，对宋的入贡受到一定影响。大中祥符三年，辽军攻陷肃州⑦，甘州回鹘政权的力量受到严重打击。这时来自西夏方面的威胁也开始不断加剧，其东部六谷部占据的凉州亦两度落入西夏人手中，故而从当年十一月至次年十一月一年时间内，连续入贡四次，不难想象其对宋朝同盟的急切渴求。这之后迫于西夏的威胁仍与宋保持着相当密切的接触，尽管期间由于西夏的阻挠，不得不改易进入中原的道路。

---

① 《宋会要辑稿》蕃夷四之一五。
② 《宋会要辑稿》蕃夷七之二二。又见《山堂考索后集》卷六四《四夷方贡》，第870页。
③ 《宋史》卷四九〇《回鹘传》，第14117页。又见《山堂考索后集》卷六四《四夷方贡》，第870页。
④ 《宋史》卷四九〇《回鹘传》，第14117页。
⑤ 《宋会要辑稿》蕃夷四之九。又见《山堂考索后集》卷六四《四夷方贡》，第870页。
⑥ 《宋会要辑稿》蕃夷七之二三。又见《山堂考索后集》卷六四《四夷方贡》，第870页。
⑦ 辽克肃州一事，《辽史》卷九三《萧图玉传》记在统和十九年，《辽史·圣宗纪》则在统和二十八年，本文分析认为以后者较合适。

但如此密集的通贡关系并未能挽救甘州回鹘政权的颓势。这一方面是甘州回鹘力量的衰弱已无法与西夏强劲的势头相抗衡，另一方面也与北宋前期对西北地区总体战略地位的估计不足及对党项李氏的潜在威胁认识不够不无关系。因此，无法获得宋廷的实际支持，无疑也是甘州回鹘难以为继的一个因素。

此后不久，甘州回鹘便遭到了西夏国的大举进攻，是年六月，"[西夏王]德明遣子元昊攻甘州，拔之"。① 都城的陷落，无疑给甘州回鹘以沉重的打击，尽管甘州回鹘国的残余势力尚继续存在，并恢复了对甘州的统治，但已无力再向中原王朝派遣使者，致使双方贡使关系基本中断。

第三节　甘州回鹘与辽朝的关系

甘州回鹘在与五代及北宋诸政权保持密切关系的同时，亦与契丹—辽朝发生了一定的联系。史书上有如下记载。

天赞三年（924年）十月，辽太祖西征，"遣兵逾流沙，拔浮图城，尽取西鄙诸部"。② "十一月，乙未，朔，获甘州回鹘都督毕离遏，因遣使谕其主毋母主可汗。"③ 由于甘州回鹘长期与五代诸政权保持着密切的政治联系，甚至有联合起来共同对敌的可能，这对与五代对峙的辽朝来说，无疑是一种不利因素。故辽朝不愿看到甘州回鹘在河西的发展壮大。因此，当辽太祖征西路过河西时，便发动了对甘州回鹘的突然袭击。俘获甘州回鹘的都督毕离遏，给甘州回鹘以强大威慑。此举果然奏效，第二年夏四月，"回鹘毋母主可汗遣使贡谢"。④

这一事件，在回鹘与辽朝之关系史上具有重要意义。辽朝灭亡前夕，即保大三年（1123年），契丹贵族耶律大石率部西征，途次高昌回鹘地界，为得到高昌回鹘之谅解与支持，耶律大石曾致书高昌回鹘可汗毕勒哥，称："昔我太祖皇帝北征，过卜古罕城，即遣使至甘州，诏尔主毋母主曰：'汝思故国耶？朕即为汝复之；汝不能返耶？朕则有之。在朕，犹在尔也。'尔祖即表谢，以为迁国于此，十有余世，军民皆安土重迁，不能复返矣。是与尔国非一日之好也。今我将西至大食，假道尔国，其勿致

---

① （清）戴锡章著，罗矛昆校点：《西夏纪》卷五，宁夏人民出版社1988年版，第139页。
② （清）李有棠：《辽史纪事本末》卷六，中华书局1983年版，第123页。
③ 《辽史》卷二《太祖纪》下，中华书局1974年版，第20页。
④ 同上书，第21页。

疑"。毕勒哥得其书札，即迎至官邸，大宴三日。① 临行时，又献给相当数量的马、驼、羊，以示友好之意。

统和十九年（1001年），"［萧图玉］总领西北路军事。后以本部兵伐甘州，降其酋长牙懒。既而，牙懒复叛，命讨之，克肃州，尽迁其民于土隗口故城"。②

统和二十六年（1008年），"萧图玉奏讨甘州回鹘，降其王耶剌里，抚慰而还"。③

按，这里的"甘州回鹘王耶剌里"，与《宋史·回鹘传》中之甘州回鹘可汗"夜落纥"（1004～1016年在位）当为同一人。其中，夜、耶声韵同；落、剌声同韵近；唯尾音相差较远。以理推之，上文的回鹘酋长"牙懒"亦应为"夜落纥"的音转。

辽朝的这次出兵，本是应西夏的请求而发动的。是年十月，"夏州万子等军主，领族兵趋回鹘"。④ 向甘州回鹘的腹地发起了总攻。甘州回鹘势力本来有限，显然无力两面拒敌。甘州回鹘可汗夜落纥为瓦解辽、夏联盟，不得不采取权宜之计，首先降于辽朝，使辽国退兵。当辽国兵退甘州后，甘州回鹘得以集中优势兵力给西夏以迎头痛击。当时，由于回鹘降辽，自然会使西夏产生麻痹轻敌思想。对入侵的夏兵，回鹘巧施计谋，起初"示弱不与斗"，使其失去警惕，然后设伏要路，"俟其过，奋起击之，剿戮殆尽"。⑤ 通过这一诱敌深入的伏击战，回鹘大获全胜，使入侵者几乎全军覆没。

统和二十八年（1010年），甘州回鹘再次遭到辽朝的进攻，肃州（今甘肃省酒泉市）陷落。史载是年五月乙巳，"西北路招讨使萧图玉奏伐甘州回鹘，破肃州，尽俘其民。诏修土隗口故城以实之"。⑥

按，此事与统和十九年（1001年）萧图玉之伐甘州很可能为同一件事。抑或史书对年代的记载有误耶？以何为是，亦未可知。

太平六年（1026年）五月癸卯，辽圣宗"遣西北路招讨使萧惠将兵伐甘州回鹘……八月，萧惠攻甘州［回鹘］不克，师还。自是阻卜诸部皆叛"。⑦

---

① 《辽史》卷三〇《天祚皇帝本纪》，第356页。
② 《辽史》卷九三《萧图玉传》，第1378页。
③ 《辽史》卷十四《圣宗纪》，第164页。
④ 《宋史》卷四九〇《回鹘传》，第14115～14116页。
⑤ 同上。
⑥ 《辽史》卷十五《圣宗纪》，第167～168页。
⑦ 《辽史》卷十七《圣宗纪》，第199页。

此后，甘州回鹘与辽朝之关系即不复见于史册。从以上所述辽朝五次征伐甘州回鹘的事实来看，辽朝一直是把甘州回鹘作为自己的敌人来对待的。这应与甘州回鹘一直与辽朝的对手——北宋结盟有关。

通过上文的叙述，已经可以看出，在甘州回鹘存在的一个多世纪间，该政权与中原王朝（后梁、后唐、后晋、后汉、后周、北宋、辽）都发生过各种联系。就五代、北宋言，甘州回鹘与之一直保持着密切的政治、经济、文化联系。这种联系主要是通过贡使关系来实现的。从上文罗列的史实看，这种贡使关系大致可概括为两种情况，首先为政治性的，如请求中原王朝的册封就是明显的例证，这种诉求在一定程度上还存在着军事联盟之目的，如甘州回鹘与后梁的联系，就有这种因素存在。北宋建立后，甘州回鹘为了得到北宋的支持以共同对付西夏，也多次向宋朝入贡，其目的更为明确。甘州回鹘通过与中原王朝的政治联系，有效地壮大了自己的力量，使其有能力在西方挫败瓜、沙的进攻，并迫使其成为自己的附庸，在东方有力量与勃兴的西夏形成对抗，并长期处于优势地位。其次是商业性的，中原王朝需要甘州回鹘的马匹、医药、宝玉等，而甘州回鹘对来自中原的丝绸、银器等则抱有渴望。经济上的互通有无，使双方都受益良多，尤其是回鹘的战马，对加强北宋的军事力量具有不可忽视的作用。当然，甘州回鹘之入贡，政治性和商业性往往是并存的。

与辽朝的关系，情况就大相径庭了。辽朝的主旨在于遏制甘州回鹘的强大，而甘州回鹘向其的朝贡，是迫于压力不得已而为。故而，二者的关系始终未能发展到如同与中原王朝那样密切的程度，不仅如此，甘州回鹘还经常受到辽朝的侵犯与骚扰。尤其是太平六年（1026年）五月辽圣宗对甘州回鹘的征伐，尽管没有灭掉回鹘，却极大地消耗了回鹘的战斗力，使甘州回鹘与西夏的实力对比发生了根本性变化，甘州回鹘原先具有的优势被大大地弱化了，以至于在辽兵退出不久，西夏人便于天圣六年（1028年）六月乘虚而入，一举攻克了甘州，甘州回鹘国土崩瓦解。

第九章　甘州回鹘与西夏吐蕃的关系

第一节　甘州回鹘与西夏的关系

西夏（1038～1227年）是党项人于1038年建立的一个地方割据政权。党项本为古代羌族的一支，在安史之乱爆发后，归附于唐朝的西夏残部被内迁入陕甘宁交界地区。唐末，首领拓跋思恭因参与镇压黄巢起义有功而被授予夏州（今内蒙古自治区与陕西靖边县北交界处）定难军节度使职，赐姓李。唐末以来，中原板荡，夏州西夏政权偏处一隅，实力不断壮大，最终成为与中原对峙的割据政权。1038年，夏主元昊正式建立大夏国，定都兴庆府（今银川市），最强时奄有今宁夏全部、甘肃大部和陕西、青海及内蒙古自治区的一部分，从元昊至末主李睍共传十帝，历一百九十年，先后与宋、辽、金等政权并存成犄角之势，又与回鹘、吐蕃等势力发生摩擦，1227年被蒙古汗国所灭。

回鹘与西夏在西北历史上都影响甚大，二者的接触，早在西夏国正式建立以前即已开始。据史书记载，他们的最早接触始于10世纪30年代。《旧五代史·党项传》称：

> ［后唐长兴三年（932年）］，河西回鹘朝贡"中国"，道其部落，辄邀劫之，执其使者，卖之他族，以易牛马。

当时，回鹘已于甘州（今甘肃张掖市）建立了自己的政权，控制着丝绸之路河西段的贸易。而势力已迅速壮大起来的西夏，触角也延伸到丝绸之路东端的重镇灵州（今宁夏回族自治区灵武县），他们时常劫掠甘州回鹘入中原的贡使，并由此而受到了后唐明宗的严厉打击。

982年，李继迁起兵反宋，确立了南下中原必先取河西的战略方针。于是，盘踞凉州（今甘肃省武威市）的吐蕃和甘州的回鹘自然就成了西夏的首要攻击目标，自此以后，甘州回鹘与西夏之间的摩擦与战争不断发生

按《西夏纪》谓此史料出自《宋史·夏国传》与《回鹘传》。然反观二传,均不如是书之详,《夏国传》无四月之役,《回鹘传》载回鹘向宋报告败德明之捷,时在大中祥符四年(1011年),而且未言败德明之役的月份。其实,这段文字录自吴广成的《西夏书事》。[1]

在这一战中,以逸待劳,先据守不战,然后乘西夏不备,于夜间突发奇兵,再一次大败夏兵。

二年间,甘州回鹘两次取得战胜西夏的大捷,声势远振,以至于是年十一月,夏主德明再派兵侵甘州时,以"恒星昼见,惧而还"。[2]夏兵不战而退,可见对回鹘是心有余悸的。此后十余年间,西夏一直不敢再兴兵侵犯回鹘。回鹘在取得第二次对西夏的胜利后,立即遣使入宋报捷,请求恩赐立功将领。宋则授其头领以司戈、司阶、郎将等空名官职,以示恩赏。[3]宋真宗对回鹘的胜利亦深感振奋,予以高度评价:

> 回鹘尝杀继迁,世为仇敌。甘州使至,亦言德明侵轶之状。意颇轻视之。量其兵势,德明未易敌也。[4]

回鹘虽然两次大败西夏,遏制了西夏攻取河西走廊的步伐,但就双方的综合力量而言,西夏仍然处于优势地位。而夺取甘州,攻占河西走廊,进而全面控制丝绸之路,长期以来就是西夏的基本国策之一。所以,西夏一直枕戈待旦,一有机会便不惜代价地发动对甘州回鹘的战争,终于于宋仁宗天圣六年(1028年)再度启动了与回鹘争夺甘州的战事。

西夏在经过两次战败之后,十余年间一直秣马厉兵,表面上归附宋朝,实则不断积蓄力量。被胜利冲昏头脑的宋王朝不察实情,向各州通报德明之归顺,甘州回鹘亦因此失去了警觉,被西夏偷袭,导致了甘州的陷落。《宋史·夏国传》简略地记载道:

> 天圣六年(1028年),[西夏王]德明遣子元昊攻甘州,拔之。[5]

---

[1] (清)吴广成撰,龚世骏等校证:《西夏书事校证》卷九,甘肃文化出版社1995年版,第107~108页。
[2] (清)戴锡章编撰,罗矛昆校点:《西夏纪》卷五,宁夏人民出版社1988年版,第117~118页。
[3] 《宋史》卷四九〇《回鹘传》,第14116页。
[4] 同上书,第14115页。
[5] 《宋史》卷四八五《夏国传上》,第13992页。

《西夏书事》对此战的始末有更详细的记载：

> 初，德明降，真宗录其誓，表令渭州，遣人赍至西凉府，晓谕诸番部及甘、沙州首领。于是，诸州虽与德明抗，使介犹相往来……遣元昊将兵突至甘州，袭破之。夜落隔通顺仓猝出奔，元昊置兵戍其地而还。①

甘州回鹘末主夜落隔通顺，按《西夏书事》的记载，是"仓猝出奔"了，其后再无下文。《西夏纪事本末》卷一〇则提出了不同的说法，称夜落隔战败"自焚"。不管其结果如何，甘州的陷落，已标志着甘州回鹘政权的倾覆。

甘州回鹘政权灭亡，其遗民除部分外逃外，大部分留居旧地，为西夏所属。由于回鹘文化水准比西夏要高，故回鹘文化开始对西夏产生比以往更加深入的影响。从内蒙古额济纳旗黑水城遗址出土的西夏汉文写本《杂字》（编号为Дx.2825）中，内有"番姓名"一目，其中即有"回纥"一名。②"回纥"二字在西夏文中的对音可译作"嵬恶"，在西夏文字典《文海》中，"嵬"、"恶"均被释作："族姓回鹘之谓。"③两文献对回鹘的定性明显有别，循名而责实，在西夏人眼中，回鹘很可能既是族名，又是族姓，未可知也。无论如何，这一记载证明了西夏境内回鹘人的存在，且有相当的数量。在西夏文法典《天盛改旧新定律令》中有这样的规定：

> 任职人番、汉、西番、回鹘等共职时，位高低名事不同者，当依各自所定高低而坐。此外，名事同，位相当者，不论官高低，当以番人为大……又番、汉、降汉、西番、回鹘共职者，官高低依番汉共职法行事。④

---

① （清）吴广成撰，龚世骏等校证：《西夏书事校证》卷一一，甘肃文化出版社1995年版，第126页。
② 史金波：《西夏汉文本〈杂字〉初探》，《中国民族史研究》第2辑，中央民族学院出版社1989年版，第179页。
③ 史金波、白滨、黄振华：《文海研究》，中国社会科学出版社1983年版，第446、590页。
④ 史金波、聂鸿音、白滨译注：《天盛改旧新定律令》卷一〇《司序行文门》，法律出版社2000年版，第378页。

这一记载表明，在西夏国境内有回鹘人，而且人数还不少，似乎仅次于番（西夏）、汉、西番（吐蕃），居第四位。

回鹘文字在西夏境内也得到了广泛的使用，而且为官方所认可与保护。西夏的国书为西夏文，系1036年野利仁荣遵元昊之命借鉴汉字而创建。其后，得到元昊不遗余力地推广。史载：

> 元昊既制蕃书，遵为国字，凡国中艺文诰牒，尽易蕃书。于是立蕃字、汉字二院。汉习正、草；蕃兼篆、隶。其秩与唐、宋翰林等。汉字掌中国往来表奏，中书字，旁以蕃书并列；蕃字掌西番、回鹘、张掖、交河一切文字，并用新制国字，仍以各国蕃字副之。以国字在诸字之右，故蕃字院特重。①

西夏国中除使用西夏文、汉文外，还使用"西番、回鹘、张掖、交河一切文字"。西番即吐蕃文；而回鹘、张掖、交河所用文字，则应为回鹘文及其他行用于回鹘境内的文字，如摩尼文、福音体文等。1988年，敦煌研究院考古人员在对榆林窟第3窟中之后人补塑罗汉像实施临时性搬迁时，发现在彩塑底座后面有西夏时代绘制的经变画，书以回鹘文榜题。无疑，二者同为西夏人营造该窟时所为，有力地证明了回鹘文在西夏中的流行。此外，在内蒙古额济纳旗黑城遗址发现的回鹘语福音体文字残卷，则证明了回鹘福音体文字在西夏的行用。

更有意思的是，西夏文专家在整理黑城出土西夏义文献时，经常会遇到一些"不认识的字"。捷连提耶夫-卡坦斯基摹写了其中的几个，② 其实，被他释作"壹"之简化字和蒙古文的那些字，显然都是回鹘文，另外的字则是吐蕃文。尤有进者，在敦煌出土的西夏文遗书中，经常可以看到用回鹘文字母作的注音。如日本天理大学附属天理图书馆收藏有一批张大千于敦煌搜集的西夏文佛经残卷，其中有数件西夏文佛经之行间即可见这种情况，既有写本也有刻本。在敦煌研究院收藏的敦煌出土文献中，有一些是1949年前由敦煌当地文人任子宜收集的，既有写卷，也有刻本，其中

---

① （清）吴广成著，龚世俊等校证：《西夏书事校证》卷一二，甘肃文化出版社1995年版，第146~147页。文中的"蕃字院"、"汉字院"，据考应为"蕃学院"、"汉学院"之误。

② ［俄］捷连提耶夫—卡坦斯基著，王克孝、景永时译：《西夏书籍业》，宁夏人民出版社2000年版，第85~86页。

的西夏文佛经上不仅在行间有回鹘文注音，而且还有用回鹘文书写的榜题或题记。更进一步证明了西夏用国字——西夏文时"仍以各国蕃字副之"的记载。

回鹘佛教艺术对西夏美术的影响也是很大的。从河西走廊诸石窟，如敦煌莫高窟、西千佛洞、瓜州榆林窟、东千佛洞、酒泉文殊山石窟中现存的西夏壁画看，西夏人开凿的洞窟基本上是一洞一种底色，多绘以石青、石绿，绘画基调呈冷色，但有时又以大红为底色，基调明显呈暖色；图案规矩而少变化，给人以千篇一律的感觉，这些都可以说是受回鹘壁画艺术风格的影响所致。回鹘人在绘制佛像时喜欢采用的编织纹、火焰纹、古钱纹及双重八瓣莲花纹、波状三瓣花卷草纹等，在西夏晚期的洞窟中都不时可以看到。西夏绘画之花纹边饰特别丰富，制作考究，既有荷花、牡丹、石榴、团球及忍冬等植物纹，也有龟背纹、连环纹、古钱纹、万字纹等形式不一的规矩纹，还有团龙、翔凤、卷云等有活动感的祥瑞纹，更有风格独特的波状卷草式云纹。这些纹饰简单朴素，色泽鲜艳，以大红大绿者居多。从纹样结构、编排方法到敷色、勾线、填绘等手法的运用，在吐鲁番柏孜克里克石窟、吐峪沟石窟的壁画以及木头沟、吉木萨尔回鹘佛寺遗址等地出土的佛教艺术品中也可以看到。[1] 考虑到二者风格的接近、回鹘、西夏文化联系的密切，不难推想，西夏画风当受到回鹘佛教艺术的强烈影响。

西夏的民间工艺品也曾受到回鹘的影响。1997年5月宁夏回族自治区海原县关桥乡关桥村一位农民在耕作时发现西夏时期的红陶质鸟形陶模一块，阴模，长9.3厘米，宽5.3厘米，厚2.4厘米，为鸟的上半部模型，在脑门盖下有圆形双眼，细微的羽毛清晰可见，背部有羽毛和短平行斜线纹4行组成的翅膀，斜线互相交错，鸟尾用麦穗纹排列3行，羽纹非常清晰。这是一块以回鹘衽边装饰为题材的陶模，具有浓郁的民族风格。[2]

---

[1] A. von Le Coq, *Chotscho. Facsimile-Wiedergaben der Wichtigeren Funde der Ersten Königlich Preussischen Expedition nach Turfan in Ost-Turkistan*, Berlin 1913；敦煌文物研究所编著：《中国石窟·敦煌莫高窟》（五），文物出版社、东京平凡社1987年版；敦煌研究院编著：《中国石窟·安西榆林窟》，文物出版社、东京平凡社1997年版；贾应逸：《高昌回鹘壁画艺术特色》，《新疆艺术》1989年第1期；张宝玺：《东千佛洞西夏石窟艺术》，《文物》1992年第2期，等。

[2] 李进兴：《西夏陶模》，宁夏人民出版社1988年版，第58~59页。

第二节　甘州回鹘与吐蕃的关系

公元842年，雄踞青藏高原历二百余年之久的吐蕃帝国因内乱而分崩离析了，陷于"种族分散，大者数千家，小者百十家，无复统一"[①]的混乱局面。经过多年混战，于宋初形成了凉州六谷部、河湟唃厮罗等几个相对比较强大的政权。

凉州六谷部，指的是分布于凉州城南六条山谷中的吐蕃及吐蕃化的各民族部落联合体。10世纪中叶，凉州各地的吐蕃部落日渐复兴，并与北宋建立了友好关系，在经济上进行茶马互市，军事上互为犄角，共抗西夏，同时与盘踞甘州一带的回鹘人也建立了共同抗击西夏的联盟。

起初，凉州吐蕃、甘州回鹘与宋朝的贸易往来一般都经由灵州路，要通过西夏人控制的地界。后来，随着西夏势力的扩张和封建主对财富的觊觎，将贪婪的目光瞄向过往的商旅和使团，以武力劫掠财富。洪皓《松漠纪闻》记载说：

> 回鹘……多为商贾于燕。载以橐驼过夏地，夏人率十而指一，必得其最上品者，贾人苦之。[②]

为了摆脱西夏人的盘剥，赴宋进行贸易的行旅（尤其是来自甘州回鹘的使者）不得不绕开比较近便的灵州路而改走路途较远的秦州路。而西亚的商旅，后来也改走海路，经由广州港与宋贸易。[③] 贡使、贸易之路的阻断，无论对甘州回鹘甚或凉州吐蕃来说，不管在政治上还是在经济上，无疑都是极大的损失，加剧了他们与西夏的矛盾。

不仅如此，西夏的既定国策是南下攻宋，要巩固后方，就必须首先拿下凉州与甘州。咸平六年（1003年），西夏首领李继迁率众攻打西凉六谷部。六谷部首领潘罗支力不能支，向继迁诈降。未几，潘罗支"集六谷诸

[①] 《宋史》卷四九二《吐蕃传》，第14151页。
[②] （宋）洪皓著，翟立伟标注：《松漠纪闻》（长白丛书），吉林文史出版社1986年版，第15页。
[③] 《宋史》卷四九〇《大食传》载："先是，其入贡路繇沙州，涉夏国，抵秦州。乾兴初，赵德明请道其国中，不许。至天圣元年来贡，恐为西人钞略，乃诏自今日取海路繇广州至京师。"参见陈炎：《海上丝绸之路与中外文化交流》，北京大学出版社2002年版，第89~90页。

豪及者龙族合击继迁。继迁大败，中流矢遁死"。① 潘罗支大获全胜，遂立即向宋王朝告捷，企图依靠北宋王朝的力量，与回鹘人合兵，乘胜合击西夏，共同扫灭西夏。《宋会要》载：

> 景德元年（1004年）……六月，[潘罗支] 又遣兄邦逋支入奏，且言去年十一月二十六日与蕃贼李继迁战，大胜之。然被劫却牌印官告衣服、器械。今以良马修贡，乞再颁赐。且欲更率部族及回鹘精兵直抵贺兰山，计（讨）除残孽，愿发大军援助。②

由于当时西夏的势力尚不足以动摇宋朝在西北的统治地位，故未引起宋廷的足够重视，以李继迁新丧，"未经殡葬"、"地理稍远，日月未定"为由，委婉拒绝了潘罗支的请求。③ 宋朝的偷安之策不仅使潘罗支全歼李继迁势力的计划落空，而且使潘罗支本人命丧阴结西夏的部属之手。嗣后，西夏势力在德明统治时期力量进一步增长，并一度曲意与宋结好，进表称臣，被宋封为"定难军节度使、西平王"，然后利用与宋媾和息兵的机会，暗中积蓄力量，以求夺取凉州和甘州。

景德四年（1007年），宋朝使人入河西，提醒六谷部与甘州回鹘要注意德明对二者的图谋，并告诫六谷部首领，如果遭到西夏攻击，要"约回鹘为援，以备德明"。④ 果不其然，翌年三月，"赵德明遣万子等四军主领族兵攻西凉府。既至，见六谷蕃部强盛，惧而趋回鹘"。⑤ 结果中了回鹘的伏击，除万子一人逃脱外，其余全军覆没。

西凉六谷部与回鹘联手共抗西夏，遏制了西夏攻占河西走廊的步伐，对确保丝绸之路的畅通，起到了重要作用。

前文已讲到，由于受西夏所阻，包括甘州回鹘在内的西域商旅通行中原的道路被迫由原来的灵州路改行秦州路，而维系这条路线的就是盘踞河湟一带的另一支吐蕃势力——唃厮罗部。

唃厮罗（997~1065年）是吐蕃末代赞普朗达玛的嫡系后裔。在河湟地区吐蕃首领李立遵、温逋奇的支持下，于宗哥（今青海省西宁市东平安驿）建立了政权，拥有部众六七万人。该政权与北宋一直存在着比较密切

---

① 《宋会史》卷四九二《吐蕃传》，第14156页。
② 《宋会要辑稿》方域二一之一九；《文献通考·四夷十四·吐蕃》，第2620页。
③ 《宋会要辑稿》方域二一之一九。
④ 《宋会要辑稿》方域二一之二二。
⑤ （宋）李焘：《续资治通鉴长编》卷六八，中华书局1980年版，第1528页。

的政治联系，同时亦与西北近邻甘州回鹘保持着友好关系。当灵州路断绝后，甘州回鹘便失去了东联宋朝的依凭。经宋朝从中疏通，甘州回鹘贡使遂经宗哥入秦州到达内地。《宋史·回鹘传》载：

> 先是，甘州数与夏州接战，夜落纥贡奉多为夏州钞夺。及宗哥族感悦朝廷恩化，乃遣人援送其使，故得频年得至京师。①

从大中祥符四年（1011年）起，至甘州回鹘消亡，二十余年间，河湟吐蕃对过境的甘州回鹘贡使和商旅多给予帮助，并派人护送，使甘州回鹘"频年得至京师"，继续维持与宋朝的联系。但这一期间，甘州回鹘与唃厮罗的关系曾一度非常紧张。《宋史·回鹘传》紧接上文，又作了如下叙述：

> 既而，唃厮罗欲娶可汗女而无聘财，可汗不许，因为仇敌。[大中祥符]五年，秦州遣指挥使杨知进、译者郭敏送进奉使至甘州，会宗哥怨隙阻归路，遂留知进等不敢遣。八年，敏方得还。②

根据这一记载，结合《宋会要辑稿》蕃夷四及《续资治通鉴长编》卷八五等相关文献，可以看出，事情的经过大致应是这样的：大中祥符五年（1012年）正月，宋使杨知进、郭敏奉诏送甘州回鹘使者翟符守荣归国，于八月十九日到达甘州。当时，吐蕃首领李立遵为唃厮罗向甘州回鹘可汗夜落隔求婚，未得应允，二者产生裂隙，吐蕃切断了甘州回鹘东行的道路，宋使杨知进被迫滞留甘州回鹘。大中祥符八年（1015年）五月，礼宾院译语官郭敏先从甘州回鹘返回宋地，并带回甘州回鹘可汗致宋廷的书信。信中请求宋朝安抚李立遵、唃厮罗，宋朝遂以从秦州沿边的吐蕃部落地区退兵为条件，使吐蕃重开贡路。大中祥符九年（1016年）三月，甘州回鹘可汗派使李吉等九人，取道宗哥，送宋使者杨知进返宋。甘州回鹘与河湟吐蕃的关系得以修复。

唃厮罗与回鹘可汗女通婚的愿望虽未实现，但却娶到了甘州回鹘没孤宰相之女。《宋会要》记载说：

---

① 《宋史》卷四九〇《回鹘传》，第14116页。
② 同上。

[大中祥符九年]十二月……夜落隔归化表云："……昨宗哥李遵送马百匹，与赞普王子定问，公主已许与没孤宰相家，公主为亲讫。①

从这一记载看，回鹘与唃厮罗之通婚当属可信。通婚时间应在大中祥符九年或稍前。考虑到正是在这一年秦州路得以畅通，故笔者认为，此举应是甘州回鹘为求秦州贡路之重开而向唃厮罗做出的让步。但观《宋史》卷四九二《吐蕃传》的有关记载，唃厮罗曾有三个妻子，一为乔氏，其余二位均为李立遵之女，不闻有回鹘没孤氏者。何以有如此相互矛盾的记载？不得而知，姑录此存疑。

大概正是因为甘州回鹘与河湟吐蕃的这种关系，故当明道元年（1032年）凉州被西夏攻占后，曾有数万回鹘人因不服西夏的统治而南下河湟，投奔了唃厮罗。②

河西走廊内大黄山（又名焉支山）、黑山、宽台山把狭长的走廊地带分割为三个区域，甘州回鹘地处其中心区域——黑河流域。这里是河西走廊的主要农业区，自古为"胡汉交往"的繁华之地，故而成为周边强势政权的必争之地。河西地区相对于中原王朝来说地处边缘地带，在中央王朝强势不足的情况下，挟河西走廊各块绿洲的地方政权很容易割据自立，瓜沙归义军政权、凉州六谷部、甘州回鹘莫不如此。甘州回鹘扼控河西走廊这一弓型狭长带状区域，又处于心脏地带，北宋、归义军、吐蕃、党项、契丹等政权分列其东西。甘州回鹘落脚于此，要生存和发展，必须建立一套有利于自身强国的政治秩序。从现有史料进行分析，东联西压，南北争锋是其外交措施的主要特点。但由于甘州回鹘本身地域促狭，人口稀少，经济基础比较薄弱，加上当时政治格局和其他潜在因素的制约，甘州回鹘与周边政权的各种关系又呈现出极为复杂而多变的局面，最终因力量不济而在西夏的反复攻击下走向分崩离析。

---

① 《宋会要辑稿》蕃夷四之七~八。
② 兹据《宋史》卷四九二《吐蕃传》（第14161页）的记载。宋人曾巩《隆平集》卷二〇"唃厮罗条"谓："及元昊取西凉府，而厮铎督之众十余万，回纥亦以数十万归焉。"其中的"数十万"当为"数万"之误。

参考文献

一 古籍与古籍整理

- （北齐）魏收：《魏书》，中华书局1974年版。
- （唐）令狐德棻：《周书》，中华书局1971年版。
- （唐）李延寿：《北史》，中华书局1974年版。
- （唐）魏征、令狐德棻：《隋书》，中华书局1973年版。
- （后晋）刘昫等：《旧唐书》，中华书局1975年版。
- （宋）欧阳修等：《新唐书》，中华书局1975年版。
- （宋）薛居正等：《旧五代史》，中华书局1976年版。
- （宋）欧阳修：《新五代史》，中华书局1974年版。
- （元）脱脱等：《宋史》，中华书局1977年版。
- （元）脱脱等：《辽史》，中华书局1974年版。
- （明）宋濂：《元史》，中华书局1976年版。
- （唐）杜佑著，王文锦等点校：《通典》卷四〇，中华书局2003年版。
- （唐）李吉甫著，贺次君点校：《元和郡县图志》，中华书局1983年版。
- （唐）杜甫：《杜甫全集》，上海古籍出版社1996年版。
- （唐）李德裕著，傅璇琮、周建国校笺：《李德裕文集校笺》，河北教育出版社2000年版。
- （唐）姚汝能著，曾贻芬点校：《安禄山事迹》，上海古籍出版社1983年版。
- 《全唐诗》，中华书局1985年版。
- （唐）岑参著，陈铁民等校注：《岑参集校注》，上海古籍出版社2004年版。
- （唐）段成式撰，方南生点校：《酉阳杂俎》，中华书局1981年版。
- （唐）李肇：《唐国史补》，上海古籍出版社1975年版。

- 《宋大诏令集》，司义祖整理，中华书局1962年版。
- （宋）王溥：《唐会要》，上海古籍出版社2006年版。
- （宋）王溥：《五代会要》，上海古籍出版社1978年版。
- （宋）司马光：《资治通鉴》，中华书局1963年版。
- （宋）王钦若等编：《册府元龟》，中华书局影印本1960年版。
- （宋）李复：《潏水集》，文渊阁四库全书本。
- （宋）叶隆礼：《契丹国志》，上海古籍出版社1985年版。
- （宋）洪皓著，翟立伟标注：《松漠纪闻》（长白丛书），吉林文史出版社1986年版。
- （宋）李焘：《续资治通鉴长编》，中华书局1979～1995年版。
- （宋）乐史撰，王文楚等点校：《太平寰宇记》，中华书局2007年版。
- （宋）章如愚：《山堂考索》，中华书局1992年版。
- （宋）宋敏求编：《唐大诏令集》，中华书局2008年版。
- （宋）曾巩：《隆平集》，文渊阁四库全书本。
- （元）马端临：《文献通考》，中华书局1986年版。
- （元）虞集：《道园学古录》，四部丛刊本。
- （元）马祖常著，李叔毅、傅瑛点校：《石田先生文集》，中国古籍出版社1991年版。
- （明）何乔远：《闽书》，福建人民出版社1994年版。
- （清）徐松辑：《宋会要辑稿》，中华书局影印本1957年版。
- （清）董诰编：《全唐文》，上海古籍出版社1990年版。
- （清）李有棠：《辽史纪事本末》，中华书局1983年版。
- （清）戴锡章著，罗矛昆校点：《西夏纪》，宁夏人民出版社1988年版。
- （清）吴广成撰，龚世骏等校证：《西夏书事校证》，甘肃文化出版社1995年版。
- （清）张澍辑录：《凉州府志备考》，三秦出版社1988年版。
- （北凉）昙无谶译：《大般涅槃经》卷四，《大正藏》第13卷。
- （唐）希运：《黄檗断际禅师宛陵录》，《大正藏》第48卷。
- （唐）圆照：《悟空入竺记》，《大正藏》第17卷。
- （唐）道宣：《广弘明集》，上海古籍出版社1989年版。
- ［日］圆仁著，白化文等校注：《入唐求法巡礼行校注》，花山文艺出版社1992年版。
- （宋）赞宁：《大宋僧史略》，《大正藏》第54卷。
- （元）中峰禅师：《怀净土诗》，《续藏经》第70卷。

二　研究著作与资料汇编

○ 阿合买提江·艾海提：《回鹘西迁路线新探》，《西北史地》1985年第3期，第46~51页。
○ 艾尚连：《试论摩尼教与回鹘的关系及其在唐朝的发展》，《西北史地》1981年第1期，第34~40页。
○ 安家瑶：《唐永泰元年（765）—大历元年（766）河西巡抚使判集（伯二九四二）研究》，《敦煌吐鲁番文献研究论集》，中华书局1982年版，第232~264页。
○ 毕长朴：《回纥与维吾尔》，台北新文丰出版公司1986年版。
○ 蔡鸿生：《唐宋时代摩尼教在滨海地域的变异》，《中山大学学报》2004年第6期，第114~117页。
○ 岑仲勉：《突厥集史》，中华书局1958年版。
○ 岑仲勉：《误传的中国古王城与其水力利用》，《中外史地考证》（上），中华书局2004年版，第416~431页。
○ 陈爱峰、杨富学：《西夏与回鹘贸易关系考》，《敦煌研究》2009年第2期，第99~103页。
○ 陈炳应：《西夏文物研究》，宁夏人民出版社1985年版。
○ 陈炳应：《也谈甘州回鹘》，《敦煌学辑刊》1990年第2期，第36~42页。
○ 陈炳应：《西夏、回鹘对丝绸之路控制权的争夺与合作》，《丝绸之路·学术专辑》第1辑，1998年10月，第78~82页。
○ 陈怀宇：《高昌回鹘景教研究》，《敦煌吐鲁番研究》第4卷，北京大学出版社1999年版，第193~195页。
○ 陈守忠：《公元八世纪至十一世纪前期河西历史述论》，《西北师范学院学报》1983年第4期，第47~60页（收入《河陇史地考述》，第58~81页）。
○ 陈守忠：《论河西回鹘》，《1990年敦煌学国际研讨会文集》（史地语文编），辽宁美术出版社1995年版，第133~148页（收入《河陇史地考述》，兰州大学出版社1993年版，第82~95页）。
○ 陈守忠：《河陇史地考述》，兰州大学出版社1993年版。
○ 陈垣：《摩尼教入中国考》，《国学季刊》第1卷第2号，1923年，第203~239页（收入《陈垣学术论文集》第1集，中华书局1980年版，第329~397页；《陈垣史学论著选》，上海人民出版社1981年版，第133~174页）。

- 陈祚龙：《敦煌学园零拾》，(台北)台湾商务印书馆1986年版。
- 程溯洛：《甘州回鹘始末与撒里畏兀儿的迁徙及其下落》，《西北史地》1988年第1期，第6～14页（收入《唐宋回鹘史论集》，第150～165页）。
- 程溯洛：《〈宋史·回鹘传〉补正》，《中国社会科学》1989年第5期，第113～128页（收入《唐宋回鹘史论集》，第117～139页）。
- 程溯洛：《甘州回鹘可汗谱系考》，《辽金史论集》第5辑，书目文献出版社1992年版，第314～322页（收入《唐宋回鹘史论集》，第140～139页）。
- 程溯洛：《释汉文〈九姓回鹘毗伽可汗碑〉中有关回鹘和唐朝的关系》，《中央民族学院学报》1978年第2期，第20～28页（收入《唐宋回鹘史论集》，人民出版社1994年版，第102～114页）。
- 程溯洛：《唐宋回鹘史论集》，人民出版社1994年版。
- [德]茨默著，王丁译：《有关摩尼教开教回鹘的一件新史料》，《敦煌学辑刊》2009年第3期，第1～7页。
- 邓文宽：《张淮深平定甘州回鹘史事钩沉》，《北京大学学报》1986年第5期，第86～98页。
- 邓文宽：《〈凉州节院使押衙刘少晏状〉新探——兼论九世纪八十年代的河西政局》，《敦煌学辑刊》1987年第2期，第62～68页。
- 邓文宽：《敦煌吐鲁番学耕耘录》，台北新文丰出版公司1996年版。
- 杜建录：《西夏与周边民族关系史》，甘肃文化出版社1995年版。
- 杜曼·叶尔江：《浅议裕固族的萨满教遗迹》，《裕固族研究论文集》，兰州大学出版社1996年版，第291～295页。
- 段连勤：《河西回鹘政权的建立与瓦解》，《西北大学学报》1978年第4期，第77～82页。
- 敦煌文物研究所编著：《中国石窟·敦煌莫高窟》（1～5），文物出版社、东京平凡社1981～1987年版。
- 敦煌研究院编：《敦煌莫高窟供养人题记》，文物出版社1986年版。
- 敦煌研究院编著：《中国石窟·安西榆林窟》，文物出版社、(东京)平凡社1997年版。
- 俄罗斯科学院东方研究所圣彼得堡分所、俄罗斯科学出版社东方学部、上海古籍出版社编：《俄藏敦煌文献》第1～17册，上海古籍出版社1992～2001年版。
- [法]费琅编，耿昇、穆根来译：《阿拉伯波斯突厥人东方文献辑注》，中华书局1989年版。

○ 范玉梅：《试论甘州回鹘的历史贡献》，《西北民族文丛》1984年第1期，第101～110页。

○ 樊保良：《回鹘与丝绸之路》，《兰州大学学报》1985年第4期，第19～21页。

○ 樊保良：《回鹘与吐蕃及西夏在丝路上的关系》，《民族研究》1987年第4期，第63～69页。

○ 樊保良：《中国古代少数民族与丝绸之路》，青海人民出版社1994年版。

○ 冯承钧：《大食人米撒儿行纪中之西域部落》，《西域南海史地考证论著汇辑》，中华书局1957年版，第184～187页。

○ 冯家昇、程溯洛、穆广文：《维吾尔族历史分期问题》，《中国民族问题研究集刊》第5辑，中央民族学院研究部编印1956年版，第29～59页。

○ 冯家昇、程溯洛、穆广文编：《维吾尔族史料简编》，民族出版社1981年版。

○ 甘肃藏敦煌文献编委会、甘肃人民出版社、甘肃省文物局编：《甘肃藏敦煌文献》第1～6卷，甘肃人民出版社1999年版。

○ 高自厚：《甘州回鹘渊源考》，《西北民族学院学报》1982年第1期，第10～17页。

○ 高自厚：《甘州回鹘与中西贸易》，《甘肃民族研究》1982年第1～2期合刊，第81～101页。

○ 高自厚：《甘州回鹘与西夏》，《甘肃民族研究》1982年第3期，第51～59页。

○ 高自厚：《甘州回鹘与西州回鹘辨》，《西北民族学院学报》1982年第4期，第17～25页。

○ 高自厚：《甘州回鹘世系考》，《西北史地》1983年第1期，第46～54页。

○ 高自厚：《甘州回鹘失守甘州的社会原因——兼论甘州回鹘的社会制度》，《［甘肃］社会科学》1983年第1期，第75～79页。

○ 高自厚：《敦煌文献中的河西回鹘——兼论甘州回鹘与沙州的关系》，《西北民族学院学报》1983年第4期，第25～34页。

○ 高自厚：《黄头回纥与河西回鹘的关系》，《西北民族文丛》1984年第2期，第120～126页。

○ 高自厚：《论庞特勤为回鹘共主——兼论回鹘史上的衰奔时期》，《西北民族学院学报》1984年第3期，第53～61页。

○ 高自厚：《甘州回鹘汗国的创建者》，《敦煌研究》1991年第2期，第13～18页。

○ 耿世民：《回鹘文摩尼教寺院文书初探》，《考古学报》1978年第4期，第497～516页（收入《新疆考古三十年》，新疆人民出版社1983年版，第529～548页；《新疆文史论集》，中央民族大学出版社2001年版，第354～382页）。

○ 耿世民：《古代突厥文碑铭研究》，中央民族大学出版社2005年版。

○ 耿世民译：《乌古斯可汗的传说（维吾尔族古代史诗）》，新疆人民出版社1980年版。

○ 顾吉辰：《禄胜非甘州回鹘可汗》，《［甘肃］社会科学》1984年第1期，第62页。

○ 郭厚安、陈守忠主编：《甘肃古代史》，兰州大学出版社1989年版。

○ 郝春文编著：《英藏敦煌社会历史文献释录》第2卷，社会科学文献出版社2003年版。

○ 何应中：《试论公元七—十世纪回纥的社会发展》，林幹编：《突厥与回纥历史论文选集》（下册），中华书局1987年版，第625～646页。

○ 胡振华、黄润华整理：《高昌馆杂字——明代汉文回鹘文分类词汇》，民族出版社1984年版。

○ 华涛：《贾玛尔·喀尔施和他的〈苏拉赫词典补编〉》，《元史与北方民族史研究集刊》第10辑，1986年，第60～69页。

○ 黄盛璋：《关于甘州回鹘的四篇于阗语文书疏证》，《新疆文物》1989年第1期，第1～33页。

○ 黄盛璋：《敦煌于阗文书与汉文书中关于甘州回鹘史实异同及回鹘进占甘州的年代问题》，《西北史地》1989年第1期，第1～8页。

○ 黄盛璋：《敦煌于阗文几篇使臣奏稿及其相关问题综论》，《敦煌研究》1989年第2期，第51～60页。

○ 黄盛璋：《敦煌于阗文P. 2741、Ch. 00296、P. 2790号文书疏证》，《西北民族研究》1989年第2期，第41～71页。

○ 黄盛璋：《敦煌于阗文书中河西部族考证》，《敦煌学辑刊》1990年第1期，第51～67页。

○ 黄盛璋：《敦煌汉文与于阗文书中龙家及其相关问题》，《全国敦煌学研讨会论文集》，台北中正大学印行1995年版，第57～84页。

○ 黄盛璋：《汉于阗吐蕃文献所见"龙家"考》，郑炳林、樊锦诗、杨富学主编《丝绸之路民族古文字与文化学术讨论会文集》，三秦出版社2007年版，第257～258页。

○ 黄文弼：《吐鲁番考古记》，科学出版社1954年版。

○ 黄征、吴伟编校：《敦煌愿文集》，岳麓书社1995年版。
○ [苏]吉谢列夫：《南西伯利亚和外贝加尔湖地区古代城市生活的新资料》，《考古》1960年第2期，第45～46页。
○ 贾应逸：《高昌回鹘壁画艺术特色》，《新疆艺术》1989年第1期，第43～48页。
○ 姜伯勤、项楚、荣新江：《敦煌邈真赞校录并研究》，(台北)新文丰出版公司1994年版。
○ 卡哈尔·巴拉提：《多罗郭德回鹘文碑的初步研究》，《新疆大学学报》1982年第4期，第76～78页。
○ [波斯]拉施特主编，余大钧、周建奇译：《史集》第1～3卷，商务印书馆1983～1986年版。
○ 李并成：《"西桐"地望考——附论明安定卫城》，《西北民族研究》1998年第1期，第49～54页。
○ 李并成、朱悦梅：《西夏与甘州回鹘》，李范文主编：《西夏研究》第3辑，中国社会科学出版社2006年版，第278～282页。
○ 李德龙：《敦煌遗书S8444号研究——兼论唐末回鹘与唐的朝贡贸易》，《中央民族大学学报》1994年第3期，第35～39页。
○ 李方桂：《上古音研究》，商务印书馆2001年版。
○ 李符桐：《回鹘史》，台北文风出版社1953年版。
○ 李符桐：《李符桐论著全集》（1～5册），(台北)学生书局1992年版。
○ 李经纬：《突厥如尼文〈苏吉碑〉译释》，《新疆大学学报》1982年第2期，第114～117页。
○ 李军：《关于晚唐西州回鹘的几个问题》，《西北第二民族学院学报》2007年第2期，第20～26页。
○ 李萍：《关于甘州回鹘的几个问题》，《西北史地》1983年第3期，第48～57页。
○ 李树辉：《回鹘文摩尼教寺院文书写作年代及相关史事研究》，《西北民族研究》2004年第3期，第14～22页。
○ 李永宁：《敦煌莫高窟碑文录及有关问题》（1～2），《敦煌研究》（试刊第1期），1981年，第56～79页；《敦煌研究》（试刊第2期），1982年，第108～126页。
○ 李正宇：《关于金山国和敦煌国建国的几个问题》，《西北史地》1987年第2期，第63～75页。
○ 李正宇：《敦煌文学杂考二题》，《敦煌语言文学研究》，北京大学出版社

1988年版，第92～99页。

○ 李正宇：《晚唐五代甘州回鹘重要汉文文献之佚存》，《文献》1989年第4期，第182～193页。

○ 李正宇：《曹仁贵归奉后梁的一组新资料》，《魏晋南北朝隋唐史资料》第11辑，1991年，第274～281页。

○ 李正宇：《西同考——附论六龙地望》，《敦煌研究》1997年第4期，第110～120页。

○ 林幹：《河西回鹘略论》，《［甘肃］社会科学》1981年第3期，第71～77页。

○ 林幹：《回鹘西迁考略》，《突厥与回纥历史论文选集》（下册），中华书局1987年版，第728～752页。

○ 林幹编：《突厥与回纥历史论文选集》，中华书局1987年版。

○ 林幹、高自厚：《回纥史》，内蒙古人民出版社1994年版。

○ 林悟殊：《摩尼教在回鹘复兴的社会历史根源》，《世界宗教研究》1984年第1期，第136～143页。

○ 林悟殊：《回鹘奉摩尼教的社会历史根源》，《摩尼教及其东渐》，中华书局1987年版，第87～99页。

○ 刘美崧：《论归义军节度与回鹘关系中的几个问题》，《中南民族学院学报》1986年第3期，第127～132页。

○ 刘美崧：《两唐书回纥传回鹘传疏证》，中央民族学院出版社1988年版。

○ 刘全波：《甘州回鹘、凉州吐蕃诸部与党项的战争及其影响》，《西夏研究》2010年第1期，第29～34页。

○ 刘统：《唐代羁縻州府研究》，西北大学出版社1998年版。

○ 刘义棠：《中国边疆民族史》，(台北)台湾中华书局股份有限公司1971年版。

○ 刘义棠：《维吾尔研究》，(台北)正中书局1975年版。

○ 刘义棠：《突回研究》，(台北)台湾经世书局1990年版。

○ 刘义棠：《天可汗探原》，《庆祝札奇斯钦教授八十寿辰学术论文集》，台北联合报文化基金会国学文献馆编印1995年版，第151～198页（收入氏著《中国西域研究》，台北正中书局1997年版，第71～109页）。

○ 刘再聪：《隋唐时期河西地区内迁的回鹘——兼论甘州回鹘的渊源》，《敦煌研究》1998年第3期，第127～135页。

○ 刘志霄：《维吾尔族历史》（上编），民族出版社1985年版。

○ 陆庆夫：《思结请粮文书与思结归唐史事考》，《敦煌研究》1994年第4

○ 陆庆夫：《甘州回鹘可汗世次辨析》，《敦煌学辑刊》1995年第2期，第31~40页。
○ 陆庆夫：《归义军与辽及甘州回鹘关系考》，《兰州大学学报》1998年第3期，第73~79页。
○ 陆庆夫：《金山国与甘州回鹘关系考论》，《敦煌学辑刊》1999年第1期，第49~58页。
○ 陆庆夫：《论甘州回鹘与中原王朝的贡使关系》，《民族研究》1999年第3期，第62~70页。
○ 陆庆夫：《唐宋之际的凉州嗢末》，郑炳林主编：《敦煌归义军史专题研究续编》，兰州大学出版社2003年版，第505~516页。
○ 栾秉王敖：《中国宝石和玉石》，新疆人民出版社1989年版。
○ 罗香林：《唐代天可汗制度考》，《唐代文化史》，台北台湾商务印书馆1955年版，第54~87页。
○ 罗香林：《唐元二代之景教》，(香港)中国学社1966年版。
○ 罗振玉校补：《和林金石录》，辽海杂著本。
○ 麻赫穆德·喀什噶里著，校仲彝等译：《突厥语大词典》（1~3卷），民族出版社2002年版。
○ 马驰：《铁勒契苾部与契苾何力家族》，《'98法门寺唐文化国际学术研讨会论文集》，陕西人民出版社2000年版，第174~181页。
○ 马燕云：《对〈河西巡抚使判集〉（P2942）相关问题的思考》，《内蒙古农业大学学报》2007年第1期，第306~307页。
○ 孟慧英：《乌麦研究》，中国社会科学院少数民族文学研究所编：《民族文学论丛》，内蒙古大学出版社2000年版，第150~168页。
○ 牛汝极：《维吾尔古文字与古文献导论》，新疆人民出版社1997年版。
○ 牛汝极、杨富学：《敦煌回鹘文书法艺术》，《敦煌吐鲁番学研究论集》，书目文献出版社1996年版，第517~531页。
○ 潘重规：《敦煌变文集新书》，(台北)文津出版社1994年版。
○ 彭向前：《试论辽圣宗遣军远征甘州回鹘的战略意图》，《内蒙古社会科学》2003年第2期，第27~29页。
○ 钱伯泉：《龟兹回鹘国与裕固族族源问题研究》，《甘肃民族研究》1985年第2期，第50~58页。
○ 钱伯泉：《喀喇汗王朝是庞特勤建立的吗？》，《西北民族文丛》1983年第3辑，第25~37页。

- 钱伯泉：《试解"仆固俊"之谜——甘州回鹘国史探讨之一》，《甘肃民族研究》1986年第2期，第29~37页。
- 钱伯泉：《甘州回鹘的渊源及其建国初期的史实——甘州回鹘国史探讨之二》，《甘肃民族研究》1987年第1~2期合刊，第1~9页。
- 钱伯泉：《张淮深对甘州回鹘国的颠覆行动——甘州回鹘国史探讨之三》，《甘肃民族研究》1989年第1期，第20~26页。
- 钱伯泉：《甘州回鹘国的"国际"关系及其在丝绸之路的历史地位——甘州回鹘国史探讨之四》，《甘肃民族研究》1990年第2期，第11~24页。
- 任半塘：《敦煌歌辞总编》，上海古籍出版社2006年版。
- 荣新江：《归义军及其与周边民族的关系初探》，《敦煌学辑刊》1986年第2期，第24~44页。
- 荣新江：《沙州张淮深与唐中央朝廷之关系》，《敦煌学辑刊》1990年第2期，第1~13页。
- 荣新江：《唐代河西地区铁勒部落的入居及其消亡》，费孝通主编：《中华民族研究新探索》，中国社会科学出版社1991年版，第281~304页。
- 荣新江：《曹议金征甘州回鹘史事表微》，《敦煌研究》1991年第2期，第1~12页。
- 荣新江：《沙州归义军历任节度使称号研究（修订稿）》，《敦煌学》第19辑，1992年，第15~67页。
- 荣新江：《金山国史辨正》，《中华文史论丛》第50辑，上海古籍出版社1992年版，第72~85页。
- 荣新江：《甘州回鹘与曹氏归义军》，《西北民族研究》1993年第2期，第60~72页。
- 荣新江：《甘州回鹘成立史论》，《历史研究》1993年第5期，第32~39页。
- 荣新江：《敦煌写本〈敕河西节度兵部尚书张公德政之碑〉校考》，《周一良先生八十生日纪念论文集》，中国社会科学出版社1993年版，第206~216页。
- 荣新江：《敦煌邈真赞所见归义军与东西回鹘的关系》，《敦煌邈真赞校录并研究》，台北新文丰出版公司1994年版，第57~129页。
- 荣新江：《龙家考》，《中亚学刊》第4辑，中华书局1995年版，第144~160页。
- 荣新江：《归义军史研究——唐宋时代敦煌历史考索》，上海古籍出版社1996年版。
- 上海古籍出版社、法国国家图书馆编：《法藏敦煌西域文献》第1~34册，上海古籍出版社1994～2005年版。

○ 史金波：《西夏汉文本〈杂字〉初探》，《中国民族史研究》第2辑，中央民族学院出版社1989年版，第167～185页。

○ 史金波、白滨、黄振华：《文海研究》，中国社会科学出版社1983年版。

○ 史金波、聂鸿音、白滨译注：《天盛改旧新定律令》，法律出版社2000年版。

○ 施萍婷：《本所藏〈酒帐〉研究》，《敦煌研究》（创刊号），1983年，第142～155页。

○ 师小群、王建荣：《西安出土回纥琼、李忠义墓志》，《文博》1990年第1期，第89～91页。

○ 苏北海：《维吾尔族汉译名称源流考》，《新疆大学学报》1985年第3期，第40～47页。

○ 苏北海、丁谷山：《瓜沙曹氏政权与甘州回鹘于阗回鹘的关系》，《敦煌研究》1990年第3期，第32～39页。

○ 苏北海、周美娟：《甘州回鹘世系考辨》，《敦煌学辑刊》1987年第2期，第69～78页。

○ 苏哲：《伯二九九二号文书三通五代状文的研究》，《敦煌吐鲁番文献研究论集》第5辑，北京大学出版社1990年版，第437～469页。

○ 孙楷第：《敦煌写本〈张义潮变文〉跋》，《图书季刊》第3卷第3期，1936年，第97～105页（收入周绍良、白化文编《敦煌变文论文录》下册，上海古籍出版社1982年版，第713～722页）。

○ 孙楷第：《敦煌写本〈张淮深变文〉跋》，《中央研究院历史语言研究所集刊》第7本第3分，1937年，第385～404页（收入周绍良、白化文编《敦煌变文论文录》下册，上海古籍出版社1982年版，第723～749页）。

○ 孙修身：《敦煌遗书P. 2992号卷〈沙州上甘州回鹘可汗状〉有关问题考》，《西北史地》1985年第4期，第80～85页。

○ 孙修身：《敦煌遗书伯三〇一六号卷背第二件文件有关问题考》，《敦煌学辑刊》1988年第1、2期，第25～43页。

○ 孙修身：《跋敦煌遗书伯2992号卷背几件文书》，《新疆文物》1988年第4期，第45～54页。

○ 孙修身：《试论甘州回鹘在中西交通中的作用》，张碧波主编：《北方文化研究——中国古代北方民族文化史论文集》第2集，黑龙江教育出版社1989年版，第497～521页。

○ 孙修身：《五代时期甘州回鹘和中原王朝的交通（1～3）》，《敦煌研究》

1989年第3期，第51～56页；《敦煌研究》1989年第4期，第65～69页；《敦煌研究》1990年第1期，第66～71页。

○ 孙修身：《五代时期甘州回鹘可汗世系考》，《敦煌研究》1990年第3期，第40～45页。

○ 孙修身：《伯2155〈曹元忠致甘州回鹘可汗状〉时代考》，《敦煌研究》1991年第2期，第26～32页。

○ 孙修身：《跋伯3931号甘州回鹘致中原王朝两〈表本〉》，《西北民族研究》1991年第2期，第20～30页。

○ 孙修身：《试论甘州回鹘与北宋王朝的交通》，《敦煌研究》1994年第4期，第41～54页。

○ 孙修身：《试论瓜沙曹氏与甘州回鹘之关系》，《1990年敦煌学国际研讨会文集》（史地语文编），辽宁美术出版社1995年版，第98～117页。

○ 汤开建：《"庞特勤居甘州"辩》，《西北民族学院学报》1983年第1期，第117～122页。

○ 汤开建：《关于"狄银"之辨析》，《〔甘肃〕社会科学》1983年第1期，第80～82页。

○ 汤开建：《甘州回鹘史二札》，《宁夏社会科学》1984年第2期，第79～82页。

○ 汤开建：《甘州回鹘余部的迁徙及与西州回鹘之关系》，《新疆社会科学》1984年第3期，第86～93页。

○ 汤开建、马明达：《对五代宋初河西若干民族问题的探讨》，《敦煌学辑刊》创刊号（总第4期），1983年，第67～79页。

○ 唐长孺：《关于归义军节度的几种资料跋》，《中华文史论丛》第1辑，中华书局1962年版，第275～296页。

○ 唐耕耦、陆宏基编：《敦煌社会经济文书真迹释录》第1辑，书目文献出版社1986年版。

○ 唐耕耦、陆宏基编：《敦煌社会经济文书真迹释录》第2～5辑，全国图书馆文献缩微复制中心1990年版。

○ 吐鲁番地区文物保管所编：《吐鲁番柏孜克里克石窟壁画艺术》，新疆人民出版社1990年版。

○ 万庚育：《珍贵的历史资料——莫高窟供养人画像题记》，敦煌研究院编：《敦煌莫高窟供养人题记》，文物出版社1986年版，第179～193页。

○ 王国维：《观堂集林》，中华书局1959年版。

○ 王见川：《从摩尼教到明教》，(台北)新文丰出版公司1992年版。

- 王日蔚：《唐后回鹘考》，《国立北平研究院史学集刊》第1期，1936年，第19~69页。
- 王日蔚：《维吾尔（缠回）民族名称演变考》，《禹贡》第7卷第4期，1937年，第443~461页。
- 王使臻：《敦煌文献P. 3016v〈某乙致令公状〉相关问题考辨》，《宁夏师范学院学报》2010年第2期，第81~85页。
- 王世丽：《安北都护府与单于都护府——唐代北部边疆问题研究》，云南人民出版社2006年版。
- 王小甫：《"黑貂之路"质疑——古代东北亚与世界文化联系之我见》，《盛唐时代与东北亚政局》，上海辞书出版社2003年版，第407~423页。
- 王艳明：《瓜州曹氏与甘州回鹘的两次和亲始末——兼论甘州回鹘可汗世系》，《敦煌研究》2003年第1期，第69~75页。
- 王尧：《西夏黑水桥碑考补》，《中央民族学院学报》1978年第1期，第51~63页（收入《西藏文史考信集》，中国藏学出版社1994年版，第100~117页）。
- 王尧、陈践编著：《敦煌吐蕃文书论文集》，四川民族出版社1988年版。
- 王尧、陈践译注：《敦煌古藏文文献探索集》，上海古籍出版社2008年版。
- 王重民：《金山国坠事零拾》，《国立北平图书馆馆刊》第9卷第6号，1935年，第5~32页。
- 王重民：《敦煌遗书论文集》，中华书局1984年版。
- 王重民校辑：《敦煌曲子词集》，商务印书馆1954年版。
- 王重民、王庆菽等编：《敦煌变文集》，人民文学出版社1984年版。
- 魏良弢：《喀喇汗王朝史稿》，新疆人民出版社1986年版。
- 魏良弢：《八四〇年回鹘西迁辨析》，《中国民族史研究》，中国社会科学出版社1987年版，第422~432页。
- 乌瑞著，熊文彬译：《藏人使用六十甲子纪年法的早期例证》，《国外藏学研究译文集》第5辑，西藏人民出版社1989年版，第82~119页。
- 吴丽娱、杨宝玉：《后唐明宗时代的国家政局与归义军及甘州回鹘的入贡中原》，《敦煌吐鲁番研究》第12卷，上海古籍出版社2011年版，第229~244页。
- 徐俊纂辑：《敦煌诗集残卷辑考》，中华书局2000年版。
- 徐晓丽：《曹议金与甘州回鹘天公主结亲时间考——以P. 2915卷为中心》，《敦煌研究》2001年第4期，第112~118页。
- 徐晓丽：《回鹘天公主与敦煌佛教》，郑炳林主编：《敦煌佛教艺术文化国际学术研讨会论文集》，兰州大学出版社2002年版，第416～428页。
- 薛宗正：《北回纥汗国的政权组织、社会经济和宗教信仰》，《西域研究》1994年第4期，第28～36页。
- 严耕望：《唐代交通图考》，上海古籍出版社2007年版。
- 颜廷亮：《〈沙州百姓一万人上回鹘可汗状〉新校并序》，《兰州教育学院学报》1994年第1期，第6～12页。
- 颜廷亮：《〈龙泉神剑歌〉新校并序》，《甘肃社会科学》1994年第4期，第108～112页。
- 颜廷亮：《敦煌西汉金山国文学考述》，甘肃人民出版社2009年版。
- 杨宝玉、吴丽娱：《P. 3016v〈厶乙致令公状〉考释》，《敦煌研究》2006年第3期，第100～107页。
- 杨宝玉、吴丽娱：《P. 2992v书状与清泰元年及长兴元年归义军政权的朝贡活动》，《敦煌学辑刊》2007年第1期，第15～28页。
- 杨宝玉、吴丽娱：《P. 2945书状与曹氏归义军政权首次成功的朝贡活动》，《敦煌吐鲁番研究》第11卷，上海古籍出版社2009年版，第269～296页。
- 杨宝玉、吴丽娱：《跨越河西与五代中原世界的梯航——敦煌文书P. 3931校注并研究》，《中国社会科学院历史研究所学刊》第6集，商务印书馆2010年版，第93～168页。
- 杨宝玉、吴丽娱：《同光年间甘州回鹘的可汗更替与入贡中原》，《庆祝饶宗颐先生95华诞敦煌学国际学术研讨会论文集》，中央文史馆、敦煌研究院、香港大学饶宗颐学术馆2010年版，第364～375页。
- 杨富学：《宋元时代维吾尔族景教考略》，《新疆大学学报》1989年第3期，第32～39页。
- 杨富学：《近年国内河西回鹘研究综述》，《敦煌研究》1992年第2期，第98～109页。
- 杨富学：《回鹘摩尼诗狼鹰崇拜小笺》，《国立政治大学民族学报》第23期《庆祝刘义棠教授七秩华诞荣退特刊》，1998年，第55～78页。
- 杨富学：《西域敦煌宗教论稿》，甘肃文化出版社1998年版。
- 杨富学：《回鹘之佛教》，新疆人民出版社1998年版。
- 杨富学：《国内敦煌民族史研究述要》，《中国民族研究年鉴（2002年卷）》，民族出版社2003年版，第1～71页。
- 杨富学：《回鹘文献与回鹘文化》，民族出版社2003年版。
- 杨富学：《论回鹘文化对西夏的影响》，《宋史研究论丛》第5辑，河北大学出版社2003年版，第179～194页。

○ 杨富学：《回鹘僧与〈西夏文大藏经〉的翻译》，《敦煌吐鲁番研究》第7卷，中华书局2004年版，第338~344页。

○ 杨富学：《少数民族对古代敦煌文化的贡献》，《敦煌学辑刊》2005年第2期，第85~99页。

○ 杨富学：《回鹘与辽上京》，《首届辽上京契丹·辽文化学术研讨会论文集》，内蒙古文化出版社2009年版，第128~139页。

○ 杨富学：《甘州回鹘文化考屑》，姜锡东、丁建军主编：《中华文明的历史与未来国际学术研讨会论文集》，河北大学出版社2010年版，第32~46页。

○ 杨富学：《〈张淮深变文〉所见"破残回鹘"来源考》，高国祥主编：《文献研究》第1辑，学苑出版社2010年版，第16~29页。

○ 杨富学：《甘州回鹘宗教信仰考》，《敦煌研究》2011年第3期。

○ 杨富学：《〈乐山堂神记〉与福建摩尼教——霞浦与敦煌吐鲁番等摩尼教文献的比较研究》，《文史》2011年第4辑（总第97辑），第135~173页。

○ 杨富学：《蒙古国新出〈仆固氏墓志铭〉研究》，《文物》（待刊）。

○ 杨富学：《再论沙州回鹘国的成立》，樊锦诗、荣新江、林世田主编：《敦煌文献、考古、艺术综合研究——纪念向达教授诞辰110周年国际学术研讨会会议论文集》，中华书局2011年版，第365~385页。

○ 杨富学译：《回鹘学译文集》，甘肃民族出版社2012年版。

○ 杨富学、陈爱峰：《西夏与丝绸之路的关系——以黑水城出土文献为中心》，沈卫荣、中尾正义、史金波主编：《黑水城人文与环境研究——黑水城人文与环境国际学术讨论会文集》，中国人民大学出版社2007年版，第469~488页。

○ 杨富学、陈爱峰：《西夏与周边关系研究》，甘肃民族出版社2012年版。

○ 杨富学、杜斗城：《河西回鹘之佛教》，《世界宗教研究》1997年第3期，第39~44页。

○ 杨富学、杨铭主编：《中国敦煌学百年文库·民族卷》（1~4册），甘肃文化出版社1999年版。

○ 杨建新：《中国西北少数民族史》，宁夏人民出版社1988年版。

○ 杨建新、马曼丽主编：《西北民族关系史》，民族出版社1990年版。

○ 杨进智主编：《裕固族研究论文集》，兰州大学出版社1996年版。

○ 杨森：《小议张淮深受旌节》，《敦煌研究》1999年第1期，第96~99页。

○ 杨圣敏：《沙州政权与回鹘扩张》，《中央民族学院学报》1985年第2期，第30~34页。

- 杨圣敏：《敦煌卷子P3633号研究——兼论张氏归义军与回鹘的关系》，《中国民族历史与文化》，中央民族学院出版社1988年版，第103~118页。
- 杨圣敏：《回纥史》，广西师范大学出版社2008年版。
- 杨圣敏校注：《〈资治通鉴〉突厥回纥史料校注》，天津古籍出版社1992年版。
- 杨秀清：《敦煌西汉金山国史》，甘肃人民出版社1999年版。
- 尹伟先：《840年之后回鹘与吐蕃的关系——维藏民族关系史研究之二》，《西藏民族学院学报》1992年第2期，第50~57页。
- 尹伟先：《回鹘与吐蕃的早期关系述论》，《西北第二民族学院学报》1994年第4期，第54~58页。
- 尹伟先：《维吾尔族与藏族历史关系研究》（《中国西北文献丛书续编》别卷），甘肃文化出版社1999年版。
- 尹伟先、杨富学、魏明孔：《甘肃通史·隋唐五代卷》，甘肃人民出版社2009年版。
- 优素甫·哈斯·哈吉甫著，郝关中等译：《福乐智慧》，民族出版社1986年版。
- 《裕固族简史》编写组：《裕固族简史》，甘肃人民出版社1983年版。
- [美]汉斯·约纳斯著，张新樟译：《诺斯替宗教——异乡神的信息与基督教的开端》，上海三联书店2006年版。
- 赞丹卓尕主编：《裕固族研究论文续集》（上下），兰州大学出版社2002年版。
- 张宝玺：《东千佛洞西夏石窟艺术》，《文物》1992年第2期，第81~94页。
- 张伯元：《安西榆林窟》，四川教育出版社1995年版。
- 张定京、阿不都热西提·亚库甫主编：《突厥语文学研究——耿世民教授八十华诞纪念文集》，中央民族大学出版社2009年版。
- 张广达：《关于马合木·喀什噶里的〈突厥语词汇〉与见于此书的圆形地图》，《中央民族学院学报》1978年第2期，第29~42页。增订本收入《西域史地丛稿初编》，上海古籍出版社1995年版，第57~82页；《文书、典籍与西域史地》，广西师范大学出版社2008年版，第62~66页。
- 张广达、荣新江：《关于敦煌出土于阗文献的年代及其相关问题》，《纪念陈寅恪先生诞辰百年学术论文集》，北京大学出版社1889年版，第

284～306页。
○ 张广志：《回纥与奴隶制——"从少数民族史看初始阶段社会的非奴隶制性质"专题研究之四》，《青海师范大学学报》1983年第3期，第110～113页。
○ 张玉范：《北京大学图书馆藏敦煌遗书目录》，《敦煌吐鲁番文献研究论集》第5辑，北京大学出版社1990年版，第503～562页。
○ 章群：《唐代蕃将研究》，（台北）联经出版事业公司1986年版。
○ 章群：《唐代蕃将研究续编》，（台北）联经出版事业公司1990年版。
○ 赵和平：《后唐时代甘州回鹘表本及相关汉文文献的初步研究——以P.3931号写本为中心》，《九州学刊》第6卷第4期（敦煌学专辑），1995年，第89～102页（后收入周一良、赵和平著《唐五代书仪研究》，中国社会科学出版社1995年版，第231～252页；赵和平著《赵和平敦煌书仪研究》，上海古籍出版社2011年版，第279～300页）。
○ 赵和平辑校：《敦煌表状笺启书仪辑校》，江苏古籍出版社1997年版。
○ 赵学东、杨富学：《佛教与甘州回鹘之外交》，《敦煌研究》2007年第3期，第38～43页。
○ 赵贞：《归义军史事考论》，北京师范大学出版社2010年版。
○ 郑炳林：《敦煌地理文书汇辑校注》，甘肃教育出版社1989年版。
○ 郑炳林：《敦煌碑铭赞辑释》，甘肃教育出版社1992年版。
○ 郑炳林：《敦煌本〈张淮深变文〉研究》，《西北民族研究》1994年第1期，第142～155页。
○ 郑炳林：《唐五代敦煌的粟特人与佛教》，《敦煌研究》1997年第2期，第151～168页。
○ 郑炳林主编：《敦煌归义军史专题研究续编》，兰州大学出版社2003年版。
○ 郑炳林、樊锦诗、杨富学主编：《丝绸之路民族古文字与文化学术讨论会文集》，三秦出版社2007年版。
○ 郑炳林、梁志胜：《〈梁幸德邈真赞〉与梁愿清〈莫高窟功德记〉》，《敦煌研究》1992年第2期，第62～70页。
○ 中国内蒙古自治区文物考古研究所、蒙古国游牧文化研究国际学院、蒙古国国家博物馆编：《蒙古国古代游牧文化遗存考古调查报告（2005～2006年）》，文物出版社2008年版。
○ 中国社会科学院历史研究所、中国敦煌吐鲁番学会敦煌古文献编辑委员会、英国国家图书馆、伦敦大学亚非学院合编：《英藏敦煌文献（汉文佛经以外部分）》第1～14册，四川人民出版社1990～1995年版。

○ 中国国家图书馆编：《国家图书馆藏敦煌遗书》第1~103册，北京图书馆出版社2005~2008年版。
○ 钟进文：《甘州回鹘和摩尼教的关系——兼述东西贸易中的宗教因素》，《西北史地》1992年第1期，第13~15页。
○ 钟进文主编：《中国裕固族研究集成》，民族出版社2002年版。
○ 钟进文主编：《国外裕固族研究文集》，中央民族大学出版社2008年版。
○ 周尚兵：《聚合与波散之间：感受回鹘文化——读杨富学先生〈回鹘文献与回鹘文化〉》，《新疆师范大学学报》2006年第3期，第29~32页。
○ 周绍良：《敦煌文学"儿郎伟"并跋》，《出土文献研究》，文物出版社1985年版，第175~183页。
○ 周绍良、白化文编：《敦煌变文论文录》（上下），上海古籍出版社1982年版。
○ 周一良、赵和平《唐五代书仪研究》，中国社会科学出版社1995年版。
○ 朱悦梅：《甘州回鹘与周边关系研究》，西北师范大学硕士学位论文，2005年。
○ 朱悦梅：《甘州回鹘与周边政权的关系及其特点——甘州回鹘历史区域地理分析》，《敦煌研究》2007年第1期，第79~86页（收入郑炳林、樊锦诗、杨富学主编：《丝绸之路民族古文字与文化学术讨论会文集》，三秦出版社2007年版，第301~320页）。
○ 朱悦梅、杨富学：《甘州回鹘与丝绸之路》，《"草原丝绸之路"学术研讨会论文集》，甘肃人民出版社2010年版，第161~174页。
○ 朱振宏：《唐代"皇帝·天可汗"释义》，《汉学研究》2003年第21卷第1期，第413~433页。
○ 祝启源：《唃厮啰政权形成初探》，《西藏研究》1982年第2期，第68~77页。
○ 祝启源：《北宋时期吐蕃与甘州回鹘关系简述》，《中国民族史研究》第3辑，中央民族学院出版社1993年版，第102~110页。
○ 安部健夫（Abe Takeo）：《西ウイグル国史の研究》，京都：汇文堂书店，1955年。※［日］安部健夫著，宋肃瀛、刘美崧、徐伯夫译：《西回鹘国史的研究》，新疆人民出版社1986年版。
○ 赤木崇敏（AKAGI Takatoshi），"曹氏归义军时代の外交关系文书"，《シルクロードと世界史》，大阪大学文学院2003年版，第131~157页。
○ 土肥义和（DOHI Yoshikazu），"敦煌发见唐·回鹘间交易关系汉文文书断简考"，《中国古代の法と社会·栗原益男先生古稀纪念论集》，（东京）汲古书院1988年版，第399～436页。※［日］土肥义和著，刘方译：《敦煌发现唐、回鹘交易关系汉文文书残片考》，《西北民族研究》1989年第2期，第193～209页。

○ 藤枝晃（FUJIDA Akira），"沙州归义军节度使始末"（一～四），《东方学报》（京都）第12册第3分，1941年，第58～98页；第12册第4分，1942年，第42～75页；第13册第1分，1942年，第63～94页；第13册第2分，1942年，第46～98页。※［日］藤枝晃著，金伟、张虎生、李波译：《沙州归义军节度使始末》，《国外藏学研究译文集》第14辑，西藏人民出版社1998年版，第38～172页。

○ 藤枝晃，"李继迁の兴起与东西交通"，《羽田博士颂寿纪念东洋史论丛》，东洋史研究会1950年版，第825～843页。

○ 藤枝晃，"敦煌历日谱"，《东方学报》第45册，1973年，第377～441页。

○ 羽田亨（HANEDA Tôru）：《唐代回鹘史の研究》，《羽田博士史学论文集》上卷《历史篇》，同朋舍1975年版，第157～324页。

○ 羽田亨，"回鹘文摩尼教徒祈愿文の断简"，《羽田博士史学论文集》下卷《言语·宗教篇》，同朋舍1975年版，第325～347页。

○ 羽田亨：《羽田博士史学论文集》，同朋舍1975年版。

○ 林俊雄（HAYASHI Toshio）、白石典之（SHIRAISHI Noriyuki）、松田孝一（MATSUDA Kôichi），"バイバリク遗迹"，载森安孝夫、オチル编：《モンゴル国现存遗迹·碑文调查研究报告》，大阪中央ユーラシア学研究会1999年版，第196～198页。

○ 梅村坦(HIROSHI Umemura)，"住民の种族构成——敦煌をめぐゐ诸民族の动向"，《讲座敦煌 3 敦煌の社会》，（东京）大东出版社1980年版，第197～223页。※［日］梅村坦著，陈俊谋译：《以敦煌为中心的诸民族之动态（上下）》，《民族译丛》1982年第5期，第34～39页；《民族译丛》1982年第6期，第49～54页。

○ 片山章雄（KATAYAMA Akio），"タリアト碑文"，载森安孝夫、オチル编：《モンゴル国现存遗迹·碑文调查研究报告》，大阪中央ユーラシア学研究会1999年版，第168～176页。

○ 桑田六郎（KUWATA Rokuro），"回纥衰亡考"，《东洋学报》1928年第17卷1号，第111～136页。※桑田六郎著，钟道铭译：《唐宋诸代回纥衰亡考》，《国闻周报》1930年第7卷第1期，第1～3页。

○ 前田正名（MAEDA Masana），"西夏时代における河西を避ける交通线"，《史林》1959年第42卷1号，第79～103页。

○ 前田正名，"甘州回鹘集团の成立に関する论考"，《史学杂志》1962年第71卷10号，第1～26页。

○ 前田正名：《河西の历史地理学的研究》，（东京）吉川弘文馆1964年版。※［日］前田正名著，陈俊谋译：《河西历史地理学研究》，中国藏学出版社1993年版。

○ 水谷吉朗（MIZUTANI Yoshiro），"五代时代に于ける甘州回鹘の可汗系谱について"，《史观》第98册，1978年，第112～114页。

○ 水谷吉朗，"甘州回鹘可汗の系谱"，《史观》第99册，1978年，第76～86页。

○ 森安孝夫（MORIYASU Takao），"ウイグルの西迁について"，《东洋学报》1977年第59卷第1～2号，第105～130页。※［日］森安孝夫著，陈俊谋译《关于回鹘的西迁》，《民族译丛》1980年第1期，第8～14页。

○ 森安孝夫，"ウイグルと敦煌"，《讲座敦煌2 敦煌の历史》，（东京）大东出版社1980年版，第297～338页。※［日］森安孝夫著，高然摘译：《回鹘与敦煌》，《西北史地》1984年第1期，第107～121页。

○ 森安孝夫，"ウイグル语文献"，《讲座敦煌6 敦煌胡语文献》，（东京）大东出版社1985年版，第1～98页。※［日］森安孝夫著，杨汉璋摘译：《敦煌出土蒙元时代的回鹘文书》，《敦煌研究》1990年第3期，第57～64页。

○ 森安孝夫：《ウイグル＝マニ教史の研究》（=《大阪大学文学部纪要》第31～32期合并号），大阪大学文学部1991年版。

○ 森安孝夫，"《シルクロード》のウイグル商人——ソグド商人とオルトク商人のあいだ——"，《岩波讲座世界历史 11 中央ユーラシアの统合》，（东京）岩波书店1997年版，第93～119页。

○ 森安孝夫、オチル（A. Ochir）合编：《モンゴル国现存遗迹·碑文调查研究报告》，（大阪）中央ユーラシア学研究会1999年版。

○ 森安孝夫、吉田丰（YOSHIDA Yutaka），"モンゴル国内突厥ウイグル时代遗迹·碑文调查简报"，《内陆アジア言语の研究》第13卷，大阪中央ユーラシア学研究会1998年版，第129～170页。

○ 森安孝夫、铃木宏节（K. SUZUKI）、齐藤茂雄（S. SAITO）、田村健（T. TAMURA）、白玉冬，"シネウス碑文译注"，《内陆アジア言语の研究》第24卷，（大阪）中央ユーラシア学研究会2009年版，第1～92页。

○ 长泽和俊（NAGASAWA Kazutoshi），"五代西夏の河西进出と东西交通"，《东方学》第26号，1963年，第56～77页。

○ 长泽和俊，"西夏・宋初における河西地方の中继贸易について"，《东西文化交流史》，（东京）雄山阁1975年版，第109～119页。

○ 冈崎精郎（OKAZAKI Seiro），"河西ウイグル史の关する一研究——国际关系，特に对辽关系を中心として——"，《石滨先生古稀纪念东洋学论丛》，（大阪）关西大学文学部东洋史研究室石滨先生古稀纪念会1958年版，第68～79页。

○ 冈崎精郎，"タングート・ウイグル交涉过程の研究——西夏建国史研究の一节として——"，《第五回日本西藏学会纪要》，1960年，第1～31页。

○ 冈崎精郎：《タングート古代史研究》，京都大学文学部东洋史研究会1972年版。

○ 佐口透（SAGUCHI Toru），"サリク＝ウイグル种族史考"，《山本博士还历纪念东洋史论丛》，（东京）山川出版社1972年版，第191～202页。

○ 佐口透，"サリク＝ウイグル种族史补考——甘肃への移住年代"，《内陆アジア史研究》第1号，1984年，第1～10页。

○ 佐口透：《新疆民族史研究》，（东京）吉川弘文馆1986年版。※［日］佐口透著，章莹译：《新疆民族史研究》，新疆人民出版社1993年版。

○ 佐藤贵保（SATO Takayasu）、赤木崇敏、坂考彰宏（SAKAJIRI Akihiro）、吴正科：《汉藏合璧〈黑水桥碑〉再考》，《内陆アジア言语の研究》第22卷，大阪中央ユーラシァ学研究会2007年版，第1～39页。

○ 武内绍人（TAKEUCHI Tsuguhito），"敦煌・トルキスタン出土チベット语手纸文书の研究序说"，山口瑞凤监修：《チベットの佛教と社会》，东京春秋社1986年版，第563～602页。

○ 山田信夫（YAMADA Nobuo）：《北アジア游牧民族史研究》，东京大学出版社1989年版。

○ パーター・ツイーメ（P. Zieme）、百济康义(KUDARA Kôgi)：《ウイグル语の观无量寿经》，永田文昌堂1985年版。

○ J. P. Asmussen, *Xuâstvânîft——Studies in Manichaeism,* Kopenhagen 1965.

○ H. W. Bailey, Turks in Khotanese Texts, *Journal of the Royal Asiatic Society*, 1939, pp. 85-91.

○ H. W. Bailey, The Seven Princes, *Bulletin of School Oriental and African Studies XII*, 1948, pp. 616-624.

○ H. W. Bailey, A Khotanese Text concerning the Turks in Kantsou, *Asia Major* N. S. 1, 1949, pp. 28-51.

○ H. W. Bailey, Altun Khan, *Bulletin of School Oriental and African Studies* XXX-1, 1967, pp. 95-104.

○ H. W. Bailey, *Saka Documents*: *Text Volume*, London 1968.

○ E. Chavannes et P. Pelliot, Un traité Manichéen retrouvé en Chine, *Journal Asiatique*, Ⅱ, 1911, pp. 499-617, 1913, pp. 99-392.※［法］沙畹、伯希和著，冯承钧译：《摩尼教流行中国考》，《西域南海史地考证译丛八编》商务印书馆1958年版，第43～104页。

○ Larry Clark, The Conversation of Bögü Khan to Manichaeaism, *Studia Manichaica. IV. International Kongreß zum Manich äismus, Berlin, 14. -18. Juli 1997*, Berlin 2000, pp. 83-123.※［美］克拉克著，杨富学、陈瑞莲译：《牟羽可汗对摩尼教的皈依》，《回鹘学译文集》，甘肃民族出版社2012年版。

○ A. von Le Coq, Chotscho. *Facsimile-Wiedergaben der Wichtigeren Funde der Ersten Königlich Preussischen Expedition nach Turfan in Ost-Turkistan*, Berlin 1913.

○ A. von Le Coq, *Buried Treasures of Chinese Turkestan,* London 1928.※［德］勒库克著，郑宝善译：《新疆之文化宝库》，蒙藏委员会1934年版；［德］阿尔伯特·冯勒柯克著，陈海涛译：《新疆的地下文化宝藏》，新疆人民出版社1999年版。

○ *Mahmŭd al-Kâdℾarî. Compendium of the Turkic dialects (Diwân Luɣât at-Turk)*. Edited and translated by Robert Dankoff in collaboration with James Kelly, Part I-III, Harvard University, 1982-1985.

○ M. Drompp, Breaking the Orkhon Tradition： Kirghiz Adherence to the Yenisei Region after A.D. 840, *Journal of the American Oriental Society*, Vol. 119, No. 3, 1999, pp. 390-403.

○ M. Drompp, *Tang China and Collapse of Uighur Empire. A documentary History*, Leiden/Boston 2005.

○ D. Eliasberg, Les signature en forme d'oiseau dans les manuscrits chinois de Touen-Houang, *Contributions aus etudes sur Touen-houang* (1), Geneva 1979, p. 29-44.※［法］艾丽白著，耿昇译：《敦煌汉文写本的鸟型押》，《敦煌译丛》第1辑，甘肃人民出版社1985年版，第189～211页。

○ A. von Gabain, Türkische *Turfan-Texte*.Ⅷ: *Texte in Brâhmîschrift*, Berlin, 1954.

○ J. Gernet - M. Soymié, *Catalogue des manuscrits chinois de Touen-houang. Fonds Pelliot chinois de la Bibliothèque Nationale*, 1-5, Paris 1970-1995.

○ J. Hamilton, *Les Ouighours à l'époque des cinq Dynasties. D'apres les Documenta Chinos*, Paris 1955. ※［法］哈密顿著，耿昇、穆根来译：《五代回鹘史料》，新疆人民出版社1986年版。

○ J. Hamilton, *Manuscrits ouïgours du IXe-Xe siècle de Touen-houang, tome.* 1-2, Paris 1986.

○ Ablet Kamalov, Turks and Uighurs During the Rebellion of An Lu-shan Shi Ch'ao-yi (755-762), *Central Asiatic Journal*, Vol. 45, No. 2, 2001, pp. 245-253. ※［哈萨克斯坦］加莫洛夫著，杨富学、田小飞译：《安史之乱中的突厥与回鹘》，《回鹘学译文集》，甘肃民族出版社2012年版。

○ M. Kermanns, Uiguren und ihre neuentdeckten Nachkommen, *Anthropos*, Vol 35-36, 1940-1941, S. 78-99.

○ Hans-Joachim Klimkeit, *Gnosis on the Silk Road. Gnosis Texts from Central Asia*, San Francisco 1993.

○ Luc. Kwanten, *Imperial Nomads. A History of Central Asia, 500-1500 AD*. Leicester 1979.

○ Colin Mackerras, *The Uighur Empire according to the T'ang Dynastic Histories, A Study in Sino-Uighur Relations 744-840*, Canberra 1972.

○ J. Marquart, *Osteuropaische und ostasiatische Streifzuge*, Bd. 8, Leipzig 1903.

○ A. P. Martinez, Gardîzî's Two Chapters on the Turks, *Archivum Eurasiae Medii Avei* 2, 1983, pp.109-217.

○ D. Maue, *Alttürkische Handschriften. Teil 1; Documente in Brâhmî und Tibetischer Schrift*. Stuttgart 1996.

○ D. Maue-R. Röhrborn, Ein zweisprachiges Fragment aus Turfan, *Central Asiatic Journal* 20, 1976, S. 208-221.

○ V. Minorsky, Tamim ibn Bahr's Journal to the Uyghurs, *Bulletin of School Oriental and African Studies* Vol. 12, 1948, pp. 275-305. ※［英］米诺尔斯基著，王小甫译：《塔米姆伊本巴赫尔回鹘游记》，《中亚研究资料》1983年第3期，第62～64页。

○ V. Minorsky, *Türk, Iran, and the Caucasus in the Middle Ages* Vol.1, London 1978.

○ Moriyasu Takao, *Die Geschichte des uigurischen Manichäismus an der Seidenstrasse: Forschungen zu manichäischen Quellen und ihrem geschichtlichen Hintergrund*, Wiesbaden 2004.

○ E. Pinks, *Die Uiguren von Kan-chou in der frühen Sung-zeit. 960-1028*,

Wiesbaden 1968.

○ W. Radloff, *Die alttürkischen Inschriften der Mongolei*, St. Petersbourg 1895.

○ G. J. Ramstedt, Zwei uigurische Runenischiriften in der Nord-Mongolei, *Journal de la Societe Finno-Ougrienne*, XXX, 1913, No 3, S. 3-63.

○ Lilla Russsell-Smith, *Uygur Patronage in Dunhuang. Regional Art Centres on the Northern Silk Road in the Tenth and Eleventh Centuries*, Leiden-Boston 2005.

○ Tsuguhito TAKEUCHI, A Group of Old Tibetan Letters written under Kuei-i-chün：A Prelinimary Study for the Classification of Old Tibetan Letters, *Acta Orientalia Academiae Scientiarum Hungaricae* 44, no. 1-2, 1990, pp. 175-190.

○ Tsuguhito TAKEUCHI, Sociolinguistic Implications of the Use of Tibetan in East Turkestan from the End of Tibetan Domination through the Tangut Period (9th-12th c.), Desmond Durkin-Meisterernst, Simone-Christiane Rashmann, Jens Wilkens, Marianne Yaldiz (eds.), *Turfan Revisited-The First Century of Research into the Arts and Cultures of the Silk Road*, Berlin 2004, pp. 341-348.※［日］武内绍人著，杨富学译：《后吐蕃时代藏语文在西域河西西夏的行用与影响》，《敦煌研究》2011年第5期，第108~116页。

○ Talat Tekin, *A Grammar of Orkhon Turkic*, Bloomington 1968.

○ G. Uray, L'emploi du tibètain dans les chancelleries des États du Kan-sou et de Khotan postérieurs à la domination tibètaine, *Journal Asiatitique* 269, 1981, pp. 81-90.※［匈］乌瑞著，耿昇译：《吐蕃统治结束后甘州和于阗官府中使用藏语的情况》，《敦煌译丛》第1辑，甘肃人民出版社1985年版，第212~220页。

○ G. Uray, New Contributions to Tibetan Documents from the post-Tibetan Tun-huang, *Tibetan Studies*, Müchen 1988, pp. 515-528.

○ Karl A. Wittfogel - Fêng Chia-shêng, *History of Chinese Society. Liao* (907-1125), Philadelphia 1949.

○ T. Yamamoto-O. Ikeda, *Tun-huang and Turfan Documents concerning Social and Economic History*, III, Contracts (B), Tokyo 1987.

○ Henry Yule, *Cathay and the Way Thither*, Vol. I-V, London 1915.※［英］H.裕尔著，［法］H.考迪埃修订，张绪山译：《东域纪程录丛》，云南人民出版社2002年版。

○ Zhang Tieshan - P. Zieme, A Memorandum about the king of the On Uygur and his Realm, *Acta Orientalia Academiae Scientiarum Hung* 64 (2), 2011, pp. 129-159.

○ Zhong Jinwen, Sari Uygur-Sara Uygur：Turk-Mongol iliskisi, *Gagdas Turkluk*

Araştirmalari Sempozyumu Bildirleri 2003, Cit 2, Ocak 2007, S. 57-64.

○ P. Zieme, *Religion und Gesellschaft im Uigurischen Königreich von Qočo. Kolophone und Stifter des alltürkischen buddhistischen Schrifttums aus Zentralasien*, Opladen 1992.※［德］茨默著，桂林、杨富学译：《佛教与回鹘社会》，民族出版社2007年版。

○ P. Zieme, *Fragmenta Buddhica Uigurica—Ausgewählte Schriften von Peter Zieme*, Klaus Schwarz Verlag 2009.

○ В. Бартольд, *Отчет о поездке В Среднюю Азию С научною Цепью*, 1893-1894гг, СПБ, 1897.

○ Л・В. Дмитриева, *Хуастунифт, Тюркологические исследо- вания*, М. -Л., 1963.

○ Л. Р. Кизласов, *Средневековые города Тувы*, *Советская археология* No. 3, 1959.

○ С. В. Киселев, *Древние города Монголии*, *Советская археология*, , No. 2,1957 стр. 45-46.

○ С. Е. Малов, *Памятник Древнетюркской Письменности. Тексты и исследования*, М. -Л., 1951.

○ С. Е. Малов, *Памятники Древнетюркской Письменности Монголии и киргизии*, М. -Л., 1959.

○ В. В. Радлов - С. Е. Малов, *Suvarnaprabhâsa. Сутра золотого Блеска, Тексть уйгурской редакции (=Bibliotheca Buddhica* 17), Delhi 1992.

○ А. П.Терентъев-Катанский, *Книжное дело в государсмве мангумов*, Моска 1981.［俄］捷连提耶夫—卡坦斯基著，王克孝、景永时译：《西夏书籍业》，宁夏人民出版社2000年版。

○ Д. И. Тихонов, *Хозяйство и Общественный Строй Уйгурского Государства X-XIV вв*, М.-Л., 1966,

○ Л. Ю. Тугушева, Экспедиции в Центральную Азию и открытие раннесредневековых тюркских письменных памятников, *Российские экспедиции в Центральную Азию в конце XIX - начале XX века*, СПБ, 2008, стр. 40-49. ※［俄］土谷舍娃著，杨富学、张海娟译：《新疆探察及早期中古突厥语写本的发现》，朱玉麒主编：《西域文史》第5辑，科学出版社2010年版，第303～310页。

○ Ю. С. Худяков, Памятики уйгурской культуры в Монголии, *Центральная Азия и соседние территории в средние века*, Новосибирск 1990, стр. 84-89.

后　记

　　我们对甘州回鹘史的关注说来已有二十来个年头了，但集中精力进行系统研究却是近年的事。2002年，本人由敦煌研究院考入西北师范大学敦煌学研究所随李并成先生攻读硕士学位，论文选题即为《甘州回鹘与周边关系研究》，于2005年通过论文答辩而获得硕士学位。这里谨对李老师的悉心指导表示衷心的感谢。毕业前夕，本人有幸考取北京大学历史系博士研究生，随辛德勇先生攻读博士学位，主攻吐蕃军事地理研究，但对回鹘心有系念，幸而得到辛师的支持，在从事吐蕃史研究的同时，总也留心甘州回鹘史研究的新动态。

　　学界对甘州回鹘史的研究成果不少，但总体来说，主要依赖于传统史书的记载，虽于近多期开始关注敦煌文献，但对敦煌石窟艺术却涉及很少。我们长期生活于莫高窟，对敦煌及周边之回鹘石窟与艺术多有关注。莫高窟、榆林窟中均不乏甘州回鹘之历史文化资料，值得认真研究。有鉴于此，萌生一种念头，希望能通过对有关史籍、写本、壁画、题记的系统梳理与研究，以勾勒出甘州回鹘史的概貌，或可为敦煌学、回鹘学之研究添一助尔。唯学识有限，研究粗疏浅薄，万望读者君子谅之教之。

　　本书的出版得到国家社科基金后期资助项目的支持，幸莫大焉。兰州大学敦煌学研究所郑炳林教授百忙之中审阅全稿，提出诸多宝贵意见，使本书避免了不少讹误与遗漏，这里谨致以衷心的谢意。本书编辑喻苗女士为本书的出版出谋划策，殚精竭虑，其情可感，为本书增色，特志此鸣谢。

朱悦梅

2011年10月26日